跨越
黑天鹅和灰犀牛的坎
坏听力时代的财智逻辑

Crossing the black swan and the gray rhino

潘启雯 著

BLACK SWAN AND GRAY RHINO

KUAYUEHEITIANEHEHUIXINIUDEKAN HUAITINGLISHIDAIDECAIZHILUOJI

"黑天鹅"和"灰犀牛"不再稀有的世界

看知名学者、经济学家如何诊断

"经济文化高阶级 ≠ 艺术修养乃至人格品质高位"的症候

经济管理出版社
ECONOMY & MANAGEMENT PUBLISHING HOUSE

图书在版编目（CIP）数据

跨越黑天鹅和灰犀牛的坎：坏听力时代的财智逻辑/潘启雯著. —北京：经济管理出版社，2018.3

ISBN 978-7-5096-5694-5

Ⅰ.①跨… Ⅱ.①潘… Ⅲ.①经济学—文集 Ⅳ.①F0-53

中国版本图书馆 CIP 数据核字（2018）第 047891 号

组稿编辑：杨国强
责任编辑：杨国强 张瑞军
责任印制：黄章平
责任校对：张晓燕

出版发行：经济管理出版社
　　　　　（北京市海淀区北蜂窝 8 号中雅大厦 A 座 11 层 100038）
网　　址：www. E-mp. com. cn
电　　话：（010）51915602
印　　刷：三河市延风印装有限公司
经　　销：新华书店
开　　本：720mm×1000mm/16
印　　张：18.5
字　　数：258 千字
版　　次：2018 年 5 月第 1 版 2018 年 5 月第 1 次印刷
书　　号：ISBN 978-7-5096-5694-5
定　　价：49.80 元

| 推荐序 |

"黑天鹅"和"灰犀牛"不再稀有的世界

◎ 郑　磊

作为金融界从业人士，从 2000 年开始，我们就已经越来越熟悉"黑天鹅"这个概念了，其实我自己也"发明"了一个更有中国特色的同义词——"灰熊猫"（见《与羊群博弈——A 股投资者的行为分析》，机械工业出版社 2016 年 5 月版），意思都一样，指的是意料不及的突发事件。自从"黑天鹅"之父纳西姆·尼古拉斯·塔勒布（Nassim Nicholas Taleb）的《黑天鹅：如何应对不可知的未来》（*Black Swan*：*The Impact of The Highly Improbable*）出版之后，金融市场几乎天天生活在"黑天鹅"的世界中。那些大大小小的"黑天鹅"7 天 24 小时，随时都在世界各地起飞，然后从各大金融市场的巨型行情显示屏里飞出，迎面扑来！这就是一个金融人的真实感受。

最近又出现了一个新词"灰犀牛"，个头显然比黑天鹅还大很多。这种动物的特点是目标大，行动略为迟缓，但破坏力更强。想象一下，当一头灰犀牛向你一步步逼近，而你几乎无路可退时，你会有什么样的感受，这是一个已知的未知。而"黑天鹅"是一个"未知"的"未知"。总之，它们都会给人们带来难以评估的破坏性后果。

实际上，当 2007~2008 年那场始于美国的全球金融危机之后，我们都已经非常清楚地意识到，这个世界将不再安宁，不再稳定，属于一种"高墒"状态。随时会出现"黑天鹅"事件，而类似"灰犀牛"的经济问题也非常明显了。比如各国为救市而采取的宽松的货币政策，货币泛滥是一个必然结果。如果把全球经济看作是一个大池子，在危机之前，里面已经盛了很多水（货币）了。而金融危机之后，水位又快速提升，现在各国已经没有多少可以腾挪的空间了。货币政策和财政政策同时步入调整空间有限，调整能力呈快速边际递减状态。

当南美热带雨林中的一只蝴蝶抖动翅膀时，可能在密西西比河流域引发一场风暴。这类事情以前不太容易发生，现在却不是如此。为什么呢？因为地球已经太拥挤了，人与人、人与自然、自然界内部、人与机器，等等，关系错综复杂且联系得越发紧密。这仍然是一种空间狭仄的感受。这就类似我们今天生活的世界。我愿意把它称为"黑蝴蝶"现象。

人类似乎已经无法控制自己，各种生物繁衍似乎失序了，技术的突飞猛进也更难掌控，人类正在进入 AI（人工智能）世纪，也许很快将出现某些方面比人类更强的机器人。我们将面对人与机器人之间的种种竞争。在我们还没有能力解决人类一些重要社会矛盾的同时，我们将不得不面对人类与机器人共存的社会伦理困局，这些需要深入的思考。

我非常钦佩《跨越黑天鹅和灰犀牛的坎：坏听力时代的财智逻辑》作者的勤奋和用心。政治、经济和社会问题，是全人类的共同问题，是所有知识分子都应重点关注的领域。"80后"青年学者潘启雯从"危机亲历者反思""审视复杂的中国"和"洞察并把脉世界"三个维度广泛涉猎了大量政治、经济、社会、历史书籍，深入观察了近10年来的重要政治经济事件，写下了不少深入浅出的文章。这本书汇集了他对金融危机之后世界金融和中国经济的思考。

本书的标题非常切合现实，金融危机和未来可能发生的下一次危机，这些坎儿是"黑天鹅"，而包括中国在内的主要大型经济体越积越高的债务问题和货币问题，显然都是"灰犀牛"。我们其实并没有很大的回旋空间了。身处全球金融资本市场，我们面前的行情显示器里随时都可能拉出一条陡直的价格曲线，资产价格大幅波动，财富瞬间缩水；而更多的人也许面对的是后半生的生活隐忧。

作者直指一些人的心态问题，说这是一个"坏听力时代"。可能不仅是大多数人听力有问题，视力也有问题，甚至大脑也出了问题。现在有个词叫"财商"，和智商、情商同等重要。我觉得作者的思考犹如一种财商训练，他希望"试图通过对如格泽高滋·W.科勒德克、布迪约诺、沃尔夫冈·朔伊布勒、彼得·古勒维奇、罗杰·E.A.法默、马克·布莱思、帕布罗·特里亚纳、大卫·哈维、罗伯特·席勒、理查德·波斯纳、马丁·雅克、约瑟夫·奈、马太·杜甘、克劳德·迈耶、马凯硕、郑永年、葛兆光、温铁军、汪丁丁、于建嵘、史正富、许小年、章玉贵、盛洪、华生、徐滇庆、常修泽、左小蕾、曹尔阶、李炜光、巴曙松等国内外著名学者的作品或相关人物的深度剖析，开辟出一条跨越'黑天鹅'和'灰犀牛'之坎的财智探寻历程，并由此发掘和揭示作为'财智逻辑'的深意和大义"。对此，我极表敬佩和赞同。希望本书能够达到启人心智、开卷有益的效果。

（郑磊，博士，行为经济与行为金融学者，
香港 CMBI 金融有限公司执行董事）

| 前 言 |

坏听力时代：如何跨越"黑天鹅"和
"灰犀牛"的坎？

（一）

当亚马逊丛林中的一只蝴蝶抖动翅膀时，人们知道会发生什么：可能在密西西比河流域引发一场风暴〔或按 1963 年美国气象学家爱德华·罗伦兹（Edward N.Lorentz）最早的说法：可以导致一个月后得克萨斯州的一场龙卷风〕。但当黑天鹅抖动翅膀时，人们知道会发生什么吗？人们将什么都不知道！或者换一种说法：一切皆有可能。

毋容置疑，蝴蝶和黑天鹅，两者都是一种对难以预测的未来的比喻，正好是看待世界的相反角度："蝴蝶"这个选项，被称为混沌学中的"蝴蝶效应"（Butterfly Effect），是指非线性系统中，初始条件下微小的变化，能引起系统连锁反应后难以预料的后果。"黑天鹅效应"（或称"黑天鹅事件"，Black Swan Event），既不属于线性事件，也不是非线性事件，两者都可以归入决定论的范畴。黑天鹅是指非决定论事件。"黑天鹅效应"，就是非决定论效应。

事实上，在经历了 2008 年由美国蔓延至全球的金融危机之后，才让"黑天鹅"一词进一步流行，美国学者纳西姆·尼古拉斯·塔勒布之后出版了《黑天鹅：如何应对不可知的未来》，带动了一股阅读和研究热潮。"黑天鹅"原是欧洲人的口头禅，意思是不可能存在的事。直到澳大利亚发现了黑天鹅，人们才明白，过去他们就像鸵鸟一样把头埋在沙堆里，以为自己知道的就是对的，而事实上是自欺欺人。

2016 年，特朗普当选美国总统、"英国脱欧"等更是进一步让"黑天鹅"这个词家喻户晓，成为所有不可预测的重大稀有事件的一个绝佳代名词。2017年，比"黑天鹅"更危险而更贴近我们普通人的"灰犀牛"再次引起大家的关注。"灰犀牛"的概念最早由美国学者米歇尔·沃克（Michele Wucker）在 2013年的达沃斯论坛提出，并在 2016 年出版的《灰犀牛：如何应对大概率危机》（*The Gray Rhino*：*How to Recognize and Act on the Obvious Dangers We Ignore*）一书中进行了系统性阐述。灰犀牛长于非洲草原，体型笨重，反应迟缓，离得远的时候觉得毫无威胁感，但如果它真的奔过来，其爆发力会让猎物猝不及防被掀翻。"灰犀牛"一词与"黑天鹅"相对，其被用来说明，最大的问题不是问题本身，而是对问题的视而不见。

相对于"黑天鹅事件"的难以预见性和偶发性，"灰犀牛事件"不是随机突发事件，而是在一系列警示信号和迹象之后出现的大概率事件。换言之，它利用了人性弱点——没人愿意为还没发生的事情负责——所以那些黑天鹅背后，几乎都藏着一头灰犀牛。无数琐碎的危险因子长年积聚，直至爆发。例如2008 年美国房地产泡沫集中爆发之前的诸多泡沫破裂，飓风卡特里娜和桑迪及其他自然灾害后的毁灭性余波，颠覆了传统媒体的现实数码技术，大桥坍塌和摇摇欲坠的城市基础设施，苏联的迅速衰败和中东地区的混乱，在事前均出现过明显的迹象。危险并不都来源于突如其来的灾难或太过微小的问题，雾霾、气候变暖、饮用水短缺、金融危机以及科技的革新带来的巨大颠覆性力量……这些都是与我们每个人息息相关的灰犀牛事件。我们之所以忽视这些信号，更多只是因为长久视而不见。

一个忽视"灰犀牛"的典型例子，就是曾经称霸全球的菲林公司柯达（Kodak）忽视数码摄影"不可阻挡"的潮流，结果错失了在新技术领域脱颖而出的机会。

茅盾文学奖得主、著名作家格非在他的《隐身衣》曾写到一个"以帮高端客户定制高级音响设备为生"的崔师傅，客户群体只有两种：一种是高级知识分子，另一种是腰缠万贯的小老板，他们"都是当代社会掌握话语权的人"。正因有这两种"客户群体"的存在，耳朵时尚的变迁史与心灵史曾密谋般合一。可悲的是，当下"这个时代的听力坏了"，格非于是努力借用崔师傅专业的耳朵测量着每一次音乐选择的品位，诊断出了"经济文化高阶级≠艺术修养乃至人格品质高位"的症候。

当今时代，企业、组织、政府机构和各个行业领域都会面临一些明显的、高概率的危险，而且其中有一些危险会给那些毫无准备的人带来毁灭性打击。面对"黑天鹅事件""灰犀牛事件""明斯基时刻"（即金融资产价格突然崩溃）等频发的当下，人们的听力似乎也坏了。而笔者出版这本财经随笔集《跨越黑天鹅和灰犀牛的坎：坏听力时代的财智逻辑》，试图通过对如格泽高滋·W.科勒德克、布迪约诺、沃尔夫冈·朔伊布勒、彼得·古勒维奇、罗杰·E.A.法默、马克·布莱思、帕布罗·特里亚纳、大卫·哈维、罗伯特·席勒、理查德·波斯纳、马丁·雅克、约瑟夫·奈、马太·杜甘、克劳德·迈耶、马凯硕、郑永年、葛兆光、温铁军、汪丁丁、于建嵘、史正富、许小年、章玉贵、盛洪、华生、徐滇庆、常修泽、左小蕾、曹尔阶、李炜光、巴曙松等国内外著名学者的作品或相关人物的深度剖析，开辟出一条跨越"黑天鹅"和"灰犀牛"之坎的财智探寻历程，并由此发掘和揭示作为"财智逻辑"的深意和大义。

（二）

《跨越黑天鹅和灰犀牛的坎：坏听力时代的财智逻辑》三个部分，各有侧重、各有特色。

第一部分"危机亲历者反思"多数文章主要关注 2007~2008 年由美国蔓延至全球的金融危机问题。多年来，世界上智商最高的一群人聚在一起不断开发新型金融产品，目的是要在更为广泛的市场范围内分散风险，与此同时，全球各个市场间的互动变得从未如此灵敏，也变得从未如此脆弱。从房地产市场、信贷市场，到债券市场、股票市场、黄金市场、外汇市场、期货市场，直至金融衍生品市场，一个个大规模杀伤性武器瞬间就能催生出信息化时代的蘑菇云。市场的复杂性已超出了远离市场前沿的人，甚至也超出了监管者的理解范围。

危机时刻，经济学不能解释更不能解决所有问题，很多问题需要其他科学或人士来给出答案或解决方案。波兰经济改革"总设计师"格泽高滋·W.科勒德克坚信"抛开了人的经济，是可怕的经济"。曾亲自参与印度尼西亚应对1997~1998年亚洲金融危机、2008~2009年全球金融危机的印度尼西亚前副总统布迪约诺坦言，"每场危机都要付出巨额学费"，处置危机来不及等到所有信息和弹药都齐备，主要考量是防止"多米诺骨牌"效应出现，预防金融体系全面坍塌。要选择"与已知的魔鬼打交道"；"任何一场危机中，管理人的心理都是至关重要且生死攸关的"。

经历了2008年由美国蔓延至全球的金融危机，德国现任财长沃尔夫冈·朔伊布勒称，此次经济危机让我们找到了一种"适度与责任的新文化"。19世纪末的长期通货紧缩、20世纪30年代的大萧条以及20世纪七八十年代的广泛的经济衰落，是比较大的三次危机。美国康奈尔大学教授彼得·古勒维奇说："国际经济危机对国家来说就像化学中的化合物的反应试剂一样：它们引起变化并揭示特殊性和普遍性的关系。"

金融守护人为何不为公众利益服务？美国奥本大学梅肯研究院高级金融研究员詹姆斯·R.巴斯、威廉姆斯大学经济学教授和发展经济学研究中心主任小杰勒德·卡普里奥、加州大学伯克利分校哈斯商学院银行和金融学的威利斯·H.布斯讲座教授罗斯·列文三位经济学家以"烹制酸辣汤"的比喻说明，就像要烹制上好的酸辣汤一样，设计恰如其分的金融监管，需要全面考虑所有政策对金融市场产生的综合效果。仅评估某项政策单独发挥作用的效果，无疑自欺欺人。三位学者还发现，腐败以及金融机构和监管机构之间的"旋转门"（即金融机构与监管机构的员工互相跳槽），扭曲了金融监管。

生前曾声名显赫的凯恩斯主义经济学家萨缪尔森，直接影响了现今绝大多数经济学者和决策者对凯恩斯思想的理解方式，但他所提出的调和凯恩斯主义思想与一般均衡理论的方式漏掉了凯恩斯主义思想的主要观点：高失业会永久持续。基于此，美国加利福尼亚大学洛杉矶分校（UCLA）杰出经济学教授兼经济系主任罗杰·E.A.法默一再强调，正是总财富的持续下跌导致了前所未有的大萧条时期的高失业水平，也正是财富的持续下跌带来了威胁，使2008年的崩盘转化为一件非常痛苦的大事件。因为强调了收入作为消费决定因素的作用，凯恩斯主义经济学家被引导着相信积极的财政政策是恢复充分就业最有效的解决方案。作者认为这是错误的，因为这会导致政府大举借债，将使我们的子孙无辜背上巨额还债的负担。

金融业自受2008年美国次贷危机重创后，美欧政客们宣布了一轮又一轮预算削减计划，并将政府支出塑造成无妄的浪费和经济形势进一步下行的"罪魁"。美国布朗大学国际政治经济学教授马克·布莱思认定，紧缩政策忽略了一个重大问题：问题的源头并不是政府狂妄无节制地支出，而恰恰是政府对破产银行体系的救助、再资本化和注资。

第二部分"审视复杂的中国"，探讨当下乃至未来中国的社会和经济问题。相比过去的成功，对中国社会和经济的前景，共识较少。一部分人认为中国经济过去那么好，这一趋势已结束；另一部分人则认为中国经济还会较快增长，并将在可预期的将来在总量上超过美国。当然，还有第三类人是摇摆于上述两端之间，时而悲观，时而乐观。有第三类观点并不奇怪，甚至可能还不在少数。一个原因是中国经济是个复杂的多面体，有些地方、有些时候的确让人困惑；另一个原因是如果没有一个用于中国经济的可靠分析框架，那就得不到自信的、一贯的结论，常常被复杂的现象或繁杂的观点所干扰也就不足为奇了。甚至可以说，"看不清"中国经济的前景不仅发生在非经济人士身上，一些有过经济学训练的人和经济学家也会如此。

其实，了解、思考当下中国经济和社会，并非一定要以"啃硬骨头"的劲头来钻研。换个轻松的角度来观察、记录，也是很好的方式。特别是当一些观点与流行看法相左或受到质疑时，中外不少学者却能拿出更细致的分析、更严肃的证据，做更有说服力的阐述，且不迎合精英政客，善于诊断经济学谬论，敢于解剖政府政策失误的精神，对当下中国的经济理论界更有其特殊的意义。

第三部分"洞察并把脉世界"关注当下国际关系热点、城市发展、中日关系等话题。围绕利益的竞争、较量、博弈，这是人类发展的核心内容。由此，国际形势向来是"波诡云谲，乱中有变"。以 2016 年为例，特朗普出人意料赢得美国大选、英国意外"脱欧"、意大利修宪公投被否等"黑天鹅"事件屡屡发生。世界上没有绝对完美的事物，唯其不完美，才促使人类孜孜以求。为此，把握世界发展脉搏、寻找共识先得在迷思中回归常识。

在政治舞台和商业竞技场上，常态是依势夺利，依靠强权和优势参与对利益的争夺。这种状况，要在世界范围内实现人的全面发展，促进人的正当利益的最大化、最优化发展，必须从发现常识、承认常识和尊重常识做起，因为常识正像货币和语言，是交易的条件、交流的桥梁，是人们合作的共识和基础。

美国新自由主义学派代表人物约瑟夫·奈观察发现，作为全球信息革命的结果，21 世纪正发生着两个巨大的权力转移：国家之间从西向东的权力转移和从政府到非国家行为体的实力扩散。在法国当今最著名政治学家和社会学家之一马太·杜甘看来，对"功能等价物"的探索，弥补了角色和功能在分析上的"分裂"，同样的工作在不同的国家可能是通过不同的组织完成的，相似的或相当的机构在不同的国家也可能执行不同的任务。新加坡国立大学李光耀公共政策学院院长马凯硕用抽水马桶、"船"这些生动的细节或比喻把脉并审视亚洲乃至世界的格局，令人耳目一新。不过，马凯硕在《大融合》中，并不再像《新亚洲半球》那样强调西方的衰落，而是着眼于世界格局再平衡过程中内在的相互依赖性。在马凯硕看来，新兴市场国家和发达国家的繁荣与安全，将取决于它们能否发现分享权力的方法。

　　自杀前三天，即 1918 年 11 月 7 日，已经下定决心的梁济问儿子梁漱溟："这个世界会好吗?"梁漱溟时年二十五岁，已经以《究元决疑论》(载于《东方杂志》1916 年第 13 卷第 5 期) 而获得蔡元培的赏识，成了北京大学的老师。他来与父亲讨论当时甚是热门的欧战时事，他记得当时的回答是："我相信世界是一天一天往好里去的。"梁济听梁漱溟说完之后，说了一句"能好就好啊!"就匆匆出门，三天之后投湖自尽。在那个"千年未有之变局"的时代，知识分子的悲观情绪并不鲜见，梁济并不是偶然案例。最近几年，债务危机、乌克兰危机、难民危机、恐袭频发、英国"脱欧"、朝核危机、特朗普治下打着"美国优先"旗号加剧美国国内分裂、中东乱局……一系列乱象背后，是域内外强国的多方缠斗，因此世界没有一刻消停，今天仍旧是一个太多不确定性的年代，我们需要的，也许是对未来报以信任。

| 目　录 |

PART 1　危机亲历者反思
经济学的职责就是诊断谬论解剖政策失误

PART 2　审视复杂的中国
当我们谈论中国时都说些什么

跨越黑天鹅和灰犀牛的坎

PART 3　洞察并把脉世界
寻找共识先得在迷思中回归常识

PART 1

危机亲历者反思

经济学的职责就是诊断谬论解剖政策失误

　　成为一名经济学家，是我生命中喜悦与满足的源泉。经济学是一门迷人的学问，而最迷人之处是，它的基本原理如此简单，只需一张纸便可以写完，而且任何人都可以了解，然而真正了解的人实在太少。

——1976 年诺贝尔经济学奖得主米尔顿·弗里德曼（Milton Friedman）

多年来，世界上智商最高的一群人聚在一起不断开发新型金融产品，目的是要在更为广泛的市场范围内分散风险，与此同时，全球各个市场间的互动变得从未如此灵敏，也变得从未如此脆弱。从房地产市场、信贷市场，到债券市场、股票市场、黄金市场、外汇市场、期货市场，直至金融衍生品市场，一个个大规模杀伤性武器瞬间就能催生出信息化时代的蘑菇云。市场的复杂性已超出了远离市场前沿的人，甚至也超出了监管者的理解范围。

危机时刻，经济学不能解释更不能解决所有问题，很多问题，需要其他科学或人士来给出答案或解决方案。波兰经济改革"总设计师"格泽高滋·W. 科勒德克坚信"抛开了人的经济，是可怕的经济"。曾亲自参与印度尼西亚应对 1997~1998 年亚洲金融危机、2008~2009 年全球金融危机印度尼西亚前副总统布迪约诺坦言，"每场危机都要付出巨额学费"，处置危机来不及等到所有信息和弹药都齐备，主要考量是防止"多米诺骨牌"效应出现，预防金融体系全面坍塌。要选择"与已知的魔鬼打交道"；"任何一场危机中，管理人的心理都是至关重要且生死攸关的"。

经历了 2008 年由美国蔓延至全球的金融危机，德国的财长沃尔夫冈·朔伊布勒称，此次经济危机让我们找到了一种"适度与责任的新文化"。19 世纪末的长期通货紧缩、20 世纪 30 年代的大萧条以及 20 世纪七八十年代的广泛的经济衰落，是比较大的三次危机。美国康奈尔大学教授彼得·古勒维奇说："国际经济危机对国家来说就像化学中的化合物的反应试剂一样：它们引起变化并揭示特殊性和普遍性的关系。"

金融守护人为何不为公众利益服务？美国奥本大学梅肯研究院高级金融研究员詹姆斯·R.巴斯、威廉姆斯大学经济学教授和发展经济学研究中心主任小杰勒德·卡普里奥、加州大学伯克利分校哈斯商学院银行和金融学的威利斯·H.布斯讲座教授罗斯·列文三位经济学家以"烹制酸辣汤"的比喻说明，就像要烹制上好的酸辣汤一样，设计恰如其分的金融监管，需要全面考虑所有政策对金融市场产生的综合效果。仅评估某项政策单独发挥作用的效果，无疑自欺欺人。三位学者还发现，腐败以及金融机构和监管机构之间的"旋转门"（即金融机构与监管机构的员工互相跳槽），扭曲了金融监管。

经济学不存在任何穿越历史的灵丹妙药

在古希腊，有一个关于米达斯王"点石成金"的传说：神兑现了给他的许诺，凡是他接触过的东西都会立刻变成金子，连吃的喝的都变成了黄金。最后，这个老守财奴遭到了可怕的诅咒。普通人只是将这个传说解释为对人心贪婪的一个教训，这其实是一种误读。在我看来，神是在向我们昭示，黄金只不过是一种金属。如果还有什么特殊之处的话，最多也就是人们觉得用它作为交换的媒介会很方便，仅此而已。换言之，黄金只是人们与其真正欲求之物之间的桥梁而已。其实，还有一些交换媒介，并非只有黄金。因此，如果将这种实用、漂亮的物质当成不可替代的东西，那么实在是愚蠢之极。

——《致命的谎言：揭开经济世界的真相》作者、2008 年诺贝尔经济学奖获得者保罗·克鲁格曼（Paul R.Krugman）

"山寨"照样能推动经济发展和社会进步

波兰经济改革"总设计师"、两次临危受命担任主管财政的副总理，后来任华沙科兹明斯基大学政治经济学教授的格泽高滋·W.科勒德克（Grzegorz W. Kolodko），留给历史的骄人成绩是将通胀高居不下的波兰经济带出困境，并使经济增长率一路飙升，为波兰加入经合组织（OECD）和欧盟铺平了道路。其实，作为经济学家，科勒德克的"拿手好戏"，是运用现代语言学分析工具解剖政客和经济学家们的政治、经济修辞学，从而揭示政府和经济学界中人玩弄政治、经济的种种真相、谬误与谎言。这一点，在这本《真相、谬误与谎言——多变世界中的政治和经济》(*Truth, Errors, and Lies: Politics and Economics in a Volatile World*) 中有生动体现。

科勒德克一直坚信，"抛开了人的经济，是可怕的经济"。为此，他把经济学、历史学、社会学、政治学和文学融为一体，通过分析全球化与世界、停滞与发展、制度和文化、未来与变数以及信息、新自由主义、新实用主义等经济学世界的关键词，力图通过"各种政见和媒体令人眩晕的花言巧语"，洞悉正反两方面的真实世界及其逻辑。他始终觉得："在经济学里，不存在任何最终定论，也不存在任何穿越历史的绝对或永恒真理。"对于决策者或管理者来说，重要的是培养批判性思维的能力，提高将可靠和不可靠的发现区分开的鉴别力——成功不是跟在几个公式后面亦步亦趋，而是要随时在不确定的情况下做出决策并付诸执行。因为管理的真实状况永远比想象的更不确定，世上没有保证成功的"万能公式"。

比如，学术界不断强化一些概念性的理论，例如"创新"，甚至提出"不创新即灭亡"的口号。科勒德克却认为，几个世纪以来，即使没有创新，有些经济实体往往依靠模仿，就能生存下去。这种"模仿"，说穿了就是"山寨"。一些擅长模仿的民族，原创能力虽不强，但依靠"山寨"，照样推动了经济的发展和社会的进步。

在经济快速增长的同时，人们的认知也在发生巨大变化。技术手段的发展，并不停留在纯粹的技术层面，文化价值观和社会偏好也会随之变化。但这种变化往往不为人们所察觉。一部分人随着这种变化不断进步，另一部分人则被岁月所阻隔。科勒德克由此发出疑问："我们丢失的是知识，还是想象？"事实上，随着技术的大规模发展和日臻完善，我们的想象力正在"退化"。

经济变革从何而来，真相又是什么？《真相、谬误与谎言》也给出了一个非常新颖，甚至令人瞠目结舌的观点：这与一个时期人们的"童年"有关。童年时期社会环境中过多的压力和不稳定因素容易使人形成"改革主义"倾向，而稳定的环境则容易使人在政治和经济上趋于"保守"。当然，另一些数据证明，反过来这个观点也是成立的。孰是孰非？在 20 世纪，欧洲国家较早地经历了人文主义洗礼，经济发展也走在前列，其经济改革兼具"激进"和"保守"两个维度，而亚洲各国则掀起了一波又一波经济改革，这些经济改革是否成功另当别论。客观地说，自"二战"结束后，欧美各国都走向了经济复苏，而亚洲各国在 20 世纪 60~70 年代仍陷入各种泥淖中。颇为吊诡的是，在 19 世纪初和 20 世纪前半叶，亚洲国家几乎全都陷入欧洲经济文化的强势占领中，因此，20 世纪后期亚洲国家的经济改革要求非常多，这是否印证了作者的观点呢？

推翻那些几乎成定论的"传统智慧"

很长的一段时间来引发全球学术界广泛热议的"新自由主义"思潮，也是科勒德克重点关心和探讨的话题，同样火药味浓烈，保持了一贯的尖锐性和批判性。他以美国为例提出，尽管"自由主义"被认为是一种社会进步趋势，但新自由主义者有时也被称为"新保守主义者"。他们宣扬完全自由的市场和资产私有化，与政府做斗争，要求政府大幅缩减对经济的干预、对预算再分配和社会政策的控制。他们为了自己的特殊利益，利用诸如自由和创业精神、选择与法制等概念，甚至操纵这些用语的含义来服务与之相关的过程。科勒德克认为，与正确推广这些价值的真正、真实的自由主义相反，新自由主义与真正的民主政治、经济效率和社会理性毫不相关，其拥趸只会将这些美好概念拉来为狭隘的精英阶层服务，而将民众的利益置之度外。不幸，新自由主义者们是"操纵"这些概念的高手。

科勒德克进一步论证，新自由主义对个人主义的能力、目的和作用给予了绝对的高估，对贪婪给予了毫无必要的过度支持，将这个恶习拔高为推动经济的品德。这忽视了经济的社会性，没有将人看成是经济活动的中心。新自由主义者只关心价值，认为世上所有东西都能转化为价值，任何东西都可能也应该交易，从而产生利润，包括心理预期，自然也有非理性预期。从机制体系讲，新自由主义将政府及其监管能力列为头号"全民公敌"。通过巧用媒体塑造舆论，利用一些对民意有导向作用的社会科学家（这点很不幸），特别是经济学家，将小政府（弱政府）理念灌输给大众，降低了政府对自主市场规律的干预。但是，达成经济成功的唯一条件，是促成市场"看不见的手"和政府"看得见的头脑"有机结合，这点对新兴市场尤其重要。机制干预是当代资本主义的必然结果。然而，由于价值取向不同，特别是由于其对特别利益集团的服务目的，这个原则并没有被新自由主义者接受。难怪作者敢于如此叫板美国："全球经济危机产生于美国，这是'新自由主义'的结果，这个政策忽略了穷人以及更加公平的增长，实际上是失败了。"

法国思想家蒙田曾言："假如谎言和真理一样，只有一副面孔，我们还可以同它相处得好一些，因为那样我们可以毫不犹豫地从反面理解撒谎者。可是，谎言却有千百副面孔，无法将其限定。"就经济学或所有的社会科学而言，真理与谬论（从认识论范畴）或真诚与谎言（从伦理角度）之间存在非常微妙的关系。不幸，人们对这种关系却知之甚少。很多时候，人们认为自己似乎身处一场科学辩论，而事实上却正陷入一场有关价值观的意识形态辩论之中。科勒德克让人着迷之处正在于，他在提示人们从"多变世界"的角度发现掩盖在"千百副面孔"背后的事物真相时，简直就是经验丰富的"私人侦探"。而他写作此书的现实意义，正是要慢慢探究隐藏在事物背后的真相，推翻那些几乎成定论的"传统智慧"，尽管这一历程必定相当曲折，甚至可能让人产生巨大的挫折感。又或许，他只是想说，探查真相，勇气比智慧更重要。

社会动态演变推动经济和政治诉求
走向均衡

> 即便我们成功避免了大萧条这一可能发生的最糟情况，但一个不争的事实是，近些年经济的表现确实比"二战"之后的 20 年更为糟糕。而且，20 世纪 60 年代末以来，我们成功地使不稳定性趋于稳定，但此事并非有意为之，因为作为政策基础的各种理论并没有考虑能使内在不稳定系统趋于稳定的关键因素。政策虽然很成功，但政策制定者们对不断恶化的经济表现却只字不提。因此，在历史、理论和制度的多重作用下，需要把改革提上日程。
>
> ——《稳定不稳定的经济》作者、美国当代研究金融危机开创性人物海曼·P.明斯基（Hyman P.Minsky）

"另类"布迪约诺对印度尼西亚过去和未来的
审视与反思

在有"千岛之国"之称的印度尼西亚——这个"高成本经济"，甚至被摩根士丹利投资管理公司董事总经理卢奇·夏玛（Ruchir Sharma）称为"高效率的贪腐"（Efficient Corruption）国家，围绕某个人物，人们往往会听到各种各样的故事和评价。被誉为"印尼金融掌舵人"，曾亲自参与印度尼西亚应对 1997~1998 年亚洲金融危机、2008~2009 年全球金融危机印度尼西亚前副总统布迪约诺（Boediono）无疑是个"另类"。2004~2014年连任两届的印度尼西亚第六任总统苏希洛成立反贪委员会（KPK），将多位贪污腐败的内阁部长、政党骨干送进监狱。布迪约诺曾任印度尼西亚央行行长期间的几名副行长也因贪腐被囚，但他本人却安然无恙。印度尼西亚媒体曾追踪过布迪约诺的退休生活，说他在卸任副总统后，将所有政府配的家具用品交还，只在一个简朴清净的房子里安度晚年。

早在亚洲金融危机爆发之前，在印度尼西亚发生政权更迭的混乱时期布迪约诺就已经入阁主管金融经济，并成功将衰退的印度尼西亚经济恢复到4%的增长率，印度尼西亚盾兑美元汇率稳定在9000∶1，因而与时任经济统筹部长多罗查顿·昆佐罗·贾克蒂一道被美国《商业周刊》（Business Week）称为印度尼西亚"梦之队"（The Dream Team），好似克林顿时代将经济推向"非理性繁荣"的鲁宾、萨默斯和格林斯潘组成的美国"梦之队"。

作为一个长期参与印度尼西亚经济决策和管理的资深学者，现为沃顿商学院沃顿顾问委员会亚洲执委会成员的布迪约诺在他的新著《历史大变局中的印尼经济》（*Ekonomi Indonesia dalam Lintasan Sejarah*）中以深厚的理论功底和丰富的实践经验，将印度尼西亚500年经济发展史浓缩展现，使人对印度尼西亚经济社会发展历程、国家经济建设面临的重大问题和现实挑战、规划措施、应对经济危机的历史经验和教训等一目了然。布迪约诺对印度尼西亚过去和未来的纵横审视与反思，既打造了一面经济发展的历史棱镜，也磨砺出一块建设求索的他山之石。

经济和政治关系如同一枚硬币的两面

印度尼西亚著名经济学家埃米尔·萨利姆在关于"国家建设"方面曾提出一个有趣而生动的"建设钟摆"比喻：国家建设历史好似在经济和政

治两端摇晃的"建设钟摆"，有时会晃到政治一边，使政治影响和力量比经济因素更具主导性。"有领导的经济"时期就是如此。但当"建设钟摆"离"经济端"较远、离"政治端"较近时，就会产生"抗衡力"（Countervailing Forces），推动它重新回到"经济端"。

纵观印度尼西亚 500 年的社会经济发展史，布迪约诺承认萨利姆的比喻颇为贴切，且有说服力。布迪约诺注意到：无论是殖民地时代荷兰实行的以榨取制度为特征的经济制度、日本占领时期的战争经济、印度尼西亚独立初期"议会民主"和"政治挂帅"的经济体制，还是在印度尼西亚取得经济高速增长、成为"亚洲虎"的"新秩序"时期、亚洲金融危机后开启的民主改革时代，当经济制度和政策没有给人民带来实际利益时，或是没有解决人民的政治诉求时，都要被时代变化所调整。即"在社会诞生和增长的力量来回牵引的张力中运行，最终达到经济诉求与政治诉求适度的均衡状态。社会的动态演变推动着经济和政治诉求走向均衡"。

荷属东印度公司的政治目的是为自身获取最大利益，它动用政治手段（外交、军事）和经济手段（垄断、税收、各种赋税）相结合的方式落实其政策采用的经济体制是原始榨取经济制度。在发展过程中，由于管理失误，荷属东印度公司破产了。企业的经济状况导致政治发生改变——荷属东印度公司被荷兰政府接管。

荷兰殖民政府的政治目的更加广泛，即将荷属东印度变成荷兰王国不可分割的一部分，使之能最大限度、持久性地为宗主国服务。为此，建立了完善的殖民政府制度，包括管理机构、法律、金融、现代基础设施网络，以更精致、更有效的现代榨取来达到政治目的。第二次世界大战改变了政治版图，日本控制了印度尼西亚，新掌权者的政治目的是将印度尼西亚变成保障日军赢得战争的堡垒。为达此目标，采取的是"战争经济"制度——石油、矿产和粮食生产都为前线日军服务。印度尼西亚民众只能获得"残羹剩饭"。原则上说，这种制度与殖民制度毫无差异，都是为了从印度尼西亚尽可能地榨取经济利益以满足"祖国"需要。不同的是榨取手段。荷兰时期是以强迫种植制和"自由"体制，日本时期则是以军政权的发号施令。由此，原先的市场机制的自愿交易被明令禁止，命令经济取而代之。印度尼西亚完全与外界隔绝，生产资料受到极大破坏，3年半的岁月充满极度苦难。之后，政治生态又一次生变。当时刚刚宣布独立的印度尼西亚共和国不得不面对与荷兰的持续冲突。安全形势和政治形势充满不确定性，使经济政策无法连贯、难以持续。可见，经济和政治的关系如同一枚硬币的两面。

1950年，印度尼西亚主权获得承认，主要政治目标是从政治、经济上将年轻共和国团结统一起来。其中，特定的目标包括将荷兰企业印度尼西亚化和国有化，以便配合收复西伊里安的攻势。但选择的政治体制即议会民主制无法产生稳定的政府。宏观经济失衡未能得到彻底解决，问题日益慢性化：预算赤字膨胀、官方汇率与现实脱节、通胀率不断蹿升。经济形势逐渐恶化，采取的经济政策（特别是双轨汇率制度）诱发了爪哇岛与外岛的政治冲突。地方叛乱此起彼伏，但很快得以平息。冲突气氛仍在持续，同时发起夺取西伊里安的军事行动，与马来西亚进行对抗。除了与马来西亚对抗没有达到目的之外，维护印度尼西亚共和国的团结统一和收复西伊里安这两大政治目标都达到了。但这一切却造成了过于惨痛的经济代价，即国家预算赤字越来越大。

议会民主制被总统内阁制（有领导的民主）取代，决策者希望能促成政治形势更加稳定，推出了有领导的经济体制，强调经济政策服从政治政策，国家在经济生活中发挥主导作用。由于多种原因交织影响，这一实验没有奏效。同时，宏观经济失衡状况持续恶化：外汇更加稀缺，国家预算失序，通胀失控脱缰发展成恶性通胀。严峻的经济形势激发人们要求改变的呼声，导致出现政治变革。

新政府（"新秩序"）登上舞台，将经济状况改善确定为首要目标。新的执政者为能干的技术官僚群体提供了政治支持，使其施展才华，克服恶性通胀，重振经济生活，接着规划和实施可持续的建设计划。在 30 年时间里，印度尼西亚取得的经济成就举世瞩目，各种社会福利指标也呈现出实际进步。印度尼西亚跻身"亚洲虎"行列。这段时期，政治和经济达到了前所未有的协调一致。

然而，稳定繁荣的水面之下，两个"负面"动态暗流涌动：第一，政治稳定是经济政策和高效建设所必需的，但其副作用是使政治生活死气沉沉、裙带作风滋生蔓延。权力制衡没有到位，民主化要求日益强烈。第二，经济建设成功也带来一些副作用，诸如公众的生活需求已不仅限于衣食温饱等基本需求。基本需求满足了，他们开始向往非物质的基本需求，即更多的参政权。这次，经济成功而非经济失败催生了政治变革需求，推动了民主化。这两个动态相互强化，并随着时间推移合流为一，但依然不够强大到触发变革，直到 1997~1998 年亚洲金融危机到来。这场经济危机将潜在力量变成现实政治运动：民众走上街头，要求民主化、分权自治和透明化。印度尼西亚进入新的政治环境并采用新的游戏规则：迎来了改革时代，其后果也影响到经济政策的制定和实施效率问题。

建设过程的本质是经济与政治相互影响的互动结果。有的时期是政治主导，经济从属，如旧秩序"有领导的经济"时期；有的时期是经济主导，政治从属，如"新秩序"初期。建设过程中，一个时期的政治目标并不总是与当时的经济目标步调一致。建设领导者常常面临两种目标间的妥协权衡（Trade Off）。对此，布迪约诺毫不讳言地指出：经济目标总体上要服从政治目标。但在一定时期（如经济危机时），经济目标是当务之急，要高于政治目标，至少在短时期内如此，直到克服危机为止。历史也表明，如果政治目标与经济目标之间存在巨大反差甚至鸿沟，那么等待国家的就只有艰难困苦。必须使二者协调一致，这是一个令人痛苦的过程。"国家管理者的任务就是保证两个目标在任何时候都不能相互挤压碰撞。"

管理经济和金融应恪守"谨慎"原则

具有丰富从政经验、在印度尼西亚政治经济决策层掌权近 20 年的布迪约诺，他曾亲自参与印度尼西亚应对 1997~1998 年亚洲金融危机、2008~2009 年全球金融危机，处理危机的这些经历无疑是为《历史大变局中的印尼经济》的叙述和现实剖析提供了来自高层的、权威的第一手资料，增加了浓厚的历史感和现场感，也是全书的重点和看点。

按布迪约诺分析，1997~1998 年危机不仅是一场金融危机，它始于外汇市场的流动性危机，后又发展为银行危机，但并未到此为止。经济活动急剧下降导致大规模失业。印度尼西亚更因厄尔尼诺现象而厄运透顶，那场天灾使印度尼西亚陷入 25 年来最严重的粮食危机。1998 年，大米价格成倍上涨，大规模失业加上食品价格飞涨，诱发了社会动乱。接下来发生的事件，就是许多地区社会秩序崩坏，社会动乱引发政治危机，之后是政权更迭。

对经历了 30 年令人瞩目的经济增长和生活改善的印度尼西亚来说，亚洲金融危机造成了空前浩劫。风暴突然来袭，以前所未有的迅猛之势冲击印度尼西亚。资金大规模倾泻外流。20 世纪 80 年代末，也曾发生资本外逃，但很快化险为夷。但此次规模更大、病因更深，旧方下药、老套治疗，完全失灵。企业、银行和其他主要经济活动主体多年来习惯于在受调控的浮动汇率制、在可预期的情况下获得国外资金，突然间不得不面对外来资金枯竭和无法预测的完全浮动汇率制。这驱使他们的行为变得带有投机性，使外汇市场形势更加糟糕。在接下来的发展中，公众也纷纷效仿，导致资本大范围外逃，局势全面失控。然而，导致最坏局面出现的是银行业危机。关闭银行又不提供全面"保护伞"，使人们对国内银行丧失信心，储户大规模取款转移到更安全的地方（枕头底下、政府所属银行、外资银行，或者都不放心，干脆转到国外）。1998 年初，在实施完全担保后，这一糟糕局势才得以收拾。

布迪约诺并未有意渲染亚洲金融危机造成的严重后果，而是平铺直叙地勾勒事件发展全貌，让人看清为什么决策者的措施没有奏效，为什么印度尼西亚在亚洲金融危机中会一再错失机会，最终跌落悬崖。而在 2008 年金融危机席卷全球时，为什么印度尼西亚没有走向深渊，不同于韩国、泰国、马来西亚等国出现停滞甚至负增长的局面，仍然保持了增长。如果我们再以当时美国经济学家约瑟夫·斯蒂格利茨的报告和其他学者的解剖来参照，会看到一国政策决策者和多国专家在危机认识上的共同点、在应对举措上的差异性。

相比 10 年前的亚洲金融危机，2008~2009 年全球金融危机在更大范围的国家中引起更严重的震荡。印度尼西亚也不例外。这次，印度尼西亚的应对举措比之前危机的处理要好得多。金融领域，尤其是银行业，是每一次危机中最薄弱的一个环节，此次，印度尼西亚决策者没有听任它成为导致更广泛危机的导火索。当然，印度尼西亚尚未从历史中完全吸取经验教训，没有实行对存款全面担保，而本地区其他国家则先行一步，他们已经意识到危机期间的系统风险。没有全面担保这把"保护伞"，唯一避免系统性风险的选择，就是在危机热度达到顶点时不允许任何银行倒掉。在危机处在最敏感阶段时，印度尼西亚决策者没有允许世纪银行倒掉，而是交由存款担保机构接管。在接下来的发展中，印度尼西亚这次以比上次危机小得多的金融成本和社会成本渡过了危机。显而易见，印度尼西亚此次也比其他国家更快地复苏。

尽管每场危机都有独特性，但"前事不忘，后事之师"，过去的危机可以给解决未来危机提供不少有益借鉴。布迪约诺根据印度尼西亚经济结构、对外贸易、预算平衡和汇率变化易受国际大宗商品市场严重影响的特点，还专门谈到应区分正常的"经济亢奋"和"泡沫"，防止泡沫过大到破灭；要随时注意"资本逆流向具有爆炸性影响，进出口价格变动次之，天灾通常不会诱发危机，但会加重危机"。他强调在"经济结构建设"中要"增加市场厚度"；管理经济和金融应恪守"谨慎"原则；警醒各方"危机随时不期而至""烦琐冗杂的程序徒增危机失控的风险"，经济政策管理者要"保持乐观，戒慎戒惧，时刻准备应对最坏局面的出现——希望做到最好，准备应付最坏"。

布迪约诺坦言，"每场危机都要付出巨额学费"，处置危机来不及等到所有信息和弹药都齐备，主要考量是防止"多米诺骨牌"效应出现，预防金融体系全面坍塌。要选择"与已知的魔鬼打交道""任何一场危机中，管理人的心理都是至关重要且生死攸关的"。学术分析则不同，是待各方面信息都完备后再作结论的"事后诸葛亮"。如果将经济比喻成一艘大船，首先要保持稳当不摇晃、经得起风浪、不容易漏水等。按照这个逻辑，布迪约诺还将决策者比喻为在风暴中航行的"船长"：驾驭经济也和驾驶航船一样，在面对随时出现的惊涛骇浪时，需遵循一个通用的重要原则——"谨慎小心"。无论是在风平浪静，还是巨浪滔天时，"船长"和全体船员应按照明确的操作手册和流程去做，同时也要有一定的灵活度和相机独断的空间，以便在危急时刻采取最佳措施。

本着这种思维模式，布迪约诺还设计了由三道防线组成的防御体系：第一道防线是依托可抵御危机的经济结构。核心是避免形成脆弱的、经不起动荡冲击的经济结构。第二道防线在政策层面，关键是在宏观经济和金融管理主要机构中培育"谨小慎微"的文化；坚持谨小慎微的原则应成为决策者的"本能"品质。第三道防线是危机真正发生时，无论各有关方面独立还是联合行动处置危机，都应该遵循规则或"协议守则"。

这三道防线看似简单，但却让人们从一个侧面看到了印度尼西亚政治和经济决策者对本国建设面临的挑战、风险已经有足够清醒、理智的认识。

制度和机构建设处在"进行时"

印度尼西亚在"新秩序"时期经济的迅速恢复和持续近30年的高增长（其中连续10年超过8%的增长，国际上称为"奇迹"），而"强人政治"使崇尚自由市场思想、毕业于美国加州大学伯克利分校经济学专业的印度尼西亚技术官僚有用武之地，在当时发挥了重要作用。维佐约·尼蒂萨斯特罗是几位技术官僚的领头人，包括阿里·瓦达纳、埃米尔·萨利姆、莫哈默德·沙德利等。萨利姆戏称维佐约是他们的"村长"。外人则谑称他们为"伯克利黑帮"（Berkeley Mafia）。实际上，执政30年的印度尼西亚总统苏哈托并不完全依靠技术官僚，还重用他的亲信将军以及技术专家如哈比比等。苏哈托"微笑寡言"背后的政治抱负（使印度尼西亚成为地区和世界强国）和政治性格（从善如流和杀伐决断）曾将各种受过西方高等教育的印度尼西亚高级人才汇聚在一起，使印度尼西亚达到一个稳定发展的顶峰时代。

由于历史的厚爱，"新秩序"时期有一个技术官僚群体，其成员在技术上非常能干，作为团队又十分默契。印度尼西亚为此取得举世瞩目的成绩不足为奇。由此，如何从制度和机构建设出发抓住关键和熟筹国家长远发展战略？也是布迪约诺重点关注和探讨的一个话题。

2500年前，古希腊哲学家亚里士多德曾说：一个良好的社会即公正的社会（a Just Society）是所有组成要素都适得其所的社会——包括所有人都处在与其天赋和能力相符的位置上。人得其位，位得其人（The Right Person in the Right Place）。这就是"任人唯贤"（Meritokrasi）。与人的建设同等重要的是，任人唯贤是建设高效机构的前提条件。

在布迪约诺看来，选贤任能不是自然形成的。事实上，在发展中国家，存在着不少文化、社会、经济和政治障碍，使能者居其位遭遇重重困难。民主并不确保人尽其才。民主能对不拘一格降人才起辅助作用，但并不创造前提条件。关键点在于："民族精英们要有强烈的政治意愿和坚定的承诺，为建立贤者居其位的制度提供切实保障。"游戏规则再好，如果实施部门不给力，也会失之毫厘差之千里。各国面对的问题是一样的：如何吸引最优秀的人才进入官僚体系。官僚机构是落实任人唯贤原则的"晴雨表"。官僚体系改革应致力于创造有利环境，吸引最优秀的儿女为公共利益奉献聪明才智。"民主并不必然确保建立好的官僚体系，也不是官僚体系改革成功的先决条件，关键在于民族精英们的政治意志和郑重承诺。官僚机构改革不能在一届内阁任期内一口气完成，而是需要数届内阁连贯持续、承前启后推进一系列整顿措施才能有效完成。"

"人是机构的集合体。游戏规则制定者和执行者的素质决定一个机构的绩效。"布迪约诺坚信：民族建设的本质是机构建设，机构建设的关键是人的建设，特别是年青一代的建设。布迪约诺敏锐地看到印度尼西亚在全球化、资本与知识竞争白热化时代面临的发展危机问题，认为发展中国家的结构在调整中，制度和机构建设处在"进行时"，而且是一个相当漫长的过程，指出"一个民族如果都由思维狭隘的人组成，是不可能成为伟大民族的"，"只有新一代胜过老一代，一个民族才能进步发达"。他从整个国家和民族长远可持续发展的角度，提出国家战略规划的重点是培养新一代具备优良素质的印度尼西亚人，强调关键是加强公共机构建设、人的建设、法律建设。布迪约诺还从"培育新人"的最先进研究成果角度出发，指出应从孩子还在母亲子宫中时就做起，国家应在医疗卫生、教育等方面提供必要保障，这是民族发展兴旺的长远大计。

以史为鉴尤为重要，布迪约诺认为，印度尼西亚最大的缺失在于没有建设机构知识储备库，尚不能帮助机构更好地发挥职能。可悲的是，尽管不是绝大多数，但很多方面都对建立机构记忆存储和知识积累毫无意识。

这是十分令人遗憾的。对于印度尼西亚的未来，布迪约诺提出了自己的深远反思："一个人只有不断积累知识，才会更加聪明。一个机构只有不断积累其主管领域的相关知识，才能更有效率。只有机构不断进步，社会进步的意义才会充分体现。对危机的抗御力，取决于我们的机构能否不断自我精进，取决于下次风暴来临时，它们是否有备无患。"

市场经济不能缺失秩序架构与社会价值理念

经历了 2008 年由美国蔓延至全球的金融危机，"社会市场经济体制"一时间受到了各国经济学界的尖锐批评。对此，德国现任财长沃尔夫冈·朔伊布勒（Wolfgang Schäuble）在他的新著《未来必须节制：我们从金融危机中学到什么》（*Zukunft mit Maß.Was wir aus der Krise lernen können*）中也毫不讳言：未来必须节制，"我们必须对失误与偏差寻根究底，去思索这场危机如何演变成一次制度性的威胁。我们必须清楚，并没有也不可能存在着什么最终的正确方案"。但他坚持认为，在全球化条件下，我们可以在社会市场经济的制度框架内做出必要的校正。"这是适宜且最佳的道路，借此可以确保自由、富裕与安全"。

虽然《未来必须节制：我们从金融危机中学到什么》的大多文章都是朔伊布勒曾在不同场合发表过演说基础上编撰而成，但书中的多处论述，诸如经济与社会安全的基石、利己与利他、民间社会与市民社会的力量、文化的多样性与经济的全球化、网络化等，角度广博精准，分析深入浅出，时而引经据典，时而列举实例，令人启迪，发人深省。

贪婪将平衡的发展趋势打破

在朔伊布勒看来，从国民经济学角度出发对这场危机的诸多解释，如美联储长期以来宽松的货币政策；美国房地产市场掉以轻心的过热（受社会与融合政策的驱使）；美国证券交易委员会关于取消证券商债务上限的灾难性决定；再融资以及遍及全球的超大规模抵押；证券化加上一直将手伸进德国居民存单里的所谓创新所造成的信贷风险等，乍听起来颇为可信，且有理，但都过于浅薄。他认为，自由的市场经济制度，并不是导致金融危机的罪魁祸首，危机是自由市场经济中的人由利己的状态升级到了贪婪造成的。不错，利己是自由市场发展的驱动力，但贪婪将平衡的发展趋势打破。"在经济活动中存在着危险的无度行为，正是这样的行为导致了这场危机，进而从总体上威胁到我们的自由经济体制。"他的分析逻辑是，人类历史上不可能存在无穷尽、不间断的直线上升式发展。在成功与进步之后，倒退随即而来。这丝毫都不能说明社会市场经济制度的失灵。否则，过去的数十年何以会运转良好并创造出繁荣？问题还是在于人的本性。

20 世纪 60 年代，经历了史无前例的经济增长阶段之后，德国经济学家路德维希·艾哈德（Ludwig Wilhelm Erhard）曾敦促过适度与节制，为此遭到了一番嘲笑，因为人们不愿意相信苦日子会重新再来。20 世纪 70 年代初爆发的石油危机才让许多人幡然醒悟。而这样的悲剧，在 2008 年再度上演。不仅如此，朔伊布勒还觉察到：这很可能是信息时代的第一次金融大危机，人们错误地以为金融信息和金融产品可无极限地衍生和发展，以为复杂到无人能理解的金融衍生品，就能掩盖其相比抵押贷款式的传统金融方式的虚弱。"利己是一种强大的动力。我们有着很好的理由，可以将之塑造成一种经济制度抑或社会制度的基石。人们只要能够因其行为获取相应的成果，他们的工作效率就会倍增，同时内心的满足感也会更强。这是显而易见的事实。然而，利己一旦过度，便是贪婪，这就十分危险：贪欲会损害乃至摧毁一个合理的制度。"从挖掘人性的贪欲与无度入手，进而从一个政治家的角度呼吁节制与适度，应该说，朔伊布勒抓住了此次国际金融危机的根本成因。

社会市场经济核心原则是秩序政策

在德国，社会市场经济体制不断地克服重重困难和此起彼伏的危机，其"并不完美，但是良好"，因而在经受了形形色色的责难和质疑的过程中，仍保持着相对的连续性。继 20 世纪 50 年代的"经济奇迹"之后，2008 年金融危机以来的德国经济逆势而上，"德国制造"再度成为热门话题。

追溯既往，朔伊布勒认为，德国社会市场经济的理论来源是形成于 20 世纪 30 年代的"秩序自由主义"。第一次世界大战前后，世界经济周期性波动频发，古典自由主义逐渐丧失在经济活动中的自我调节功能。一些新的经济理论开始出现，其中之一是凯恩斯主义。而在德国，随着"一战"的失败、魏玛共和国的持续动荡以及工人运动的蓬勃发展，一种新的自由主义经济理论开始酝酿，并在 20 世纪 30 年代期间形成新的学派。因其中的主要代表人物，如朔伊布勒在书中提到的 20 世纪 30 年代经济大危机时期经济学家瓦尔特·欧肯（Walter Eucken）等，当时都在德国西南部的弗莱堡大学任教，世人因此称为"弗莱堡学派"。该学派的理论要点是在古典自由主义与中央计划经济之间开辟第三条道路，主张"国家必须在资本家面前保护资本主义"。在纳粹统治时期，这些人遭到迫害，有的流亡国外，但他们并未终止探索和研究。"二战"结束以后，同弗莱堡学派联系密切并深受其影响的路德维希·艾哈德成为英美双占区负责经济事务的最高决策人物。艾哈德在 1948 年推行的经济体制改革中基本采纳了"秩序自由主义"的主张，并在此基础上确立了社会市场经济体制。

如果说"二战"以后联邦德国的飞速发展是多种因素共同作用的结果，那么核心因素则是社会市场经济体制的确立。社会市场经济体制确保了"战后"联邦德国经济的发展与社会的稳定，并在"柏林墙倒塌"之后，在极短时间里实现了德国的重新统一。在德国的社会市场经济体制中，市场与社会、经济政策与社会政策，亦即市场经济运行与社会政策制度化两者间的互补性是其制度设计的着力点，也是德国经济成功表现的关键所在。社会市场经济的理论家们普遍重视伦理道德与价值导向，并将之视为经济秩序的前提条件。朔伊布勒始终强调这一核心精神和理念。

"将责任与自由绑定"

如何走出这场危机，未来究竟要做出什么改变，当然没有现成的药方。但朔伊布勒坚信，要走出危机，"制度的出发点必须是人的本性，而并非人的理性"，必须"将责任与自由绑定""在自由与调控之间做到正确的平衡"。为此，他着重论述了以下六点：

第一，朔伊布勒引用奥地利政治经济学家约瑟夫·熊彼特（Joseph

Alois Schumpeter) 1942 年出版的《资本主义、社会主义与民主》(*Capitalism, Socialism, and Democracy*) 的观点：资本主义不是一种可自我充分调节并再生的制度，还是要依靠国家的调控。德国政府在金融危机后的政策并不是去救大银行，而是建立"一揽子"计划提供流动性、提供信贷，从而保障金融基础，目的就是建立共同信任。

第二，重新建立盈利与亏损、风险与责任相互挂钩的措施。例如，限制银行向第三方转嫁风险等。德国联邦政府整顿银行的模式，是毫不含糊地削减资产负债作为复苏的前提条件。

第三，朔伊布勒对评级机构缺乏透明度和没有真正建立起可信度，给予了严厉的批评。"泡沫总是在威胁到制度层面时才会破裂，公开透明毕竟是自我保护的唯一办法"。"从金融业的关联范围以及当前的危机来看，如果国家试图通过监管与校正性动作来解决问题，而市场参与者自身却不行动的话，其效果并不必然更好"。

第四，为了增加透明度并遏制风险，不仅需要制定更好的规章制度，也要分散风险。人必然会犯错，既然如此，分散决策就会好一些。这样一来，市场参与者便会根据自己的判断做出决定。

第五，与单一性经济相比较，多样化的经济结构能较好地防止系统性危机和沉重的损失。由此，朔伊布勒坚持认为，德国在有大型企业集团与大型银行的同时，更重要的是继续发展中小企业。中小企业是与社会伙伴及客户之间直接接触的，企业管理是家庭传统式的，这些都紧密与社会价值观相连，这些中小企业与个体之间的责任是最直接的。

第六，培育防止无度的意识和加强"全球化的教益"。"我们难以改变人的天性，例如贪婪与吝啬。但是，我们可以正面宣扬价值观，这种价值观让每个人都感受到负责任的行为不会让我们错过或失去什么，而只会赢得休戚相关与集体精神"。

为了更好地维护"社会市场经济"的基本原则，朔伊布勒认为还需坚持贯彻两项基本原则：处理自由原则时的辅从性以及在处理那些没有国家救助便无法稳定的企业时坚持结果与资本挂钩的原则。所谓"辅从性原则"，即首先由银行与投资人承担责任。供给方按规矩行事，其中包括对风险采取比较有效的预防措施。需求方必须清楚，自己的首要任务是对项目的风险要有确切的了解。当一个项目或一项交易的复杂程度超过了人的理解力时，也许就该将之放弃。其次，维护充分适度经济行为的一个基本刺激体系，是造成风险的人必须承担责任，即"受益者必须承担损失"，这也是《国民经济学基础》的作者、德国弗赖堡大学教授瓦尔特·欧肯提醒过的。

"钟摆有时会向一个方向过度地摆动，接着又会朝着另一个方向过度摆动。关键在于适度"。朔伊布勒称，此次经济危机让我们找到了一种"适度与责任的新文化"。在欧美社会，出于赢得选票的需要，越来越多的政治人物已甚少触及重大的政治与社会问题，而对一些能博得眼球的日常琐事津津乐道。对此，朔伊布勒提醒人们关注道德与精神重建，不然的话，就无法从根本上扭转贪欲与无度的颓势。

"世上的可疑事情皆系本性使然，好事情则毁于无度"——威廉·勒普克（Wilhelm Ropke）既是社会市场经济的理论家之一，也是德国"战后""经济奇迹"总设计师，此话乃其于1957年所讲，朔伊布勒认为今天依然适用。显然，要避免市场经济的无度与贪欲，需要政治秩序架构和社会价值取向，这应该就是朔伊布勒从此次金融危机中吸取的宝贵教训。

危机时刻，且看欧美五国如何抉择

1636 年单株"永远的奥古斯都"的价格是 5200 荷兰盾，到 1637 年 1 月投机最盛之时，其价格已疯涨到 10000 荷兰盾，相当于今天的 102000 欧元！

人们认为市场一切正常，并不存在投机泡沫。以如此高的价格买一株郁金香球茎并没有实际的社会和经济意义。在那时 3000 荷兰盾可以同时买到 8 头肥猪、4 头肥牛、12 只肥羊、80 吨小麦、48 吨大麦、两桶葡萄酒、4 桶啤酒、两吨黄油、1000 斤奶酪、一个银制杯子、一包衣服、一张带床垫和床上用品的床，外加一条船！人们标新立异，想要创造出颜色罕见的郁金香，有人承诺凡是培育出黑色郁金香的都能获得一笔奖赏，黑色郁金香一旦培育出来，价格肯定高过"永远的奥古斯都"。大仲马基于这段历史创作了小说《黑色郁金香》。

——《金融危机简史》作者、法国经济学家克里斯蒂安·肖瓦尼奥 (Christian Chavagneux)

废除《谷物法》之后，劳工也开始支持自由贸易

在过去两个多世纪，工业经济的发展，持续的经济繁荣不时被经济周期、长期波动、剧烈震荡以及破产倒闭所"打断"。其中，19 世纪末的长期通货紧缩、20 世纪 30 年代的大萧条以及 20 世纪七八十年代的广泛的经

济衰落，是比较大的三次危机。美国康奈尔大学教授彼得·古勒维奇（Pe-ter Gourevitch）说："国际经济危机对国家来说就像化学中的化合物的反应试剂一样：它们引起变化并揭示特殊性和普遍性的关系。"他在自己的比较政治经济学经典著作《艰难时世下的政治——五国应对世界经济危机的政策比较》（*Politics in Hard Times*：*Comparative Responses to International Economic Crises*）中，着重分析法国、德国、瑞典、美国和英国五个国家对三次世界性经济危机的应对策略的选择，是想从中找出某些特殊性和普遍性的线索。

这五国至少在一个世纪里都建立了复杂的经济体系，部分是现代化的，部分还比较落后；部分实现了工业化，部分还处于农业社会；部分以在世界范围内的积极竞争为重点，部分则以保护国内市场为主旨。令古勒维奇感兴趣的正是在这段时间内五国都保持着资本主义性质，除了纳粹统治时期的德国外，在政治上至少都部分地实行了民主宪政。研究条件相似的国家在遭受同样的压力时在反应上的差异，就有可能认识到某些事情的内在原因和结果。

当 19 世纪末的长期通货紧缩来临时，自由贸易已扩展到了欧洲的工业化国家。受经济增长的推动，这五国也普遍接受了比较优势的理念。然而到了 1873 年，迫于物价持续暴跌的严峻形势，很多生产者强烈要求关税保护和其他形式的救助。只有英国继续倾向于实行自 1846 年公开废除《谷物法》以来就存在的自由贸易政策。而在德国、法国和瑞典，保护主义大行其道，并由此带来了各种社会行为者之间特定联盟的调整和加强。美国农产品覆盖了整个欧洲，实行农业关税没有多大意义，因此它只实行了工业保护。

对此最简单的解释是，这些结果取决于新的经济环境对每一个国家中工业、农业和劳工主要团体的影响方式。作为首个工业化国家，英国发展了与世界贸易紧密相连的大规模金融、贸易部门，农业也开始适应国际专业化竞争压力的要求。劳工被一些世界领先的工业企业所雇用，他们担心食物的价格，但是在废除《谷物法》之后，劳工也开始支持自由贸易。当1873年物价下跌时，有的农民和一些钢铁生产者为贸易保护主义而战，但他们被更大的联盟打败了。

所有的经济观点都在极力争夺政治上的制高点

与英国形成鲜明对比的是德国。作为后发的工业化国家，德国的工业面临着与英国的激烈竞争；银行没有与国际金融和贸易相联系；农业结构脆弱，缺乏适应能力。出口导向型与技术密集型工业如化学工业和电气设备工业倾向于自由贸易，农民们则寻求更廉价的粮食喂养奶牛和肉鸡，劳工更关心食物的价格。但自由贸易的支持者最终失败了。

在法国、瑞典和德国，经济意识形态随着经济状况的变化而发生着相当迅速的转变。所有的经济观点都在极力争夺政治上的制高点。在美国，国家结构、经济意识形态、代表机制和国际环境都与欧洲国家有着非常明显的差异。虽然如此，所有四个国家中的贸易保护主义组织都设法获得了成功。

在1929年的经济萧条蔓延之后，普遍的政策反应是实施正统的、古典的通货紧缩的方案：削减所有成本以鼓励销售和投资，这意味着降低工资、税负和支出。但是通货紧缩政策没有产生预期的效果。英国通过英镑贬值、恢复关税、补贴农业和市场调节，以及承诺对工业实施一些有限的救助方式，颠覆了长期以来所奉行的古典主义理念。但英国并没有使用需求刺激政策，而瑞典、德国和美国则实行需求刺激和宏观经济调控管理的方法。法国实施通货紧缩政策比其他国家稍晚，在德国，由于工会遭到破坏，国家通过政治镇压的方式调整了经济。

而在瑞典，各种社会力量间的谈判交易才是最恰当的。瑞典农民党和社会民主党达成了奶牛交易的协议，对农民发放补助金，而对城市保持一定水平的失业补助，1936年大选证明了农民党和社会民主党之间的联盟牢不可破，之后高科技产业与国际化导向的商业集团在1938年达成了一个以国际化市场为向导的协议，劳工放弃了他们的社会化要求，同意不再罢工，企业接受了高工资、工会权利和劳工政党掌握政府的条件，农民则保住了他们的补助金。

不同经济观点的权重受到组织化承诺模式的深刻影响

1933年的新政，把美国劳工和农民紧密结合在民主党周围，在此基础上建立了综合主义式的国家复兴管理局（简称NRA）。但是这两个团体的关系随着商业的变化而变化。先是与服务国内市场为导向的民族主义企业联合，两年内又分裂。1937年后的第二次新政，以一种不同的方式把分裂的部分又重新聚合在一起。"瓦格纳法案"对劳工做出了巨大让步，这有助于促进工会的发展，提高工会的组织化程度，促进保障制度的建立，而且从国家复兴计划的残骸中挽救了农业项目。

在这次危机中，正如在第一次中一样，政策偏好和经济行为者联盟的倾向受到了五国各自在国际经济中地位的强烈影响。比较而言，社会团体在协调各种社会力量关系中的作用出现了不断增强的趋势。在应对经济危机的过程中，建立了大量的组织以负责代表和管理社会行为者。而组织领导者做出的特定决策在这次危机时期的政治生活中显得尤其重要。当然，现存的联盟，在有的情况下被证明是持久的，具有适应性的，而在其他情况下则是脆弱的和不牢固的。20世纪70年代早期国际化竞争所导致的广泛性危机，破坏了"二战"之后所达成的和解。在处理相关问题上，劳工、农业和商业等利益集团日益陷入困境。

失去了传统上在商业和农业领域内的盟友，劳工趋于保守，目标只在于追求维护工资、社会服务和工作方面的既得利益。政治关系的这些变化对制约政府和限制政府试验产生了影响。法国社会主义者在密特朗执政时从国有化、平等化和财政刺激，转向紧缩国家开支和重视市场杠杆作用。相同的困扰同样束缚着瑞典社会主义者，导致了英国工党、美国民主党和当时西德的社会民主党的分裂，但里根和撒切尔夫人也难以降低比战前标准高得多的国家福利水平。这两个国家继续大量使用国家干预经济的手段。

国家间政策的差异性能从每个国家的社会行为者之间关系的不同中得到部分理解。瑞典接受了国际市场的调节，但在劳动市场和工业调整方面却比美国有更多的干预，它利用协商机制推动调整进程。瑞典的劳工运动通过利用一些政策手段就比美国的劳工运动具有更大的影响力。美国的金融、贸易和制造商集团，由于具有世界最大规模的经济和世界最多的储备货币，在占有的资源和面对的挑战上与大多数欧洲国家都有所不同。

瑞典劳工的力量与其组织形式密切相关，特别是瑞典工会组织的集权化以及与瑞典社会民主党的联系。他们通过参与政府而获得资源和鼓励，并在这种互动过程中增强了控制能力。在法国，国有化作为一项政策选择是与共产主义和社会主义政党以及工会运动相联系的。

在 20 世纪七八十年代的经济危机中，国家行为的政治意蕴发生了变化，国家干预已成主导哲学，包罗万象的福利国家取代了守夜人式的政府。在这五国中，不同经济观点的权重受到组织化承诺的模式、意识形态以及调解社会压力和政策选择之间关系的制度的深刻影响。

与稳定时期相比，经济危机时期因为政策的巨大变化和社会联盟的重新组合，往往更容易看出其运作过程及其特征。具有最大自由的时刻就是危机之时，这正是笔者在本书中集中关注危机的主要原因。经济危机充满风险，但也孕育希望。未来总是需要我们的想象力和创造力，而这需要我们借鉴前人的探索。

金融监管一旦深陷"系统性偏误"

创造带有不同风险和收益的"份额",此类工作是由华尔街交易商（Wall Street Dealer）中一群年轻且出色的大学毕业生完成的,其中一位能手是 25 岁的麻省理工学院毕业生皮特·安东诺夫,他对数字的敏锐令所有人惊讶。他的工作基本上就是使收益最大化。理解投资者的风险爱好,分析抵押贷款预期现金流,最终创造出按揭组合证券以适应投资者的不同需要。一旦这种证券分了份额,下一步就是由三大评级机构——穆迪、标准普尔和惠誉——中的两个进行评价。像安东诺夫这样的评级机构专家都拥有自己的模式,该模式吸收了抵押贷款预期资金流,是地理区域多元化和房屋价格有望下降（根据他们的模式,有很小的可能性）的因素。

——《大乱有大治:如何治理美国的金融系统》作者、哈佛大学法学院约翰欧林客座教授罗伯特·博森（Robert Pozen）

仅评估某项政策单独发挥作用的效果，无疑自欺欺人

要烹制出美味可口的酸辣汤,需要恰如其分地平衡辣、甜、酸等味,喝一汤匙辣椒油绝对让人抓狂,但如在烹制酸辣汤时少加一汤匙辣椒油,就会破坏各种味道的美妙平衡。在《金融守护人:监管机构如何捍卫公众利益》（*Guardians of Finance: Making Regulators Work for Us*）中,美国奥本大

学梅肯研究院高级金融研究员詹姆斯·R. 巴斯（James R.Barth）、威廉姆斯大学经济学教授和发展经济学研究中心主任小杰勒德·卡普里奥（Gerard Capiro Jr.）、加州大学伯克利分校哈斯商学院银行和金融学的威利斯·H. 布斯讲座教授罗斯·列文（Ross Levine）三位经济学家以"烹制酸辣汤"的比喻说明，就像要烹制上好的酸辣汤一样，设计恰如其分的金融监管，需要全面考虑所有政策对金融市场产生的综合效果。仅评估某项政策单独发挥作用的效果，无疑自欺欺人。

《金融守护人》是继《反思银行监管：除非监管者是天使》（*Rethinking Bank Regulation：Till Angels Govern*）之后，三位学者"二度联手"纵横批判金融监管顽疾。"打蛇打七寸"，行家里手抓住了金融监管最关键的一点：2007~2009 年金融灾难的爆发并非偶然，整个事件犹如一次过失杀人——金融监管者"在 2008 年金融动荡前的 10~15 年间，不断地设计、执行和维持着糟糕的政策"，他们背离了公众利益，看似改了又改的金融监管存在"系统性偏误"，即"既不是监管者工具不足、权力不够，也不是监管者没有看到金融体系的漏洞，而是他们没有跟公众站在一起"。在金融危机发生前，监管者倾向于实施并固守那些鼓励过度承担风险的政策，即便发现金融体系存在风险，他们仍毫不作为；危机后他们立志改革，增设监管机构，扩大监管范围，信誓旦旦地保证金融危机不会重演，但现实一次又一次撕碎了他们的谎言。

"金融守护人为何不为公众利益服务？"三位学者发现，腐败以及金融机构和监管机构之间的"旋转门"（即金融机构与监管机构的员工互相跳槽），扭曲了金融监管。早在 2008 年，美国财政部通过不良资产救助计划救助主要金融机构，包括顶级投资银行、AIG，以及其他几家大型金融机构，收效良好。财政部前办公厅主任、主管金融机构事务的助理部长、国内金融事务次长、金融危机事务顾问、国际事务次长、主管国际金融事务助理部长，以及主管立法事务的助理部长等之后均跳槽到那些他们刚制定救助政策的金融机构。当监管者变成了被监管者，而被监管者也摇身成了监管者，人们根本无法确定这些金融守护人到底是为公众服务还是为其下任老板服务。对金融守护人的信心怎么可能不降？

除了"旋转门"，本书还引入"从众心理"概念说明金融监管人还有可能因为"主场优势"而背离大众利益。芝加哥大学金融学教授托比亚斯·J.摩斯科韦兹和《运动画报》高级编辑乔·沃森姆在合著的《塑造佳绩》中曾令人信服地描述了"主场优势"现象：在过去100多年所有主要棒球联盟和大学橄榄球赛事中，客场球队获胜的比率从未超过主场球队；而在全球所有专业足球赛事中，主场球队获胜比率远高于60%。就金融监管而言，金融服务业在"主场球迷"中占主导地位。监管机构每天都要与金融服务业打交道，这也意味着监管机构所处的"社会环境"由金融机构主导。由此，金融监管机构可能更偏向金融服务业，在向其表达意见的群体中，公众的声音非常微弱。而金融机构还可能花费大量时间和金钱游说政客，并让他们给监管机构施压，使监管机构以有利于金融机构的方式解释和执行相关法律。

金融守护人并未有效保护本国民众的利益

当下十分流行的观点认为，始于2007年的全球金融危机发源于美国，金融创新和复杂的金融衍生品是始作俑者。其他国家的监管部门非常乐意接受这种观点，因为这可以使各国监管部门不必为本国所发生的危机而受指责。

对此，三位作者毫不讳言，金融创新、监管真空和监管权力不足这些因素固然重要，但不足以导致这场自大萧条以来最严重的危机。许多欧洲国家只有一家监管机构和很少的金融创新却仍然爆发了金融危机，这说明新金融产品并非危机核心诱因。爱尔兰、东欧或西班牙等国并无重大金融创新，新金融产品也没有摧毁英国的金融体系。多头监管导致的监管真空可能在一定程度导致了美国金融危机，但这不能成为美国监管机构不作为的借口。与此同时，部分因采用统一监管模式而不存在监管真空的国家，也深陷危机泥潭。此外，也无证据表明监管权力不足会导致金融体系动荡。若只是因为监管当局有能力调整相关政策却选择不作为，便认为监管当局无能是导致金融体系脆弱性的主要原因也无说服力。相反，"所有危机国均存在严重的制度性缺陷，使制定的政策破坏了金融稳定，且在金融业情况恶化时仍继续执行既有政策，最终导致金融大厦崩塌。因此，这场危机与监管和政治体制的缺陷有关，导致其在危机不断升级时仍未及时采取妥善的应对措施"。

此外，金融守护人通常有足够时间调整政策以应对不断增加的金融体系脆弱性。也就是说，本次危机与不可预见的冲击无关。"某种监管机构一次犯错不会导致危机的爆发；相反，正是由于很多监管机构多次犯错，才使得问题变得积重难返，直到事态发展到无可挽回的地步。"

为何美国监管当局不报告金融机构杠杆率的惊人增长，或银行将几万亿美元的资产移至表外？为何爱尔兰监管当局在致函盎格鲁—爱尔兰银行对其规模飞速增长表示关切后，要坐等两年半才得到该行的答复？为何英国监管当局在北岩银行危机爆发前 3 个月，还对该行授予蓝丝带并允许其提高分红？这些案例都说明制度性缺陷普遍存在，很多国家的金融守护人并未有效保护本国民众的利益。

成功且持久的改革需要解决导致金融体系系统性失灵的核心问题——金融守护人的治理。由此，三位作者批评了仅简单修补这轮金融危机中暴露出的监管漏洞的做法，直言这是治标不治本。尤其危机后新鲜出炉的《多德—弗兰克法案》和《巴塞尔协议Ⅲ》。虽然号称"史上最严"，但由于这两项监管新政并未解决如何让监管者为公众服务这一基本制度性问题，同样治标不治本。例如，《多德—弗兰克法案》虽然篇幅很长，但太模糊，说客们可加大游说力度以影响法案具体措施细则的相关制定工作，以至于有人戏称《多德—弗兰克法案》可更名为"2010年金融说客充分就业法"。

单靠"人民卫士"（Sentinel）的力量还不够

在更严厉的监管与更有效的监管之间，始终都像一场道高一尺魔高一丈的猫鼠游戏，在理论与实践之中永远存在难以逾越的鸿沟。当下，没有一家现有金融监管机构不受政治和市场的影响，于是如何促使监管机构（即金融守护人）真正为公众服务显得尤为重要和迫切。在"如何让金融守护人服务于民"这一章中，三位作者提出了设立"人民卫士"（Sentinel）这一非常规机构的设想，用它来改善制定、实施、评估和改革监管措施的程序。

"人民卫士"一词取自美国第四任总统、美国宪法之父詹姆斯·麦迪逊的著作。麦迪逊早就觉察到了公共官员可能经常会不顾及公众利益的问题，因此，随时获取任何有助于评估金融监管的信息是"人民卫士"的唯一权力。而按三位作者的设计方案："人民卫士"主要由精通金融运作和风险管理的专业人士组成，没有直接监管权，也不能削弱任何法定监管机构的权力，但具有"不受短期政治影响、独立于金融服务业、具有获取相关信息以评估金融监管的权力、拥有综合评价金融监管的必要资源，以及能为公众和其代表提供有效评估的显赫地位"的显著特征。它的职责是发挥"第三只眼"的作用，全面、专业和独立评估金融监管，使公众及其代表知情，最终提高监管效能。

当然，三位学者也承认：单靠"人民卫士"的力量还不够，设立这样的机构"虽然不是治愈金融监管体系顽疾的良方，但对弥补监管部门核心缺陷来说是必不可少的"。

无论哈耶克还是凯恩斯均无解救危机秘方

> 货币政策的历史是一个永久的水深火热的故事。力图稳定物价经常会导致金融的不稳定（比如，美国的 20 世纪 20 年代、90 年代和日本的 20 世纪 80 年代）。尽管我们现在想不起任何一家央行曾直接以资产价格为目标，但我们很肯定该目标会最终导致物价膨胀。
>
> 对历史的无知所带来的麻烦并不包括人类总会重蹈覆辙。因为历史是周期性的，不重复犯错的唯一途径是不去围绕特权打转。无知于历史的人会碰到的麻烦在于，每碰到一个周期性的转折，此人都会惊奇不已，像孩童般连连惊叹。
>
> ——《失算的市场先生——泡沫年代与后泡沫年代》作者、美国著名财经评论家詹姆斯·格兰特（James Grant）

放弃在哈耶克与凯恩斯之间的非此即彼，才能拯救世界

"*How the Economy Works*：*Confidence*，*Crashes*，*and Self-Fulfilling Prophecies*"——如果直译，美国加利福尼亚大学洛杉矶分校（UCLA）杰出经济学教授兼经济系主任罗杰·E.A.法默（Roger E.A.Farmer）这本著作的书名应为《经济如何运行：信心、崩溃和自我实现的预言》。国内出版方却巧妙地译成《经济：向左还是向右》，让其披上亦真亦幻的"标题党"面纱，散发出迷人的哲学味道，好在这并不影响其思想的时代光芒和现实

意义。

　　本书几乎集合了法默关于如何走出始自 2008 年并延续至今的这场世界性金融危机、解决高失业率问题并从此避免经济衰退，结合了哈耶克古典经济思想和凯恩斯主义经济学的所有新想法和新思考。法默要证明的是，放弃在哈耶克与凯恩斯之间的非此即彼，才能拯救世界。对于经济"向左"还是"向右"的问题，他并没有给出明确答案，但对凯恩斯主义经济学和古典经济学都作了理性的批评。

　　凯恩斯主义经济学家一直强调收入是消费的主要决定因素。尽管收入的波动是决定消费的因素之一，但它并不是最重要的因素。人们会意识到收入波动往往是暂时的。比如，当支撑一个家庭的人在转换工作的过程中，收入连续下降了 6 个月，这个家庭往往会抵押积累下来的资产借入资金以维持消费水平。但当一个人多年来一直失业，作为应急资金的财富则会很快消耗殆尽。

　　生前曾声名显赫的凯恩斯主义经济学家萨缪尔森，直接影响了现今绝大多数经济学者和决策者对凯恩斯思想的理解方式，但他所提出的调和凯恩斯主义思想与一般均衡理论的方式漏掉了凯恩斯主义思想的主要观点：高失业会永久持续。

　　基于此，法默一再强调，正是总财富的持续下跌导致了前所未有的大萧条时期的高失业水平，也正是财富的持续下跌带来了威胁，使 2008 年的崩盘转化为一个非常痛苦的大事件。因为强调了收入作为消费决定因素的作用，凯恩斯主义经济学家被引导着相信积极的财政政策是恢复充分就业最有效的解决方案。笔者认为这是错误的，因为这会导致政府大举借债，将使我们的子孙无辜背上巨额还债的负担。

　　古典经济学的错误也不少。根据古典经济学的现代版本，是"根本面的情况"在驱动着经济，其中包括偏好、技术和禀赋。按照法默的观察和研究，既然政府的管制能影响企业从事商业活动的能力，那么管制的变化、税收的变化，或者政府干预市场的行为也能影响"根本面的情况"，并通过该渠道影响就业人数的变化。但古典经济学却无法提供令人满意的理由来解释金融危机或者 20 世纪 30 年代的那种长期萧条。他断言，有两个原因说明古典经济学观点是有错误的：其一，忽视了信心是驱动经济繁荣或导致经济萧条的独立因素；其二，将经济视作一个自我矫正的机制，以为凭市场力量就会恢复充分就业。

减少失业更好的办法是新一轮扩大的量化宽松

众所周知，财政政策通过财政支出与税收政策调节总需求。增加政府支出，可以刺激总需求，增加国民收入；反之，则压抑总需求，减少国民收入。税收对国民收入是一种收缩性力量，因此，增加政府税收，可以抑制总需求并减少国民收入；反之，则刺激总需求、增加国民收入。法默的研究发现，财政政策是国家整个经济政策的重要组成部分，但是，财政政策可能并不是最好的解决问题的方法。

在他看来，一个大规模的财政刺激计划并非是经济复苏计划的重要组成部分。如果采用财政政策，那就应该是以对每个国内居民转移支付的形式，而不是以增加政府支出的方式。如果让经济体回到正常轨道上来是唯一的考虑，那么行动起来最快的途径就是给每个美国居民发放一张 2700 美元的支票。如果政府担心收入分配问题，那这张支票可计入应纳税的收入金额中，这样高收入群体将以所得税的形式返还一些金额。

为此，法默提出新政策建议是：扩展现行中央银行利率控制政策。这个建议建立在一个新的、结合了古典经济学和凯恩斯经济学中最好的特性的理论上。作者认为，应该使用理性预期革命卓有成效的新分析方法来模型化凯恩斯主义的见解。

由此，本书还抛出了一个值得人们反复思考和关注的问题：为什么西方国家的经济政策都非常强调"私人企业""家庭"与"国内居民"这些并不起眼的普通关键词？

笔者认为，个中原因有二：其一，乘数理论使然。凯恩斯主义经济学理论构建的乘数理论，把 GDP 的增长额与公共支出增加额的比率称为乘数。比较一致的观点是，公共支出每增加 1% 将导致国内生产总值增长 1.5%。其二，信心的建构。摆脱经济衰退，当然应该通过降低过高的失业率进而提振内需，从而重建投资者与消费者的信心，而任何给定刺激计划的成功都将取决于私有部门的信心。从中国央行接连宣布降息来看，我们的"4 万亿"投资尚未完全实现预期的提振内需的目的，依据法默的解释，这是因为"4 万亿"创造的总需求的增长没能被转化为足够的工作岗位从而建立起私有部门的信心。

法默一再强调：不是所有总需求的增长都会被转化为工作岗位的增加，而任何给定的刺激计划的成功都将取决于建立私有部门的信心，就像它在增加总需求方面所做的那样。如此看来，刺激计划应该侧重于私有部门，而在中国实际发生的却是，刺激计划基本集中于国有企业，私企难以从国有银行获得融资，从民间融资很容易触及非法集资的"红线"，而产品扩大内销也几乎不可能实现，私企生存既不易，失业工人必然大幅增加。

围绕如何解决失业的问题，诺贝尔经济学奖得主曾分裂为两个阵营：保罗·克鲁格曼和约瑟夫·斯蒂格利茨认为应扩大财政刺激，以教育和基础设施投资上的政府支出为目标；罗伯特·蒙代尔、迈仑·斯科尔斯和莱茵哈德·泽尔腾则认为应该采取"严厉措施"来控制债务水平。两种说辞令公众无所适从。

法默认为，减少失业更好的办法是新一轮扩大的量化宽松。英国已出现了这样的声音，而且有人提出应该购买风险资产（比如公司债券和流向私人部门的"贷款束"）而不是长期政府证券，这令法默备感欣慰。因为这样的主张与他过去几年来所呼吁采取的措施不谋而合。"信心是一种自我实现的预言，我们能够也应该通过直接干预资产市场来管理信心。指引我们前进的是科学，而不是意识形态、教条主义和失灵理论。"

跨越黑天鹅和灰犀牛的坎

冰岛、爱尔兰两种财政调整给世人的启迪

> 对于高级而复杂的融资，冰岛全国上下无一人有直接经验，人们甚至对此毫无概念。尽管如此，某些人依然在见证了华尔街的金融创新模式之后说："我们也能做到。"乍一看，他们似乎能够如愿以偿。2003 年，冰岛三大银行的资产总额仅为数十亿美元，约占该国国内生产总值的 100%。在接下来的三年半时间里，银行业资产的增长超过了 1400 亿美元，与冰岛的国内生产总值相比，数额如此之大，以至于计算其在国内生产总值中所占比例这一举动变得毫无意义。诚如一位经济学家所说，冰岛银行业系统"扩展速度之快，堪为人类历史之最"。
>
> ——《自食恶果：欧洲即将沦为第三世界？》作者、美国超级畅销书作家迈克尔·刘易斯（Michael Lewis）

金融业自受 2008 年美国次贷危机重创后，美欧政客们宣布了一轮又一轮预算削减计划，并将政府支出塑造成无妄的浪费和经济形势进一步下行的"罪魁"。在《紧缩：一个危险观念的演变史》(The History of A Dangerous Idea) 的作者、美国布朗大学国际政治经济学教授马克·布莱思 (Mark Blyth) 看来，这些观点和举动忽略了一个重大问题：问题的源头并不是政府狂妄无节制的支出，而恰恰是政府对破产银行体系的救助、再资本化和注资。这些行为将私人部门债务变成政府债务，这些债务的始作俑者偷梁换柱，让政府来承担罪名并让纳税人承担偿还责任。这种偿还责任现在甚至演变成了全球式紧缩，即采用降低国内工资与价格的政策来恢复

竞争力并且平衡预算。

紧缩思想屡次回归并演变成危险理念的根源

布莱思认为，除教学与科研外，学者更重要的另一部分职责是承担"审视政策"。通过纵横对比研究，他发现，作为一种聚焦于政府管理与市场关系的理念，紧缩的思想史不仅短暂，而且苍白。紧缩的起源是自由主义经济学思想的空白断层，"大萧条"后被理性的思想放逐，而它在蛰伏等待机会。在其冬眠的时间里，德国秩序经济学、美国的奥地利学派和意大利经济学家思想不断发展，最终促其在20世纪90年代和21世纪前10年全面回归。用佛蒙特州明德学院经济学家大卫·科兰德（David Colander）的评价，紧缩主义是对政府功能各种"过度敏感"的思想总和，它紧紧嵌入在自由经济主义的萌芽中，成了市场失败时默认的政策选择。布莱思教授从长历史维度中研究发现，它在实际操作中是无效的，从根本上说是让穷人为富人的错误埋单，全球经济存在一个重大的"集体性谬误"，这三条原因使紧缩成为一种危险理念。

在2007~2008年的金融危机中，西方各国政府为拯救全球银行体系所支出的救助与再注资成本高达3万亿~13万亿美元。由于政府为金融危机埋单，因此绝大部分救助成本最终反映在政府资产负债表内，因而人们错误地认为这是一场"主权债务危机"。但实际上，这是一场精心掩饰的、不断变形的银行业危机。无论如何，当任何一家巨型银行无法运营时，只有其所属的国家能出手救助。可是，只有当一国债务占GDP比值小于40%时，这种救助才可行。如果一国的债务占GDP比重已接近90%，那么政府在救助银行的同时将不可避免地推高其国债利息。

经济学家们在讨论分配问题时常会提到一个有趣的比方——"比尔·盖

茨逛酒吧"。当比尔·盖茨进入酒吧后，酒吧所有成员的平均财富大幅激增，似乎人人都成了百万富翁。事实上，酒吧里只有一个亿万富翁和一群身价数万美元或更少的普通人。紧缩对不同收入人群的政策效果截然不同，因此也面对同样的困境——在统计上正确，但实际却毫无意义。处于收入分配最底层的人群遭受的损失远大于处于收入分配最顶层的人群。

有个很奇怪的现象，似乎只有在通胀时期，人们才关注穷人的收入分配。理由是穷人更易受价格上涨的影响。然而，这最多只能算说对了一半。通胀是一种针对阶层的税收。当"过多的货币"追逐"过少的商品"时，便会出现通胀。通胀使负债方得益于借贷方，通胀率越高，负债方应计偿还的实际债务就越低。由于通常来说负债人的数量要多于借贷人，而且借贷人是有空闲资金出借的人群。这样，借贷人将获利而负债人受损。相反，在通缩情况下，每个人的自我保护行为（如接受减薪以保住工作岗位）加总起来实际上是一场"零和游戏"（在消费降低的同时，对产出的需求也降低了）。归根结底，这正是个"集体性谬误"。在这个过程之中，没有任何赢家。欧元区周边国家过去数年的经济表现充分证明：对紧缩的预期越高，后果则越惨烈。

布莱思教授研究中发现，在非常罕见的情况下，紧缩对国家是有效的，但前提是不存在"集体性谬误"。也就是说，存在一个更大而且未削减的国家，这个国家能进口削减国家的出口商品，以抵消削减的负面效应。遗憾的是，对绝大多数国家而言，现实世界并没有这么理想。不仅如此，目前，即使能解决政治上的可持续问题（"谁承担成本"），经济问题（"所有人同时削减"）也依旧会否定紧缩。

与探索"紧缩成为一种危险的理念"的三个原因相映成趣，从理论范畴转到实践领域，布莱思教授也沿着三大路径考察紧缩的实践历史。

其一，20世纪二三十年代断断续续的金本位时期存在多个推行紧缩政策带来"危害"的经典案例：美国、英国、瑞典、德国、日本及法国。在这些案例中紧缩政策登峰造极，实施紧缩的国家要么失败了要么被"毁灭"了。这些案例清楚地告诉人们：经济并不会在"萧条和崩溃"之后"自我修复"。布莱思教授考察这些案例失败的原因并且从中总结经验，认为这些经验对当今的情形非常有价值，尤其对如今的欧元区而言。

其二，与"危害"经典案例相反，也存在如艾莱斯纳、吉瓦茨以及其他经济学家强调的正面案例：丹麦、爱尔兰、澳大利亚和瑞典。这些案例被视为"大萧条"时期成功的扩张性紧缩。布莱思教授以这些国家的经验来分析今天的欧元区，直言这些案例成功的条件并不是目前的欧洲所具备的，特别对"南欧五国"（即葡萄牙、意大利、爱尔兰、希腊、西班牙）而言。充其量，这些案例只能说明扩张性紧缩是一种特例。

其三，紧缩簇拥者的"新希望"：罗马尼亚、爱沙尼亚、保加利亚、拉脱维亚和立陶宛——REBLL 联盟。国际货币基金组织和欧盟在近年将REBLL 国家视为紧缩政策的"新证据"，并将他们作为经验模式推广给西部和南部欧洲的国家。但事实，REBLL 的政策执行条件及他们独特的经济与政治结构使这些国家的政策经验比 20 世纪 80 年代欧洲西部国家的经验更难推广到世界其他国家。所以，完全不能证明紧缩的有效性。在某些情况下，REBLL 联盟各国确实在危机中维持了汇率稳定，但代价是自愿的、大幅的通缩、对外移民及失业。它们远远不是榜样，只是再一次提醒紧缩的无效性与沉重代价。

未来或许是"糟糕选择之外最差的选择"

澳大利亚著名经济学家约翰·奎金（John Quiggin）将那些存在明显逻辑不一致问题、在实践上失败过无数次但却仍残存至今的经济理念称为"僵尸经济学"。紧缩正是一种"僵尸经济学"，历史无数次否定，而它却一次次卷土重来。究其根本，一部分原因是因为那个俗语——"再度举债无法真正偿债"是如此的简洁并富有吸引力；另一部分原因是政治保守主义者能利用这一理念将国家福利主义挤出政治舞台。

为此，人们看到，在这次欧洲金融危机中，政客们热情洋溢地采用紧缩政策，然而，与布莱思教授考察紧缩的思想与实践史的结果如出一辙，紧缩依旧失败了。如果欧洲的经济政策制定者是承诺"不造成任何伤害"的医生，那他们可能早被吊销"营业"执照了。如果紧缩很快将成为美国的政策咒语，那即使无视迄今为止的所有事实证据，人们依旧能预期紧缩会给美国带来巨大危害。

救助银行带来政府债务，结果是危机，而危机又带来了紧缩。即使其根源是现在的货币末日机制中的"大而难救"的银行系统，即使看起来除了"增加中央银行流动性、挤压预算和祈祷"之外，别的选择都极其有限。

难得的是，布莱思教授在最后一章中大胆推测：投资银行这种商业模式可能已行将就木。如果事实真的如此，那我们在危机中损失的所有资金都浪费在了一个终究要衰退的行业里。但冰岛和爱尔兰两个小国的财政调整或许能给人们带来新的启示：冰岛让银行破产，不仅熬过了危机，还让冰岛变成了一个更富有、更公平的社会。爱尔兰救助了银行，代价是长久深陷于救助后的痛苦中。

如果冰岛给我们带来了正面经验，那么，未来在何方？照通常的设定，高度负债的社会能选择的未来极为有限。布莱思教授的思考是，走出危机的方法除了常见的"通胀"（对资本及债权人有害）、"通缩"（对劳动者及债务人有害）、"货币贬值"（长期对劳动力有害，在欧元体系下不可能）及"违约"（对所有人都有害）四种选择外，还有金融管制、在全球范围内征集税收两个新方法值得探索和尝试。可惜，因为这两个举措不会给银行什么好处，金融界不会支持。这两个方法，不妨借用丘吉尔对民主的评价："这是现有糟糕选择之外最差的选择。"

将风险王国钥匙交给不盲信数学的朋友

金融学术界的大部分工作都是完全不必要的

凡接触过金融课程的人都有过这样的幻觉：那就是以为布莱克—斯科尔斯—默顿（BSM）模型是三位天才奉献给人类的礼物，若没有这个模型，我们或许就无法给期权定价。

可事实上，BSM 模型被指责为导致 1987 年"黑色星期一"的罪魁祸首，而且在后来的几次事件中，期权交易员受该模型启发的动态对冲做法也曾经严重干扰相关市场，风险测量的标准工具在险价值经常制造混乱，与复杂衍生品相关联的"按模型计价"灾难也引起了有关机构和研究者的注意。当然，所有这些，都没有比由《黑天鹅》《反脆弱》作者纳西姆·尼古拉斯·塔勒布（Nassim Nicholas Taleb）和埃斯彭·戈德尔·豪格（Espen Gaarder Haug）对 BSM 模型的批评更能揭示这个谜底。豪格，一位书生气十足的挪威人，一时兴起结束了在康涅狄格州、总部位于纽约的某公司的重要职位，与塔勒布一起，于 2007 年底发表了一篇论文，列出了举世震惊的三条论点：BSM 模型是没有用的，并不是原创的，是没有必要存在的。考虑到 BSM 模型被应用于分析领域 30 多年，这些控诉自然都将成了理论殿堂的重磅炸弹。

曾担任交易员和风险经理约 20 年，现为西班牙艾萨德商学院教授的帕布罗·特里亚纳（Pablo Triana）在《教鸟儿飞行：量化模型是否会摧毁金融市场》（*Lecturing Birds on Flying*：*Can Mathematical Theories Destroy the Financial Markets?*）中更下了断言：金融模型弊大于利，"毋庸置疑，金融工程在很大程度上酿成了这场危害性可能创人类历史之最的金融危机。"特里亚纳毫不讳言地坚称：当数学和统计学取代传统方法成为决策工具的时候，思想就沦为缺乏重要性的后备角色——源源不断地从电脑中输出的没有灵魂的数字，而不是那些有学识的交易员或其他什么人，成了决策的关键因素。于是，"金融理论为这个世界带来了双重威胁：一方面来自那些危险的、错误的、由数学掌舵的工具；另一方面是由于使用这些工具让人们放弃了最传统同时也是最原始的顾问——历经磨炼的人类直觉。"

特里亚纳发现，金融学术界的大部分工作都是完全不必要的。BSM 模型并不是唯一的例子。用于衡量违约可能性的高斯关联结构模型（Gaussian Copula Model），未能辨识出有毒结构性证券，致使估值与信贷评级出现了巨大差错。同样，在险价值"衡量风险的精确性甚至连 50% 都不到，更糟的是，该模型还鼓励和认可那些最终导致华尔街垮台（继而拖垮全世界）的疯狂冒险行为"。

常识性方法被基于数学的理论模型所取代，而那些模型的发明者并不具备关于市场的实践，但却自认比交易员更懂市场。于是就有了"教鸟儿飞行"这个书名（这是较为客气的比喻；在其他场合，特里亚纳把金融学家比作"制作成人电影的处女"）。特里亚纳指出，人们都听信了这一套，包括交易员自己。金融学家继续"胡乱炮制定量的大杂烩"，而华尔街以及其他各方也继续使用。对此，特里亚纳的一些断言和批判颇为精彩："理论可以提供错误、不合时宜、缺乏支持的自信心和确定感，因此，那些专家无视实际风险的大小，鼓励（劝告）人们投入有危险的领域。所有这些数学掩盖下的骗术最终是非常有害的"，"对于经济学，事情并不是那么经验主义、那么实用又那么可实施的。提出一种关于人类应该如何行动的理论是一回事，而使这个理论在现实世界中切实有效又是另一回事。在涉及人类的经济行为时，没有永恒的定律"，"标新立异、不合法规的人类行为支配着市场，出乎意料且难以想象的骇人事件则塑造了市场"。所以，特里亚纳最终还是不禁怀疑，人们是否永远都不会对此妥协。

胖东尼既是一种威胁又是一个目标

特里亚纳还专门开辟出了"宽客入侵"的章节，用于审视"宽客们"（Quants）的人生百态，即那些在众多大型金融机构中获得影响力、把学术模型引入金融机构的数学家和物理学家们。公司因为要"利用科学战胜市场"，聘用宽客（他们大多拥有理工科而不是金融学博士学位）一度成为时髦做法；但市场发起了报复，"市场是不能被数理所驯化的"。特里亚纳写道，"金融在30年的量化、数学化和理论化进程中已经使自己的双手沾满了血迹。人们对分析性模型和格言的信奉直接或间接引发了严重的市场动乱。由数字支撑的自负心理和虚假的安全感形成了一种具有潜在毁灭性的文化，而这种文化已渗入了金融领域的大部分区域。严肃的专家所做出的鲁莽行为通过充满引理的技术'免死金牌'就能免受责难。更有甚者，金融理论和它的支持者并不满足于对货币、经济和制度的破坏。他们还谋划着真正的谋杀，他们想消灭一个两只脚的目标，他们想杀害胖东尼。"

胖东尼是谁？塔勒布笔下的虚拟人物。一个出生于布鲁克林、通过购买估价过低的财产而发迹的银行职员。他天生乐观，大腹便便，善于交际，浑身上下散发出一种"街头智慧"，但并没有很高的智商，完全不是传统意义上的技术人员。显然，胖东尼代表那些不会满口胡言的人，他们百分之百地注重实效，不会受教条或理论的"神像"所奴役，他们与典型的"技术性"、现代化、量化金融专业人员完全相反。正如塔勒布所说，在抛掷硬币时，胖东尼这种人一旦得知正面已连续出现了 99 次，那么他们会认为获得反面概率低于 1%；相反，约翰博士则会轻易认为获得反面的概率为 50%，完全没有考虑统计法则之外的因素。

为什么某些金融专家和理论家想要根除胖东尼呢？特里亚纳分析认为，胖东尼代表着那些拒绝采用高技术量化理论或愿意严格质疑其适用性的金融专家和思想家，他们不会依赖数学来决策："在这个世界里，人们会以自己的经验和积累了数十年甚至几个世纪的实用知识为依据，而不是模型和规则。在这个世界里，博士学位持有者要想在市场中成功，并不需要凭借他那广博的知识。在这个世界里，加法、减法、乘法和除法都是你所需要的解析法。在这个世界里，人们认识到，价格最终是由情绪、供应和需求决定的。事实上，对当今许多人来说，这个世界似乎是完全落后和无知的。"

对理论家而言，胖东尼既是一种威胁又是一个目标。胖东尼这类人对他们的存在和他们对金融领域的观点产生了"威胁"，因此必须被"清除"。当然，更确切地说，他们会试图让他"丑恶的灵魂"从金融业永远消失。事实上，特里亚纳是想借"胖东尼"的例子，呼吁恢复某些人的金融权利，他们是那些完全从严格职业限定中解放出来的人，那些并非完全通过通常意义的课堂获得知识的人，那些在学历文凭和解方程方面不特别突出以及重视常识和实践积累的人。

"人们推崇那些没有现实意义的理论并且将这些理论付诸实践，已经造成了很多危害。我们应该放弃继续将量化结构当作可以信任的教条的做法，并重新开始考虑经实践检验的具有竞争优势的常识和直觉。如果能够停止继续采用有害的理论，那么金融决策系统将会从中受益。我们必须将风险王国的钥匙交还给具有自由思想和进取心且不盲目信赖数学的好朋友。"从这个意义上说，市场不需要教授，市场需要"胖东尼"——重视实效、不受理论与教条奴役的金融业内人士。为此，特里亚纳强烈呼吁：用常识性方法取代基于数学的决策模型，让那些有实战经验而不是仅仅拥有学术理论的人行使金融权利。

法国启蒙思想家伏尔泰曾在他的书桌上存放了一本《圣经》，当被问到一位无神论者为什么这样做时，伏尔泰答道：作为一个无神论者，必须比基督信徒更了解《圣经》。是的，这也是经济学值得认真对待、解读的原因，这就是我们要理解、审视和揭晓经济学的原因。而特里亚纳让人着迷之处也在于，他在提示人们跟着他一起从全新角度发掘掩盖在"量化模型"背后的真相时，防止经济学家和那些假冒伪劣的经济学家以及使用经济学辞令的人迷惑我们，并通过这种迷惑辅助那些当权者瞎折腾我们的经济。经济学只包含极少的真理，却是我们这个时代的主导意识形态，是所谓的经济学帝国主义，这也正是它的魅力魔性所在。从这种意义上讲，那些不以经济学研究为职业的大多数人，可能更有必要对经济学保有一份热情。

从卢布危机看新兴市场国家汇率制度之困

　　西西伯利亚易采石油产量下降，可以看出，俄罗斯的政府和俄罗斯的整个油气行业对此没有做好准备。如何在未来几年内保持油气产量平衡？俄罗斯有以下三种解决方案：其一是向北走，开发北极深海区域，包括对整个北部海岸线直至萨哈林地区的油气开采。但这个区域是2030~2050年的产量规划，不是今天，而且产出的可能不是石油，也许是天然气，且生产成本昂贵。其二是开发东西伯利亚。问题是东西伯利亚资源量不够大，和西西伯利亚资源量不是一个量级。其三是回到西西伯利亚，努力开采现有资源。俄罗斯现在的石油生产可以说是一个"竞赛"，一方面有新的油田投产，另一方面西西伯利亚油田产量逐渐衰减，哪方会获胜？影响因素有很多，例如石油政策、财政税收、制裁等。我们也不知道结果如何。

　　——《财富轮转：俄罗斯石油、经济和国家的重塑》作者、美国乔治城大学政治学教授塞恩·古斯塔夫森（Thane Gustafson）

从新角度诠释新兴市场经济体的汇率制度选择困境

　　卢布汇率经历了2014年12月15日、16日惊心动魄"黑色48小时"后，其未来走向突然成了市场关注的焦点，而与热得发烫的"美元汇率""欧元汇率""人民币汇率"研究相比，我国经济理论界对"卢布汇率"的研究却冷清得不成比例。笔者以"卢布"为关键词在当当、京东、亚马逊、博库书城等门户网店搜索，只找到两本相关著作——中国社会科学院亚太与全球战略研究院富景筠的《卢布信用危机与苏联解体》；河南财经政法大学财政金融学院于娟的《卢布汇率制度安排对俄罗斯经济影响研究》。颇为有趣且耐人寻味的是，两人都是"70后"女性经济学者。

卢布汇率之跌，冰冻三尺非一日之寒：自2013年下半年起趋势便已开始，2014年12月中旬前，一年间跌幅已达50%，普京虽一直努力想让卢布"硬"起来，却总是事倍功半，甚至劳而无功。

虽说这两本专著没能"预测"到"卢布之软"，但两位作者的研究成果和观点仍值得一听。富景筠认为，货币因素是加速苏联解体进程的催化剂：卢布的"去功能化"对苏联末期的社会生产造成了致命打击，卢布急剧贬值也对各加盟共和国由来已久的离心倾向产生了强烈催化作用。卢布信用危机不仅是苏联解体的主要内容，更是加速这一历史进程的重要因素。于娟则尝试以国际经济学理论为核心，结合现代宏观经济学的国际货币理论，分析俄罗斯在经济转型时期汇率制度选择的目标设计、政策执行和由此产生的影响，由此寻找经济在市场化对汇率制度的要求和决定这一相互作用的关系。

显然，《卢布汇率制度安排对俄罗斯经济影响研究》与当下人们关注的卢布汇率危机更密切些。毕业于白俄罗斯明斯克国立大学，长期研究国际金融及卢布汇率的于娟发现，早在20世纪90年代，经济转轨国家相继发生了比较严重的转型性经济危机，与此同时，金融危机也频繁光顾诸如墨西哥（1994）、东南亚新兴市场经济体（1997）、俄罗斯（1998）、巴西（1999）、阿根廷（2001）等具有发展中国家经济特征的国家。这引发了学术界和政府决策部门对汇率制度选择的大量讨论，形成了一些关于新兴市场经济国家选择汇率制度较有代表性的看法，如"原罪论""浮动忧虑假说"和"两极论（中间制度消失论）"。这些观点从新角度诠释了新兴市场经济体的汇率制度选择困境。

经济转型伊始，俄罗斯选择了浮动汇率制度，这是金融自由化激进式改革的举措之一。自 2006 年 7 月起，在经常项目可兑换的基础上，卢布已实现了资本项目的自由兑换。卢布兑美元汇率采取的是"盯住货币篮子+日浮动区间"制度，为维持汇率平稳，俄央行活跃于银行间外汇市场参与交易，使用"双币篮子"（美元和欧元）兑卢布作为实施汇率干预的操作基准，两者结构随经济需要而调整。在于娟看来，货币自由兑换为卢布实现国际化迈出了重要一步，但也成为俄罗斯在转轨期中影响物价波动频繁、经济内外失衡的重要原因之一。

俄罗斯社会生产结构决定了其品种单一的贸易结构，而这种贸易结构又强化了对生产结构的制约，以致进口商品结构数年不变。同时，卢布汇率自由浮动下央行通过货币篮子的干预，使卢布兑美元的升值幅度相对于其他国家尤其"金砖国家"较慢。由此，俄对外贸易条件受到双重影响：一是由于贸易品的供求弹性效应，出口基本表现为卢布汇率的缓慢升值，由此加强了对资源型经济的依赖，虽然促进了国民收入增长，但不利于经济机构由资源密集型向技术密集型产品结构的转变。二是卢布汇率自由浮动对进口贸易的影响，主要通过贸易品供求弹性效应和生产成本效应来改变贸易条件。

"俄罗斯目前内部均衡与外部均衡的实现度均不是最佳状态"

据于娟的观察与对比分析，俄罗斯有价证券市场发展的总体目标是建立国际金融中心，以便与其他国际金融市场分享投资资源。而在俄罗斯有价证券市场的实践中，企业先启动股份制改革，但政府解决预算赤字的办法仍是不断向央行借款。在股改的过程中，出现了 1994 年后的股市过度投机，致使诸多企业并未因私有化而提高劳动生产率和市场竞争力，股东得不到回报，甚至许多企业资不抵债。同时，政府的软预算约束导致通胀，于是将政府预算改由发行债券方式弥补。股市出师不利，驱使民众将资金投向债市，故而债券市场开始繁荣。

转轨以来，俄罗斯外债经历了三个阶段的变化：1994~1999 年为规模的递增阶段，解体时背负的历史债务及改革所需成本，皆无法在经济改革受挫和整体经济局势下滑的基础上产生资金支持，所以该阶段被迫负债且非生产性负债投资。2000~2004 年为规模下降阶段，借助国际油价上涨的有利条件，国民收入增加，偿债率回落至警戒值，到 2004 年更降至正常值范围。2005~2010 年外债总量骤然上升，由 2135 亿美元升至 4756 亿美元。仅 2009 年，俄银行和公司就需偿付本息近 1400 亿美元。

我们注意到，2000 年以来，俄罗斯一直面临着卢布兑美元实际有效汇率升值和通胀的双重压力，俄央行货币政策最终选择了经济增长的发展目标，采用了宽松的货币政策，促进了 GDP 和固定资产投资率增加、失业率下降。通胀的速度虽呈现下降趋势，却始终高于央行设定的目标值。这说明俄罗斯通胀根源在于经济结构发展不均衡引起总供给不足所致。而在面临对内通胀目标治理、对外稳定汇率的目标下，俄央行选择了后者。由此，宽松的货币供给加剧了通胀。卢布汇率升值虽可适度缓解通胀压力，却不能改善通胀状况。

经济内外平衡目标的统一既是各转型经济体开放时面临的重大课题，也是汇率制度改革的方向和长期目标。于娟对比研究发现，"俄罗斯目前内部均衡与外部均衡的实现度均不是最佳状态"。在国内经济均衡发展目标中，经济增长与就业得到了改善，而通胀只是得到缓解。外部失衡则比较明显地表现出经常账户余额逐年递增的国际收支顺差特征，这给俄罗斯宏观经济发展带来了很大影响，突出表现在以下三方面：

其一，由于存在巨大的贸易顺差，石油维持高价，外汇储备充足，卢布汇率在一段时间内可以坚挺。可一旦出现危机或波动，卢布汇率稳定便会急转直下。因此，为了完善卢布汇率制度安排，俄政府及货币当局对外需要加强区域和国际金融组织的合作来确保俄罗斯金融安全，而在宏观经济内部制度上，卢布的汇率制度改革需要与金融制度、税收制度改革等相互配合，共同促进经济发展。

其二，外贸持续顺差的结果，是俄罗斯外汇储备迅速增长，卢布面临越来越大的升值压力。同时，长期的外部经济失衡给俄经济形成较大冲击，影响价格水平稳定，导致通胀治理困难加剧。所以，在外部非均衡的状态下，俄罗斯经济可持续增长的压力逐步增大。

其三，俄罗斯属于资源型国家，从近期看，能源出口有着广阔的市场和诱人的国际价格，经常账户项下的巨额贸易顺差中能源出口的贡献相当大，但这却意味着其国内资源持续性开发和经济对外依存度较高，埋下了隐患。近期经济增长和长期经济发展之间的利益矛盾阻碍了俄罗斯向创新型经济方向的发展。从长期看，俄罗斯需要调整经济结构和转变增长方式，发展创新型经济和制造业产业，摆脱对能源产业的过度依赖。

浮动汇率制度下俄罗斯与中国的汇率制度由于在资本开放程度方面存在不同而产生了政策安排的较大差异，然而两者在汇率制度改革目标上却都是向富有弹性的汇率制度方向努力。因此，各国汇率制度安排的经验又可彼此相互借鉴：第一，不同的转型国家，有不同的汇率制度选择，但维护宏观经济稳定和经济增长是汇率制度选择的重要原则。第二，同一个国家，在转型的不同时期，采用的汇率制度也应有所不同，但总趋势是实行更为浮动的汇率制度。第三，从宏观经济的稳定和恢复角度看，在转型初期实行钉住汇率制的国家做得更好一些。但是，随着市场体系的不断完善，汇率制度需要与本国经济相协调。

由此，对于转型的中国经济来说，《卢布汇率制度安排对俄罗斯经济影响研究》远远超出了警示的意义。

以"世俗的革命人道主义"对抗资本异化

跨越黑天鹅和灰犀牛的坎

> 很多人将金融市场当作脱离实体经济的高级赌场，却忽视了市场参与者如企业、工厂和商店等都是实体经济的组成部分。金融市场更像是整个经济体的循环系统。如果血液停止流动……结果将无法想象。所有的现代经济体都依赖各种各样的授信机制来将"营养"输送到整个系统当中，而美国这一经济体更为依赖"信用化"和"金融化"。所以，当原本如同长江大河般的信用流突然缩减为涓涓细流时，这个经济体就好像患上了心肌梗塞。
>
> ——《当音乐停止之后：金融危机、应对策略与未来的世界》作者、美国著名经济学家艾伦·布林德（Alan S.Blinder）

"根本矛盾""变化的矛盾"和"危险的矛盾"

21世纪以来的10余年光景，金融危机、欧债、官僚主义的因循和各种各样的政治丑闻缠绕着欧美社会，于是各种经济改革方案纷至沓来，唯独鲜有人反思乃至着手改变资本社会的内在诸多矛盾。在《资本社会的17个矛盾》（*Seventeen Contradictions and the End of Capitalism*）中，美国纽约城市大学（CUNY）杰出人类学教授大卫·哈维（David Harvey）以地理学家的严谨剖析了资本如何造就一个不平等的、危机四伏的系统，以及当前资本主义世界内在逻辑的谬误，并试着展望人类社会在后资本主义时代的发展。

在哈维教授看来，资本主义内部的矛盾，既可理解为亚里士多德笔下的"两句陈述完全不一致，以致两者不可能同时为真"，也可以理解为"两股看似对立的力量同时出现于某种情况、实体、过程或事件中"。因此，当一对矛盾同时出现时，必然产生张力，甚至带来重重危机。不过，他的分析"以资本而非资本主义为焦点"，他为此特别区分了"资本的矛盾"和"资本主义的矛盾"：资本主义是一种社会形态，充斥着无数矛盾，但其中许多与资本积累并无直接关系。

从历史和现实的纵横维度出发，哈维将"资本社会的17个矛盾"分为三大类。第一类是"根本矛盾"，这是任何类型资本主义都会存在的：①使用价值与交换价值；②劳动的社会价值与它的货币表现形式；③私人财产与资本主义国家；④私人占有与公共财富；⑤资本与劳动；⑥资本是一种过程还是一种东西；⑦生产与实现的矛盾统一。第二类是在不同形态资本主义社会中表现会有所不同的"变化的矛盾"：①技术、工作和人的可弃性；②分工；③垄断与竞争：集中与分散；④不均衡的地域发展和空间生产；⑤收入与财富的不平等；⑥社会再生产；⑦自由与控制。第三类是"危险的矛盾"：①无止境的复合增长；②资本与自然界的关系；③人性的反叛：普遍的异化。

货币形式的永久性与私有产权的永久性之间有很深的关联

提到矛盾①，哈维教授从引发2008年全球金融危机的事件说起：使用价值与交换价值之间存在矛盾，尤其在房地产领域，由于房产领域投机严重，很多人实际上由此被剥夺了家园。他指出，由于资本总是寻找各种新领域，随后涌入逐利，交换价值逐渐限制和主导了越来越多必需品。因此，许多曾由国家免费提供的使用价值都私有化和商品化了，如住房、教育、医疗保健和公共事业等。而政治总是在两者之间选择和徘徊：或选择一个为富人提供周到服务的商品体系，或选择一个专注于为全民生产和公平提供使用价值的体系。

　　当然，哈维教授也发现，资本的 7 个"根本矛盾"并非互不相关，它们以多种方式密切联系起来，为资本积累提供基本架构。使用价值与交换价值的矛盾，有赖货币的存在，而货币与社会劳动这种价值是有矛盾的。交换价值及度量标准假定交易双方有某种法律关系，人们因此接受个体拥有私有产权，并且需要一种法律架构或惯例来保护这种权利。这导致个体化私有产权与资本主义国家集体性之间的矛盾。国家垄断暴力的合法使用权以及法定货币的发行权。货币形式的永久性与私有产权的永久性之间有很深的关联。非公共个体可以借由交易，合法和自由地占有社会劳动成果，也就是占有公共财富。这构成了资本家阶级权力的货币基础。但是，资本必须仰赖劳动力商品化，才能有系统地再生产资本。劳动力商品化解决了如下问题：基于平等原则的市场交易体制，怎样才能产生不平等的利润？这个方法意味着我们必须把社会劳动转化为异化的社会劳动（"纯粹为资本的生产和再生产所做的劳动"）。结果是资本与劳动之间产生一种根本的矛盾。这些矛盾决定了资本经历多种物质形式的持续流通过程，而这也意味着在贫穷的范畴中，固定与移动之间的紧张关系不断加深。在资本的流通中，资本的生产与实现必须有一种矛盾的统一。

当今的"剥夺"："隐蔽"地采取各种租金的形式出现

在谈到在不同形态的资本主义社会中表现会有所不同的 7 个"变化的矛盾"时，哈维教授更多谈到资本主义在当代社会演进中无法逃避的紧张，尤其是 20 世纪出现的资本在地域和技术的转移，新自由主义所带来霸权和社会不平等。他认为，7 个"变化的矛盾"以不同方式演变，是资本的历史和地理演化的主要动力来源。在某些情况下，这些矛盾的演变是倾向于进步的（虽然过程中一定有倒退和受挫）。科技的变化总体而言是累积的，地理上的空间生产也是这样，虽然两者均曾出现有力的逆流和逆转。有些可行的技术变得落伍并逐渐遭到淘汰，一些空间和地方一度是资本主义蓬勃发展的中心，后来却成为"鬼城"和日趋衰落的城市。

当下资本社会的一个重要转变是，资本获利并不是靠生产上投资，而是靠占有使用信息、软件和它所建造的网络所产生的租金及特许权。换言之，对土地和知识等的垄断让垂死的食利者再度焕发容光——凯恩斯早在 1936 年就曾预言过"食利者的安乐死"。也就是说，当今的"剥夺"不再采取利润，而是"隐蔽"地采取各种租金的形式出现。

由此，哈维教授着重讨论了资本的 3 个"危险的矛盾"：总是对复合增长有无尽的需求。复利的隐匿力量很容易被低估。在复合增长较后期的阶段，加速的情况出乎意料。复利的危险，哈维认为还可借用德鲁森的案例来说明。住在伦敦的德鲁森，是一位富裕的瑞士商人银行家，设立了一个 60 万英镑的信托基金。根据他的遗嘱，在他 1797 年逝世后，该基金在接下来 100 年间皆不可动用。如能保持 7.5%复利，该基金到 1897 年时价值将达 1900 万英镑（远超英国当时的国债），届时这笔财富可分配给德鲁森幸运的后裔。当时的政府估算，即使年收益只有 4%，这笔遗产到 1897

年时规模也将等同英国全部国债。复利将金融权力落在私人手上。为了避免这种情况，英国 1800 年通过法案，将信托期限限制在 21 年之内。德鲁森下代对他的遗嘱提出异议。经过多年诉讼，该案于 1859 年最终审结，诉讼费用耗尽了德鲁森的整笔遗产。狄更斯小说《荒凉山庄》中著名的"詹狄士诉詹狄士案"，便是以此为蓝本。

哈维教授由此坦言：资本主义 3% 的复合增长率是不可持续的，很快就没有生产条件来支撑这种资本积累方式。因经济增长而被破坏的生态环境会反过来报复人类社会的发展。在最后一章"人性的反叛：普遍的异化"中，哈维批评了限制有意义的工作并鼓吹无聊的消费主义的负面推动力。尽管存在各种矛盾，资本还是可以幸存，其幸存的方式是堆积越来越多的负担，具体形式包括阶层不平等、环境恶化、人类自由的限制等。

经济的"零增长"状态是一种合理停顿

改变资本社会众多"糟糕的""无序的"矛盾，哈维把希望寄托在"集体的政治主体性"和"世俗的革命人道主义"上。他呼吁，除了必须"将集体的政治主体性与一些有关如何建构另一种经济引擎的基本概念结合起来"，还必须"迫切需要明确有力地提出一种可以与基于宗教的人道主义结合的、世俗的革命人道主义。世俗的革命人道主义在理论和政治实践上均有一个强有力的传统（或结合）"，如此才能对抗各种资本形式的"异化"，并从根本上将世界从盛行的资本主义方式中纠正过来：通过"革命"，人们可集体为自己建造更美好的世界，而非只是继承既有的世界。

而对"人道主义"，哈维希望再造的社会中能拥有尊严、宽容、怜悯、爱和尊重他人的宗教情怀：食物、住房、教育、医疗等必需品不必通过以利益最大化为目标的市场体系来流通；钱变得没有意义，人们也无须费尽心思地储蓄或投机；联合起来的群体评估大家的共同社会需求并彼此告知，借此为生产决定提供基础；工作节奏放缓，以适应创造性的冒险和平凡的社会生活；经济的"零增长"状态是一种合理停顿，而并不预示着国家进入紧急状态；利用自然力量满足人类需要的工作应快速推进，但须尽可能保护生态系统；非异化人类和非异化创造性角色将出现，他们具有新的、自信的自我与集体存在意识……只是哈维教授没有也不可能为实现这种经济状况制定路线图。

"风险管理"预示了什么样的金融未来

跨越黑天鹅和灰犀牛的坎

> 不论经济学在很多问题的理解上有多有用，其都没有媒体中或政治上对于这些问题的更个人化、更戏剧化的描述那么让人获得情感上的满足。枯燥的实证性问题很少能有政治讨伐或道德宣判那么激动人心、回肠荡气。然而，如果我们真的关心他人的福利，而不是追求什么激动人心的感觉或自己在道德上的优越感的话，对于实证性的问题是必须探寻的。也许最重要的区别还在于听上去很好还是实际起作用。前者对于政治或道德宣传的目的来说已经够用了，但对于所有人，尤其是穷人的经济进步却是不够的。
>
> ——《诡辩与真相——经济学入门》作者、美国当代杰出的自由主义经济学大师托马斯·索维尔（Thomas Sowell）

金融和经济风险的"六个理念"

面对公众对"风险管理"的忽视，美国耶鲁大学金融学教授、2013 年诺贝尔经济学奖得主罗伯特·席勒（Robert J. Shiller）在其《新金融秩序：如何应对不确定的金融风险》（*The New Financial Order：Risk in the 21st Century*）中却提出了一套以保护各国财富为目的的全新风险管理基础架构——所谓的"各国财富"其实就是维持民众基本生活的经济成就。席勒希望能通过他的理论阐述来纠正公众对科技和经济风险的高度误解，并以更清晰、更准确的方式让世人明白他们所面对的真实风险。

作为"标普/凯斯–席勒住房价格指数"的联合创始人之一，席勒针对金融业、融资市场、保险业、税收、房地产、社会福利和国家合作提出金融和经济风险的"六个理念"，其所阐述的观点颇具前瞻性。

第一个理念是扩大保险业务的覆盖范围，使其能够应对长期风险。生计保险就是一种用来保护个人收入的保险。住房权益保险是一种保护住房经济价值的保险，它远远超越现有的住房所有者权益保险产品的功能，现在的保险合同只能应对火灾之类的风险，但新的产品能够保护住房不遭受任何价值方面的损失。这个产品是席勒和另一位经济学家阿兰·韦斯在1994年首先提出的，就其现有的形式而言，人们可以通过将保险合同与房地产指数挂钩的方式避免道德危害的出现。

第二个理念是为"宏观市场"量身打造的。"宏观市场"概念最早是作者在1992年的牛津大学克拉伦登演讲上提出的，指一个规模庞大的国际性市场，其需求的产品主要是各国的远期国民收入和职业收入，同时也包括房地产类的非流动性资产。某些此类市场上交易的风险价值将远超当今世界所认知的程度。席勒甚至设想过建立以全世界各国国内生产总值之和为标的市场，建立以所有有经济价值的物品总值为标的市场。从其交易标的来看，这些市场所处置的风险比当今任何一个金融市场的风险都重要，而且能转移人们对股市的注意力，从而消除现有的投资压力和波动风险。

第三个理念是收入挂钩型贷款，也就是银行及其他借贷机构可以根据个人、机构或政府的收入水平决定发放贷款的额度。如果收入水平低于预期，则自动减少贷款余额。收入挂钩型贷款使借款人能出售自己未来收入的股份，或出售与自己收入对应的收入指数的份额。这种贷款能使目前的借款人陷入困境甚至破产的窘境时得到有效保护。

第四个理念是不平等保险。设计这种产品的初衷是为了解决一个国家严重的收入分配不平等问题。席勒提议修正累进式税制，从而在经过一段时间的运行之后能弥合过度的收入差距，而非武断地通过税级解决问题。

第五个理念是跨代社会保险体系。席勒建议重塑整个社会保障体系，使其成为真正意义上的社会保险系统，能实现不同辈分、不同世代之间的人分担风险。

第六个理念是通过国际协议管理国别经济风险。这种前无古人的各国政府间达成的协议在形式上与私营部门的金融交易协议相似，但在覆盖范围和解决问题的高度上都远远超越后者。

"一个印度女孩学小提琴"的故事和困境

在勾勒这幅壮阔的"新金融秩序"全景图时，席勒还注意到未来社会是发展导向型的信息社会，年轻人的理念和才能是这个社会发展所需的原材料，如果没有一种制度为他们提供更有力的保障，他们就无法将自己的智力财富转化成社会所需的产品和服务。由此，为了更生动形象地分析"六个理念"的美好图景，席勒还化繁为简，讲述了"一个印度女孩学小提琴"的故事。

假设有位来自印度的年轻女性住在美国芝加哥，她的理想是成为小提琴演奏家。由于演奏家的收入前景不确定性太强，她很难借到培训所需的费用，因此充满担忧。如果存在一种网络贷款方式，也就是当未来小提琴演奏家的收入低于预期时，她不用全额归还贷款，那么她肯定会考虑这种全新的科技手段。这笔贷款使她能轻松地追寻梦想——即在收入较低的情况下不用清偿所有贷款，在未来多年中所面临的风险将由职业收入水平指数决定，而这个指数完全由计算机管理的网络汇总整理。她为职业发展而承担的绝大部分风险最终由分布在世界各地的投资者分摊。

但她还为远在印度的亲属担忧，因为他们工作的行业正在衰退，他们原有的特殊技能很快会过时。如果他们供职的公司预见到前景黯淡，就该为员工购买生计保险。保险公司会把保险合同承担的风险转卖给全球市场中的投资者。另外，印度政府还和其他国家的政府达成了风险分摊协议，也为那位女性的亲属提供进一步的保护。还有，新的数字技术的出现，能同时管理所有这些风险，使人们能用里约热内卢的利好对冲芝加哥的利空，用南非红酒生产商的收入增长抵充小提琴演奏家的收入下滑。最终形成的将是经济运行更平稳的格局，也必将提升我们的生活质量。

吊诡且让席勒叹谓的是，当下金融世界还没有形成"六个理念"，他举例所讲的那位印度年轻女性面临着"理想很丰满，现实很骨感"两难境地，她只能放弃当小提琴演奏家的梦想，转而空等一个可能永远不会到来的合适时机。她手头没有关于理想职业的预期数据，也没有手段保障自己的经济安全，只能选择一个无趣的职业。她远在印度的叔叔失业后也无法再找到合适的工作，只能被迫提前退休。她远在英国的父母眼看着周边社区的房价下跌，自己的住房也在贬值。整个区域的经济陷入疲软，英国股市下跌导致他们的投资也受损。最终，他们连养老钱都保不住。

按照席勒的设想，前三个理念主要针对私营领域，分别是保险业、融资市场和银行业。这三个领域的风险管理概念是一样的，但运用风险管理基本概念的行业环境存在差异。每个行业（保险、融资和银行）经过多年发展之后，都开发出了独特的遏制道德危害、撰写及签订合同以及选择客户的方式方法。在根本性创新变革风险管理手段的阶段，最谨慎的做法还是在既有的基础上扩展，对每个行业特有的知识给予充分尊重，金融大众化和推广化也要在这个前提下进行。

后三个理念则主要是为政府行为设想的，需要政府通过税收、社会福利方面的改革，以及与其他国家的合作来推进。政府天生就有风险管理的职责，原因有四：其一，长期风险管理需要法律制度的稳定作为前提；其二，居民个人制定和签订长期风险合同的能力有限；其三，社会基础制度的管理必须以保障社会民众的利益为前提；其四，签订国际性合同必须由各国政府就不同的国家政策达成一致。

除了"六个理念"之外，席勒还提出了一些新经济环境中应有的信息技术基础架构，比如新的全球风险信息数据库，那是一套能为人们有效提供风险管理所需数据的系统。当某位生物化学家希望购买一份应对 DNA 重组职业风险的生计保险，他可向保险公司提供一个密码，使该承保人能部分获取他的个人信息，从而也就可以针对他本人实际的职业发展状况拟定保险合同的部分赔偿条款。这份协议可以根据其经济状况的许多决定性因素约定其应得的福利，也就等于为他提供了一份终极职业保障。

尽管《新金融秩序》包含了种种研判和推测，但我们却并不能把它理解为对于未来的预言。席勒所描绘未来"新金融秩序"向人们传递的一个重要经验，是重塑思维框架的重要性。

众所周知，人类社会过去就已经成功重塑过类似强有力的思维框架。德国在 19 世纪 80 年代推出残疾、医疗和社保等体系时将它们称为"保险"，使这些制度在人们心目中具备了合法性。美国推出社保体系时，个人缴纳的款项被称为"贡献金"而非"税款"，因此人们按自己曾经的付出在未来收取回报时就具有了合法性。把低收入补贴重新规划为所得税抵免，促进了人们对这个概念的接纳。但强有力的思维框架重塑，还不是挑选适当的名称那么简单，它同时需要给这些制度设计出合理的结构，使其能经受时间的检验，使那些无论社会如何变化都持久不变的良知对这种最初的思维框架具有强化作用。这也正是席勒一再反复强调的：在创设跨代社保体系时必须将其做成一种工具，以有效平衡不同世代的人所承担的真实而重大的风险；要在承担不同风险的国家之间签订风险管理协议，并且通过有前提条件的、合理的转移支付条款保证这种协议的执行最终形成比较合理的结局。

别让"亡羊补牢"行动把羊圈给推翻了

经济学通常只对技术上的问题进行激烈争论（如衡量资本的问题），对政治层面的争议则避而不谈。经济学家往往不会勇敢地站出来并承认其观点在很大程度上受到明确的政治安排（例如想为富人减税的愿望，加强政府作用，促进私有化，甚至是贬低资本主义等）的影响，而是假装其观点只是纯科学性的……实际上，经济上的争论是暗流汹涌的政治斗争（通常分为左右两个对立的派别）的回声。

——《经济学的邀请》作者、澳大利亚悉尼大学经济学教授雅尼斯·瓦鲁法克斯（Yanis Varoufakis）

金融危机的讨论，法学家几乎"不见踪影"

具有"一个人的智库"之称的理查德·波斯纳（Richard Allen Posner）法官，在 2010 年（71 岁）推出了他第二本解剖"全球经济危机"的著作《资本主义民主的危机》（*The Crisis of Capitalist Democracy*）。这是他出版于 2009 年 2 月的《资本主义的失败》（*A failure of Capitalism*）的"续集"。《资本主义的失败》付梓时，距金融危机爆发才刚 4 个多月，相关分析自然会有不少局限。所以，波斯纳当年特意在《大西洋月刊》杂志网站开设博客，"跟踪"评论这场危机，不断补充、更新相关内容。

《资本主义民主的危机》大体接续了《资本主义的失败》的尖锐性和批

判性，深化了对资本主义制度的批判，并把解剖刀从经济生活切入政府结构和政治文化："金融危机不仅反映了投资者与公众面对泡沫时的盲动，更显示出政府放松监管背景下金融的危险性和当下经济学发展的误区，以及美国政治结构内在的低效、分裂与冲突，因而不仅是经济危机，更是资本主义民主的危机。"

始于 2008 年的这场灾难，标志着以自由市场竞争为基本特征的资本主义制度遭遇了重大失败。然而，有关这场经济、金融危机的讨论，法学家几乎"不见踪影"乃至全部缺席。这或许与法学家通常比经济学家更内敛和保守有关。被媒体视为"另类"的波斯纳从经济危机直接原因入手深挖，发现了这样一些间接或深层原因：房地产泡沫、极低的利息率、复杂的金融工具、政府金融监管的萎缩，以及金融市场存在着阻碍对风险产生有效反应的复杂因素。不过，因果关系环环相扣，深层原因和直接原因之间距离并不远：银行借贷的特征是长期贷款短期借款，由此形成了金融业的内在风险，而信贷又位于资本主义经济——也是所有现代经济的核心，因此资本主义经济具有内在的不稳定性。由此，波斯纳提出了他的核心观点：这场经济灾难是资本主义自由竞争的市场制度的败绩，而不是易于避免的错误、非理性、金融界人士的愚蠢或人性的贪婪造成的。此种立场独树一帜，也最有争议。不过，波斯纳承认"情感"之类的东西确能影响人的经济行为，但这并不必然是不理性。他举例分析了承担商业风险、从众等行为，认为这些通常不能纳入"不理性"的范畴。他这一立场，源自对近年来行情日涨的行为主义经济学的质疑和批判。

通过对比研究，波斯纳所提出的改革建议像极了美联储前主席保罗·沃尔克的一些主张："激烈的竞争迫使那些思路灵活的金融家去进行非理性的赌博，尤其在他们用别人的钱赌博时。""政府必须介入，限制冒险的银行家的赌博，有时还要弥补他们所制造的损害。"保罗·沃尔克曾恢复了格拉斯斯蒂格尔法，将商业银行业务同所有权交易和其他高风险金融业务相分离，这样可使那些中小规模企业的金融服务远离华尔街的疯狂。波斯纳还呼吁取消三大信用评级机构的半官方地位，并充实陷入困境的联邦监管机构的公务员团队等。然而，波斯纳却对美国能否克服政治的分裂、竞选资金引导政策走向的"准贿赂行为"，两大政党在低税收和高开支以维持经济繁荣的迷思"并未抱有足够的信心"。

不仅如此，波斯纳还质疑政府所谓"雄心勃勃的改革"："让政府'有所行动'以避免金融危机重演的压力不可抗拒，即使'行动'不过是亡羊补牢而已——'补牢'的行动太过于猛烈反倒几乎推翻了羊圈。"具体来说，这种"行动太过于猛烈"已制造出许多值得商榷的制度改革，例如新的信用卡法案，还有美国国会正在审议的由行政机关所提出的大量雄心勃勃的建议。这种压力还导致银行业监管在本应放松以刺激信贷的时候却非正式地收紧。为此，波斯纳进一步分析指出："严格的监管是我们在繁荣时期所需要的，但在萧条时期需要的是放松，这是因为萧条时期的经济是正常经济的颠倒状态。但私有部门的激励会同萧条时期的公共需求背道而驰。正如当我们需要人们积极消费时，他们就开始囤积一样，当我们需要监管机构放松监管时，他们偏偏收紧控制……金融崩溃的一个主要原因，就是监管机构在由盛而衰的转折点上过于迟钝，而现在他们反倒变得神经过敏了。"常识符合所有人的利益，但现实中，一些改革和举动又往往可能干出不符合公共利益和常识理性的事来。

这场仍未终结的经济危机，让取代了凯恩斯主义并主导美国经济政策约30年之久的保守主义宏观经济学有些"一蹶不振"了。因而，作为知名公共知识分子的波斯纳在这场经济危机中的学术与政治转向格外引人注目，又具有象征意义。从《资本主义的失败》到《资本主义民主的危机》，波斯纳在不经意间已成为复兴了的凯恩斯主义经济学及其经济政策的支持者。他本人对此直言不讳，曾公开撰文称自己"变成了一个凯恩斯主义者"。在晚近的访谈中，波斯纳甚至走得更远，试图抛弃"理性/不理性"

的二元范畴，大概他是厌倦了那些总是让人争论不休的抽象概念，要回到人性本身吧。

他反复申说自由市场的失败和政府监管的必要性："一个由私人银行系统组成的资本主义体系是不稳定的，而一旦银行出了问题，整个经济系统中的其他多米诺骨牌也就会随之倾倒。这就是为什么资本主义体系不能仅仅包括自由市场的原因之一。""凯恩斯正确地指出了极权国家比起民主国家能更有效率地控制经济周期"，"自从2008年的危机以来，政府的效率已经得到提高，但是否变得足够聪明，则还没有答案"。这些观点尽管尚存零星异议，波斯纳的思想立场的转向已确切无疑。

毋庸讳言，作为法官和法学教授的波斯纳对经济危机的研究可能存在种种缺陷。在全国公共电台广播的访谈中，他说为了研究经济危机，自学了不少东西。他坦言他的研究出自外行人的视角，但强调这同样可以是有价值的视角。确实如此，外行未必没有用，"内行"恰恰坏了事情。波斯纳曾批评过公共知识分子"更多公共更少智识"的越界写作，而他当然也存在公共知识分子的种种弱点。诺贝尔经济学奖得主罗伯特·索洛在《纽约书评》上发表文章，曾毫不客气地指出了这一点。可经济学家的此种反批评，并不能遮蔽经济学及其"非公共"的"专业"知识分子在这场危机中所暴露的"系统性失败"。

宏观经济学家所提出的建议和政治立场，总是让人怀疑

被很多人视为"社会科学之王"的经济学，在这场经济危机中，遭遇了一场重大失败或危机。波斯纳在第10章"宏观经济学的危机"中再现了一个生动的对话场景："当有人问'你能解释所发生的事情吗？'诺贝尔经济学奖得主罗伯特·索洛只会摇摇头说，'不能，我不认为正常的经济学

思想有助于解释这场危机'。"伯克利加州大学著名经济史学家艾臣格林则说："这场危机使我们先前自认为掌握的大部分经济学知识都陷入怀疑之中。"另一位获诺贝尔经济学奖的宏观经济学家罗伯特·卢卡斯多年前的评论则已得到证实："作为一个提供咨询的职业，我们走在一条脱离现实的道路上……"这在一定程度上，可能是因为宏观经济学家所提出的建议和他们的政治立场联系密切，所以总是让人怀疑。

事实上，作为实用主义法学领军人物的波斯纳在勾勒这幅壮阔的"资本主义民主"危机全景图之时，提供了一个放大镜：透过镜片，大家可能有更为敏锐的洞察力来观察危机乃至困境之中的全球经济。虽说"经济复苏已经开始，但我们无从知道这个过程将有多快，同样也不知道会有什么样的后续影响"。从这个意义上说，在这场经济危机爆发伊始，大部分职业经济学家虽未必惊慌但肯定失措，由一位未受过正规经济学训练但热爱经济学的法学家对经济危机给出虽可能不够深刻但随着时间推移被证明为大体正确、相对系统和全面的理论阐释的事实，不就蕴含着让经济学界有些"尴尬"的意味吗？

凯恩斯理论能给当今政策制定者多少启迪

20 世纪曾掀起一场"凯恩斯革命"，一度被称为资本主义"救星""战后繁荣之父"的约翰·梅纳德·凯恩斯（John Maynard Keynes），到底是怎样一个人？现在我们对他有多少了解？说来让人不敢相信。早在 2003 年，英国广播公司曾做过一项民意测验，要求指出历史上最伟大的英国人。结果显示：丘吉尔高居榜首，戴安娜王妃排名第三。凯恩斯，这位生前获得众多美誉的经济学家，没能进入前 100 名。

对此，麻省理工学院伊莱沙·格雷二世经济学教授彼得·特明（Peter Temin）和牛津大学经济学教授戴维·瓦因斯（David Vines）认为，"凯恩斯的贡献常常被忽视"，"凯恩斯洞见中相互关联的诸个方面有助于我们今天处理全球经济的问题”，“如果更多的人了解并运用凯恩斯主义经济学，这个世界将变得更加美好”。基于这个目的，他们共同撰写了《凯恩斯思想小史：繁荣的钥匙》（*Keynes：Useful Economics for the World Economy*）显得格外特别：其一，这是一部简要的经济思想史，却对凯恩斯的理论源流、来龙去脉梳理得颇为全面、精到；其二，得益于问题导向的叙述方式，全书从凯恩斯面对的问题入手，从经济决策角度去理解其经济思想流变。

寻找防止其破坏世界经济增长进程的政策

凯恩斯经济理论来源于他经历的 20 世纪三个关键时期："一战"后的和平协议时期、"大萧条"时期和"二战"时期。实际上，凯恩斯是马歇尔的学生，并由庇古的指点步入经济学殿堂。作为跨时代的经济学家，凯恩斯初期的经济思想与马歇尔一脉相承，但后来的思想几乎是和马歇尔对立的。

特明和瓦因斯两位教授研究发现，"一战"结束时，35 岁的凯恩斯负责英国涉外经济政策。"二战"后他作为财政部首席代表参加了英国赴巴黎代表团，参与缔结了《凡尔赛和约》的谈判。但在 1919 年 6 月底他因对谈判中所发生的事感到愤怒而离去。返回英国后，凯恩斯写了《和约的经济后果》（*Economic Consequences of the Peace*），展示了他对当时世界经济的看法，包括国际经济应当如何良好运转、会出现哪些问题及扭转失败的必要政策等。

在《和约的经济后果》中，凯恩斯除了指责《凡尔赛和约》荒唐，赞美"二战"前经济繁荣，也流露出了对长期经济增长进程的兴趣：第一，技术发展和人口快速增长推动欧洲经济的产出以前所未有的速度增长；第二，凯恩斯还发现"二战"前工人的工资依然很低，而企业的利润很高，

"财富分配的不平等使得固定资产和资本的巨额积累成为可能，这种积累把那个年代与其他年代区别开来"。这与亚当·斯密的观察一致，即穷人不储蓄也不积累资源，是富人在储蓄，是富人在积累资本，这使经济增长成为可能。

《和约的经济后果》确立了凯恩斯作为全球公共知识分子的地位，也确定了他后续的研究计划。此后，凯恩斯始终致力于研究世界经济脆弱性的原因，并寻找防止其破坏世界经济增长进程的政策。凯恩斯当时参悟到，宏观经济学不仅是微观经济学各个构件的大拼盘，也是一门关于诸个市场如何相互作用以及价格和数量如何同时被决定的学科。

"他的兴趣是如此地聚焦于现实世界"

当时欧洲这些经济秩序的变化为凯恩斯宏观经济学研究提供了现成框架。他坚持认为，要使一个经济体达到均衡状态，若干个市场须处于均衡状态。这是对亚当·斯密"看不见的手"的古典经济学的发展，也是从局部均衡到一般均衡的重大突破。正如特明和瓦因斯两位教授所指出的那样：这源于凯恩斯对经济危机中现实问题的回应。"在公共服务领域，他鞠躬尽瘁，死而后已。我们必须感恩于这样一点：他的兴趣是如此地聚焦于现实世界。"

凯恩斯最初的重大理论创新始于 1930 年麦克米伦委员会提出的两个问题：如何在金本位体制下保持外部平衡；如何解决国内平衡问题，即失业。前者的最终结果是布雷顿森林体系的创建及若干年后"斯旺示意图"（Swan Diagram）的诞生，后者的直接研究成果就是世人熟知的那本《就业、利息或货币通论》（*The General Theory of Employment, Interest, and Money*）。

特明和瓦因斯两位教授深入研究发现，在 1929 年"大萧条"之后的严峻经济危机中，凯恩斯放弃了价格灵活可变的假设，转而调整为从更接近真实情况的"黏性价格"入手，果断地走出了以休谟、马歇尔等的货币数量论为代表的古典经济学传统。凯恩斯当时观察到了"黏性工资"，随后许多经济学家也曾试图解释为何在经济衰退时期工资不会下降。凯恩斯在与非常注重员工士气的企业主交谈的过程中发现了一个颇具吸引力的观点：由于监管每个员工的费用极其高昂，企业主们会调动员工的积极性，信任员工，鼓舞员工士气，并鼓励员工出于自愿为公司发展尽力。

在《就业、利息或货币通论》中，凯恩斯阐明了为什么经济学家和政策制定者必须把一国经济作为整体加以考虑，而不能零敲碎打地每次只关注整体的一部分，按人或按产业一个个加以分析。对此，凯恩斯提出了三个富有创新性的概念："消费函数""资本边际效率""流动性偏好"，并在此基础上构建起了系统的宏观经济学理论体系。事实上，分析 20 世纪 30 年代经济问题，凯恩斯有很多闪光、直觉的理念，但他的一生太繁忙了，无法亲力亲为构建起很多相关理论。凯恩斯或许更擅长政策分析，他可能也认识到了这个局限性。他采取的补救措施是，召集一批聪明的、长于经济分析技术的年轻人加入"凯恩斯小圈子"。

凯恩斯还主张以公共部门开支挽救失业、振兴经济，这种在现在看来平淡无奇的思想在当时却给经济学带来新的活力。

特明和瓦因斯两位教授把凯恩斯当作一个人，一个用经济学服务人类，用哲学思考道德伦理，以文学和数学实现与他人交往的人，而不仅仅当作经济学家来描述：终其一生，凯恩斯保持了对哲学、艺术的高度兴趣，他的研究和社会实践完整体现了其人文关怀和伦理观。除了"节俭悖论""动物精神"这种对道德直觉的冷静而显现的智慧，凯恩斯对功利主义的态度也具有强烈的批判和超越精神，他接受功利主义的进步性，但自信已摆脱功利主义的束缚，甚至认为恰恰是功利主义在蚕食现代文明、败坏道德，破坏大众的理想。

凯恩斯构造新理论模型的延续和丰富

在经济学家约翰·希克斯（John Richard Hicks）归纳出 IS-LM 分析体系之后、萨缪尔森提出新古典综合体系之前，凯恩斯对他开创的经济学领域感到满意。他的目标是多维度的。在认识到他的探索的意义后，凯恩斯明白了对某单个经济体而言，不仅需要考虑其国内商品市场，追求充分就业的目标，即实现内部平衡，还需考虑国际贸易市场（国际收支），实现外部平衡。

凯恩斯的前两个目标（充分就业和国际收支的调整），很好地说明了单个国家需要统筹考虑内部和外部平衡。他发现考虑两个国家时，各国要实现内部平衡，两个国家之间要实现外部平衡。经济学家们分析了好多年才弄明白如何做到这一点。在构造新理论模型的过程中，凯恩斯延续他从 20 世纪 30 年代早期以来在"凯恩斯小圈子"中一直采取的做法，向他的同事和学生发出信息，让他们完善各种细节。所不同的是，他当时更清楚他在做什么，所发出的信息更全面。

第二次世界大战结束之后不久凯恩斯就逝世了。国际宏观经济学模型，直到英国经济学家詹姆斯·爱德华·米德（James Edward Meade）1951年出版了《国际收支》（*The Balance of Payments*）才告完成。《国际收支》为米德赢得了 1977 年诺贝尔经济学奖。在凯恩斯构造其理论模型的过程中，米德扮演了重要角色。米德谦逊地认为，他自己的工作"并未对纯经济理论分析的基础做出原创性贡献"，"不需要专门强调也可看出是明显地受益于凯恩斯勋爵"。20 世纪 50 年代特雷弗·斯旺（Trevor Swan）提出"斯旺示意图"之后，米德构造的模型变得更容易理解。不过，直到 20 世纪 80年代这个模型才被广泛使用。

跨越黑天鹅和灰犀牛的坎

具体来说，"斯旺示意图"刻画了保证外部平衡所需的汇率水平和保证内部平衡所需的国内宏观经济政策，是如何被共同决定的。凯恩斯认识到国内宏观经济政策会影响一个经济体的对外头寸，扩张性的国内政策将会提高需求水平和产出水平，也会提高进口量。类似地，汇率高低也会影响国内经济活动水平，影响该经济体对外头寸，汇率变化有可能使一国回归内部平衡状态，也可能使之偏离内部平衡。这些因素必须同时加以考虑。

　　在"二战"后数十年间的政策实践中，凯恩斯主义经济学大显身手，成就了所谓经济增长黄金时代。那段时期在 20 世纪 70 年代末结束。但在一段时期的危机后，我们步入了另一个凯恩斯时代，物价水平稳定，政府扮演着积极的角色。这个凯恩斯时代终结于 2008 年的全球金融危机。对于未来，特明和瓦因斯两位教授期待凯恩斯理论的洞见和经济史能给今天的政策制定者以启迪，而当代经济学家"要围绕今天世界的问题绘就凯恩斯当年那般的分析蓝图，除了要有凯恩斯那样的使命感，还要有超群的智力优势，以及性格上的惊人力量"。

何以那么多一流学者都没预测到金融危机？

> 预测未来需要思想在一定程度上能左右开弓。如同一位钢琴演奏家在弹奏蒙克写的曲子时需要控制自己的左右手，你也需要学习同时用两种方式思考，一边监控当前发生的一切，一边思考现在怎么和未来联系起来。
>
> 对大部分人来说，时间是直线发展的，有开始、过程和结束。然而，一个特定时间发生的事件既不是命中注定的，也不是一定要沿着某一条路直线发展的。事实是，一个单一的事件会受到一些已知的和未知的变量影响，那些未知的变量会带来很多麻烦。
>
> ——《预见：未来是设计出来的》作者、世界知名未来学家艾米·韦布（Amy Webb）

"神奇小子"曾一夜间输掉 7.5 万美元

人们对未来的憧憬远远大于对历史的回望，为了探寻"下一刻会发生什么"，在民间流传的"预言书"也就不可避免地充满了极大的诱惑力，比如中国的《推背图》和《烧饼歌》，西方的《诸世纪》和《圣经启示录》等。美国统计学家纳特·西尔弗（Nate Silver）对社会各种突出而棘手的问题，就始终抱有浓厚的关切和大胆的预测。他的处女作《信号与噪声》（*The Signal and the Noise：Why Most Predictions Fail but Some Don't*）涉及的预测话题，不仅涵盖信息技术和科学进步，也包括自由市场、商业竞争以及观念革新。不过，他的预测建立在统计学理论之上，有综合多种知识的严谨分析之法，所以，他的著述与中国和西方"预言书"传递着迥然不同的"预测理念"。

在 2012 年美国总统大选时，西尔弗就曾以"大数据"为基础，成功预测了几乎每个州的选情和最后的胜出者。当时奥巴马和罗姆尼的选情很接近，评论员们都无法预计谁会获胜，西尔弗以主要民调机构在各州不断更新的访查结果为基础，计算出"真实"情况，认定两者并非旗鼓相当。在投票当天他成功预测奥巴马将有 90.9% 的机会获得大多数选票，最后他对美国 50 个州投票结果的预测全对了。而在 2008 年美国总统大选时，50 个州的投票结果，西尔弗预测对了 49 个。

被称为"神奇小子"的西尔弗早年既没有从哈佛、耶鲁辍学的经历，也没有从实验室建造改写历史纪录和数学模型的成绩，但他是扑克游戏和棒球高手，曾靠在网上玩扑克游戏赚得 40 万美元，也曾一夜间输掉 7.5 万美元。扑克游戏和棒球点燃了西尔弗对数据的热情，由此他的政治选情分析被美国政治评论圈认为达到了"前所未有的水平"，但又因为他所使用的"预测理论"是被学界称为"巫术统计"的贝叶斯定理（也称贝叶斯推理，它建立在主观判断的基础上，可以不需要客观证据，先估计一个值，然后根据实际结果不断修正。正是因为其主观性太强，曾遭到许多统计学家的诟病)，所以也招惹来频率学派和一些保守统计科学家的质疑。

"信息越多，问题越多"

在美国，做选情预测的统计员不计其数，西尔弗之所以能成为数据超人，皆因他在每次大选"似是而非"或"似非而是"的节骨眼上证明了大多数时政评论员的"无用"，同时他在纽约时报网站的博客，也让众多企业看到了大数据应用的真实性和可视化、行业化的希望。

在金融行业流行的一句与预测相关的名言是：重要的不仅是预测下雨，还要建造诺亚方舟，从这个意义上说，旨在回答如何才能从海量数据中筛选出真正的信号，摒弃噪声的干扰，做出接近真相的、预测问题的《信号与噪声》，提供了面对海量数据预测时建造用于预测的"诺亚方舟"的一些思路和方法，其论述与美国阿姆赫斯特马萨诸塞大学随机科学系教授纳西姆·尼古拉斯·塔勒布（Nassim Nicholas Taleb）的《黑天鹅：如何应对不可知的未来》（*Black Swan：the Impact of the Highly Improbable*）的观点有异曲同工之妙。

西尔弗用七个章节的大篇幅，从失败的预测里提炼出三条准则：

其一，必须要有足够的信息，这是一切预测的大前提。早些年，天气预报一直被人诟病其不够精确，很大程度上还是因为信息太少。再比如，恐怖袭击杀伤性的分布符合幂律分布。幂律分布的特点是"没有最大，只有更大"。也就是说，美国遭到"9·11"恐怖袭击之后，会有万人以上死亡级别的恐怖袭击，只是不知道什么时候。

其二，预测需要一个适当的方法或模型，用来处理第一阶段收集到的大量信息。早在 2008 年美国金融危机前，就有大量经济学家以及评级机构在处理信息后发现，房地产泡沫的危险系数非常高，然而他们因种种原因放过了这个结论。

其三，如西尔弗所言："他们只是不想让'音乐'停下来罢了"。以客观理性的态度对待那些信息以及经过处理后所呈现的数据，譬如 1997 年 5 月在超级电脑"深蓝"与人类有史以来最伟大的国际象棋名家卡斯帕罗夫对决中，"深蓝"就完美诠释了什么是客观与理性。

在有关概率的解说中，贝叶斯定理能告诉人们如何利用新证据修改已有的看法。贝叶斯定理看似很简单，就一个计算公式，但这个公式对于

"先验概率"的初始值给予的权重非常之高，认为新证据的出现会修正原先的概率，但幅度不会那么大。相反，"先验概率"如果非常之强的话，对最后"后验概率"的影响会更大。这和亚当·斯密的"无形之手"有些相似之处。亚当·斯密强调人类由于缺少认识全局的信息，只能根据新近获取的知识来确定对事物价值的看法，通过人与人之间无数的交易活动修正这种看法，从而形成供需平衡的价格信号。西尔弗则认为，市场机制作为一种预测机制，是将个人的独立决策整合为群体决策，所以是预测价格的最优机制。

如果说信息稀缺制约着预测，西尔弗则认为"信息越多，问题越多"，"一旦信息增长的速度过快，而我们处理信息的能力不足，情况就很危险。过去 40 年的人类历史表明，把信息转变为有用的知识可能还需要很长时间，一不小心，我们就有可能倒退回去"，"信息不再那么稀有，我们拥有的信息多到无法下手，有用的信息却寥寥无几，我们主观地、有选择地看待信息，但对信息的曲解却关注度不够，我们以为自己需要信息，但其实我们真正需要的是知识"。

这并非危言耸听，据国际商业机器公司（IBM）估计的数据，现在我们每天生成的数据高达 250 兆亿字节，超过以往两年内生成的数据总量的90%。面对过量信息时，人们会本能地选出喜欢的，忽略其他的。"虽然那些数字不能为自己辩护，但我们却可以作为数字的发言人，赋予它们意义。这就好比对恺撒密码解码一样，我们可能会以对自己有利的方式对这些数据进行分析和解释，而这些方式很可能与这些数据（所代表）的客观现实不相吻合。数据驱动预测机制可能会成功，也可能会失败。一旦我们否认数据处理过程中存在着主观因素，失败的概率就会增加。要提高数据分析的质量，首先要对我们自身提出更高的要求。"

当然，西尔弗完全不赞同"根本不存在客观真理"这一虚无缥缈的说法。相反，他认为要做出准确的预测，首要前提是坚信客观真理的存在，并且执着地追寻。而预测者的另一个承诺是要认识到他无法穷尽对客观真理的认知。"预测之所以重要，是因为它连接着主观世界与客观现实"——当代西方最有影响的哲学家之一卡尔·波普尔（Karl R.Popper）早就意识到了这一点。对波普尔来说，假设并不科学，可证伪的假设才是科学的。然而，"令我们裹足不前的是，经过验证的那些为数不多的想法的实际作用并不大，而且许多想法未经过检验，或者根本就无法检验。在经济领域中，验证失业率预测的准确性要比验证刺激消费政策的效果的论断容易得多"。

预测成功的关键在于有没有承认人的无知

科学研究往往强调客观性。但物理学家和哲学家迈克尔·波兰尼（Michael Polanyi）在他的《个人知识：迈向后批判哲学》（*Personal Knowledge：Towards a Post-Critical Philosophy*）中质疑：从科研工具的制造到科研过程的深入，每个阶段都有人的主观性介入；英国经济学家阿尔弗雷德·马歇尔（Alfred Marshall）在《经济学原理》（*Principles of Economics*）中也有类似的观点，即经济学假设都内含人的主观判断。西尔弗坦言："预测之所以难做与其之所以重要的原因是一样的：预测是主观事实与客观事实交汇的产物。从噪声中区分信号既需要科学知识，也需要自知之明。"

从这个意义上说，《信号与噪声》是波兰尼和马歇尔前述思想更为通俗的表达。西尔弗发现，预测的困难来自预量，而预量可分为易观察的、不易观察的，前者受人的主观性影响较小，而后者的预量更多要依靠人的想象力和创造力。但预测成功的关键在于有没有承认人的无知，而不是对采用的模型和方法的科学性、客观性过于自信。对工具本身过于自信，就不容易识别出噪声，从而失去正确的预测信号；而只有承认自己的无知，下结论时遵循贝叶斯式的概率思维，才能时刻警惕噪声的存在，发现真正的信号。

无论是美国的珍珠港事件、"9·11"事件、次贷危机，还是雪灾、地震、流感等，概莫能外。人们似乎习惯了（也擅长）以自身有限的生活经验和不堪一击的信念来解释不可预测的事件，并自信于能把握趋势、洞察未来。然而，在生命、世界和大自然面前，人是显得多么渺小、脆弱和无知。由此，西尔弗认定：只有正确运用统计学工具的人，正确区分预测中哪些是主观现实、哪些是客观现实，哪些是干扰预测的噪声、哪些是有价值的信号，或许才能提供意想不到的启发性视角，做出准确的预测。

以适度压力和危机维持生存与繁荣的智慧

> 很多年前，心理学家发现有两种通往成功的路径：一种是墨守成规；另一种是一种是创新。墨守成规是指遵循大多数人所走的传统常规道路并维持现状。创新则是指走少数人走过的路，坚信一系列有违常规，但最终能使事情变得更佳的新想法或价值观。当然，没有任何事物是完全原创的，因为我们所有的想法都受到我们周围世界的影响。无论有意还是无意，我们无时无刻不在借用。我们都受到盗窃癖（kleptomnesia）的影响，即不经意地记住别人的想法并把它们当成是自己的。在我看来，创新包括提出并推进一种想法，这种想法在某一领域中不同寻常，并且有得以改进的潜力。
>
> ——《离经叛道：不按常理出牌的人如何改变世界》作者、沃顿商学院终身教授亚当·格兰特（Adam Grant）

反脆弱性是个超越复原力和强韧性的概念

传说小亚细亚本都国王米特拉达梯四世在其父被暗杀后东躲西藏，由于持续用药而摄入了尚不致命的有毒物质，竟练成了"百毒不侵"之身。后来，他将此演化为一项复杂的"宗教仪式"。但这种对毒性的免疫力也给他带来了麻烦……这种对毒药免疫的方法被称为米特拉达梯式解毒法。《黑天鹅》作者纳西姆·尼古拉斯·塔勒布（Nassim Nicholas Taleb）在《反脆弱：从不确定性中获益》（*Antifragile：Things That Gain from Disorder*）中巧妙借用这个"传说"宣称：米特拉达梯式解毒法和毒物兴奋效应的概念都属于"原始"反脆弱性的范畴，是反脆弱性的初级概念：毒物兴奋效应是一种隐喻，而反脆弱性是一种现象。

一直致力研究不确定性、概率和知识等问题的塔勒布用数学和文字、轶事和故事展开很长的说明。来解释"反脆弱"（Antifragile）观念。他将事物分为"三元结构"：脆弱类、强韧类、反脆弱类——不能从字面来理解这"三类事物"，强韧并不意味着最佳，脆弱（Fragile）的对立面往往不是强韧（Robust），而是反脆弱。区分在于特质不同："脆弱的事物喜欢安宁的环境，强韧的事物不太在意环境，反脆弱的事物则从混乱中成长。"

相映成趣的是，塔勒布的"三类事物"划分恍如国内网络上曾刮起的一股区分"普通青年""文艺青年""2B青年"的狂潮。用横向对比视角观察不难发现："普通青年"（太规矩）＝脆弱、"文艺青年"（压力大）＝强韧、"2B青年"（用"萌"和"另类"拯救世界）＝反脆弱。由此，当事物暴露在波动、随机的不确定性环境之中，反脆弱或"2B青年"往往意味着从变动中获得有利结果。换言之，任何事物只要从随机事件（或者若干震撼）得到的"上档利益"（Upside）多于承受的"下档损失"（Downside），就是反脆弱；反之则为脆弱。反脆弱，不只受益于混沌和波动，还让适时出现的压力和危机来维持生存与繁荣。因此，塔勒布特别指出，理解反脆弱性机制，就可建立起系统性且宽广的指导方针，在世道充满随机、无法预测、不透明，甚至对事物的了解不完整的任何情况下，都能做出非预测性的决定。值得注意的是，反脆弱性是个超越复原力和强韧性的概念。复原力只是事物抵御冲击，并在重创后复原的能力；而反脆弱性则是让事物在压力下逆势生长、蒸蒸日上。

"反脆弱"与老子的"柔弱胜刚强"相通

"反脆弱性等于获得的比失去的更多，等于有利因素比不利因素更多，即等于（有利的）不对称性，也等于偏好波动性"，"反脆弱性意味着旧的事物要胜过新的事物，而且是远胜新的事物，这可能与我们的直觉不符"，"玻璃杯是死的东西，活的东西才喜欢波动性。验证你是否活着的最好方式，就是查验你是否喜欢变化"……作为对不可预测的"黑天鹅事件"的有益补充，塔勒布试着让世人从不可预知的未来之中获得利益，最为根本的就是利用"三元结构"中的"反脆弱性"。

除了运用在市场规划之中，"三元结构"对整个人类文明的进程都大有裨益。由此，塔勒布坚定地指出，历史上每出现一次错误或失败，都具有其积极意义。"泰坦尼克号"撞击冰山沉没的惨痛教训，为人们日后加强救援措施以及建造更坚固、更豪华的轮船奠定了基础。日本福岛核危机让人们觉察到了核反应堆的问题（以及小概率事件的威力），避免了更大的灾难。每次飞机失事都也让人们离安全更近一步。这些系统之所以善于吸取教训，是因为它们都具有反脆弱性，能利用微小的错误改进自身。这些教训或错误，让沉浸在文明进程中的人们看到，在更强大的力量面前，原以为的坚固如何不堪一击。在这一点上，塔勒布完美融合了"黑天鹅事件"与"反脆弱"，随机事件大大减少人们抵御风险的能力，复原能力难以弥补由此产生的裂缝，而"反脆弱"刚好终结这个怪圈：人们无须纠结于短期的预测或理性准则，为长远利益考虑加强反脆弱性才是不二法门。

"风会熄灭蜡烛，却能使火越烧越旺"。塔勒布的"反脆弱"还与老子在《道德经》的"柔弱胜刚强"相通在复杂性理论上。复杂性分环境复杂性和系统复杂性两方面。"黑天鹅"讲的是环境复杂性，"反脆弱"讲的是系统复杂性。塔勒布思想的独特点和贡献在于强调系统（或叫组织）这一边的复杂性，这与工业时代的机械论相反。在环境与系统关系上，机械论主张以降低系统复杂性的方式，应对环境复杂性。典型如科斯，用科层制对付复杂性。意思是，当市场（环境）变复杂后，用企业（系统）的简化（科层化）降低成本（交易费用），以不变应万变。而塔勒布的"反脆弱"正相反，不仅不降低反而提高系统的复杂性。比如，当市场（环境）变复杂后，用企业（系统）的复杂化（生物化）降低成本（交易费用），以变制变。

"真实的世界依赖于反脆弱性的智慧"

"脆弱性直接源于非线性和凸性效应"——这是塔勒布在《反脆弱》中的新发现。一位国王对其子大发雷霆，发誓要用大石头压死儿子。可冷静下来后，他意识到遇到了麻烦，国王一言九鼎，食言未免有损权威。于是，智囊团想出了个解决方案：把大石头碎成小石子，随后用这些石子投向顽劣的王子。1000块小石子与同等重量的大石头之间的区别，是说明脆弱性源于非线性效应的有力例证。再强调一下，"非线性"是指反应无法直接估计的、不呈直线分布的效应。

显然，一件罕见的严重事件带来的影响远远超过较小冲击的累积影响，此时，普通事件和极端事件也就是"黑天鹅事件"相连。累积效应可能类同于一次影响深远的事件，但其冲击力却变成非线性的了。反脆弱性亦根植于非线性与非线性反应。在一定限度内，对反脆弱性的物体冲击力越强，带来的益处也越大。在政治领域，一个好的体制就是有助于社会淘汰坏人的体制，它不必考虑做什么事或者由谁执政——因为一个坏人造成的伤害可能大于一群好人集体所做出的努力。一次举起100磅带来的好处要比分两次、每次举起 50 磅带来的益处更多——这里的"益处"是从举重者的角度来说的：增强了体质和肌肉紧实度。长途飞行后最好去健身房锻炼以消除疲劳，而不是坐下来休息。与其雇用保镖，倒不如自己变成一名保镖，或看起来像一名保镖。以美国女哲学家安·兰德的例子来看，持续的激烈批评反而让一本书的知名度更高。

顺着这个思路，塔勒布据此归纳出凹性、凸性两种非线性效应。结合数学原理，创业精神、财务风险、金融危机、环境污染、动物保护、医疗服务等都可归纳为不对称的凸性效应或凹性效应。假设从一次给定试验中获得的利大于弊，绘制出的曲线是凸性的；反之则是凹性的。利用这个结论，人们能更好地识别"三元结构"中的脆弱性和它所处的位置："可以根据无序的风险和对这个风险的偏好，将人们及其经验的质量加以区分，斯巴达士兵不同于博客作者，冒险家不同于文字编辑，腓尼基商人不同于文法教师，海盗不同于探戈教师……每一件非线性的东西，不是凸性，就是凹性，或两者兼具，这取决于压力源的强度。所以，所有事物都在一定程度上喜或厌波动性，每一样东西也都是如此。"

"真实的世界依赖于反脆弱性的智慧，但是没有一所大学会承认这一点——就像干预主义者从不接受事情没有他们的介入也可以改善的事实。让我们回到认为大学能够创造财富、促进社会中有用知识的增长的观点，这其中存在着因果关系的错觉，现在是戳穿它的时候了。"塔勒布在"教鸟儿如何飞行"一章中的这番话，似乎是《反脆弱》的关键注脚。其实，因为任何教条，都具有脆弱性，不管来自印度、德国、俄国还是美国，照搬照抄往往都既不能真正应对"随机性、不确定性和混沌"，也不足以应对变局。戳穿"反脆弱性"，或许可以很好地让我们抓住并从容应对社会和时代变革的脉搏。

忽视人性贪婪，创新便成赌注

每一天都是如此开始，今天也不外如是。一大早我就气愤不已。报纸上的经济专栏读起来简直如同经济犯罪调查处的官报一般。说真的，您有时间的话也应该去读上一次。我打开《南德意志报》，映入眼帘的大标题是："拜仁州立银行董事会成员收取贿金 5000 万美元。"仅仅只看标题，所有人也都明白发生了什么：经济诈骗，贿金丑闻。而从接下来几天报纸的相关报道中，我们可以知道，这次涉案的金额如此巨大，它甚至是德国贿金丑闻中金额最多的。

——《贪婪——世界经济危局的罪魁祸首》作者、德国知名媒体人兼财经作家乌尔里希·维克特（Ulrich Wickert）

纸币的价值是建立在相互信任（Trust）的基础之上

在约翰·劳（John Lowe）去世后的近 300 年里，人们曾给这位爱尔兰"天才"冠以种种头衔：花花公子、赌徒、死刑犯、阴谋家、小人、心算大师、疯子、数学家、金融学家、财政总监、彩票与股票之父、纸币的发明者、现代金融体系的奠基人……但瑞士作家克洛德·库埃尼（Claude Cueni）在长篇历史小说《大赌局》（*Das Grosse Spiel*）里却认为，约翰·劳更像是一位开拓者、理想主义者、思想家，其一生所作所为，都是为了"出卖"自己的思想和智慧，所有努力都是为了说服法国国王采纳他的

"货币思想"，他希望凭借货币的原材料、金融创新与改革来改善世界和人类的生活条件。库埃尼在小说里也特意指出，连一开始对约翰·劳及其思想充满"敌意"的法国启蒙思想家孟德斯鸠最后也不得不承认，约翰·劳"更多地爱他的思想，而不是爱金钱"。

1715 年，"太阳王"路易十四和他的将军、得力助手们相继辞世。此时的法国，从外表上看还是那么堂皇，内部却是困难重重——由于长年的对外战争和王室贵族的腐败，法国要付出 25 亿里弗尔（里弗尔，法国古代货币单位名称，相当于一磅白银）的巨债。而当时法国每年的税收不过 1 亿里弗尔，政府每年支出需 1 亿里弗尔，未来的四年税收也早已花光，财政危机重重，法国在欧洲的霸权地位已在动摇，为了"填补"国家财政的巨大窟窿，摄政王奥尔良公爵伤透了脑筋，昔日赌桌上的好友约翰·劳的货币思想理论好像正在向他抛出一个"救生圈"。

由于多年混战，欧洲各国大量金属被用于铸造武器，钱币严重短缺，再也无法保证正常的货物流通。约翰·劳认为这个时代需要新的货币政策，即"要繁荣，发纸币"。因为货币的价值不是建立在它所含的金属价值之上，而是建立在人类对未来的希望之上。换言之，纸币的价值是建立在相互信任（Trust）的基础之上。正如库埃尼所言："上帝以信任为基础，用纸做成的货币也是以信任为基础的。但银行在这纸上签上字，这个银行是你伸手可及的，上帝是你伸手不可及的……你无法从上帝那里得到回报——只是你的想象而已。而从出具纸质证明的银行那里，你却可以重新获得金属做的货币。"

采用纸币，办起银行，发放信贷，发行股票，改革经济……当约翰·劳的一系列的思想体系被摄政王奥尔良公爵采纳并任命其为财政大臣之后，约翰·劳在贸易和金融"两条战线"上同时出击，节节取胜，声名鹊起。被注进了新鲜血液的法国如油锅一样沸腾起来。于是，人们重新相信未来，向未来投资。更令人惊吓的是，连街头的刑事犯罪也有了大幅度的下降。18 世纪初密西西比的繁荣，更是第一次消除了社会的"隔阂"：一夜之间成为百万富翁的马车夫，从旧货商人那里购置了贫穷乡绅穿过的风度不凡的服装；而成为百万女富婆的年轻宫女，花钱买下了钻石项链，自信十足地跻身于上流社会的行列。密西西比狂热从理论上给予每一个人（和其身份地位无关）成为百万富翁的可能性——尽管是稍纵即逝的。坎康普瓦街充满了平等——尽管也是稍纵即逝的。数十年以后，平等成为法国大革命的理想和目标，而在今天，它已成为所有民主国家的特征和本质。

正当全法国的经济蓬勃向上、欣欣向荣，人们沉溺在对未来财富的幻想之中时，巴黎警厅厅长阿尔尚松清醒地告诉约翰·劳："您的理论是一个纸牌游戏者的幻觉，一个大赌局。"面对别人的善意提醒，约翰·劳轻视鄙夷。在回答《鲁滨逊漂流记》的作者丹尼尔·笛福关于"金钱能否带来幸福"这个问题时，约翰·劳更是牛气冲天地说："解放人类的不是传道士们，不是伏尔泰们，不是孟德斯鸠们，而是机器。而我们可以用金钱将这些机器推动起来。用看不见的金钱。"至此，约翰·劳成了一个地地道道地拿着法国当作赌资的疯狂"赌徒"，并用全法国人民资本来"试验"他的理论。最后，整个法国变成一个赌桌，以验证约翰·劳思想的正确与否，千千万万的法国国民被牵入"局"中。如果推而及之的话，现在的全球经济基础也是建筑在这种"虚拟"的信任机制和赌桌之上的，这是人类最大而又可怕的赌局。

权力失衡，金融也会进入跌荡状态

约翰·劳的思想理论几近完美无缺，唯一的失误乃在于执行者。他忽略了一个至关重要的因素，这种思想理论无法适用于君主制度，因为君主专制，往往容易将主政者人性的弱点发挥到极处。小说中摄政王穷奢极欲，短期之内就将大量的财富花完。为此，摄政王把皇家银行的印钞机灌满了油，偷偷加印高达 30 亿里弗尔的钞票，以满足自己贪得无厌、花天酒地的生活。货币的价值取决于市场中商品的所有价值，在相同等量的商品价值的情况下，货币的流通量的多少与它的价值是成反比的。当大量的货币流入市场像雪崩似地贬值时，通货膨胀的巨轮开始滚动。经过了一个很短的滞后期，通货膨胀降临，约翰·劳的名字于是又与历史上的"密西西比经济泡沫"一案连在一起，他被指责为这场金融风暴的"罪魁祸首"，是他"让法国倾家荡产"。

小说试图告诉读者，事实的真相是，真正让金融危机产生的原因，实是人性的贪婪。约翰·劳在其数学模型和方程式中忽视了"人"的因素，他既没有考虑到摄政王的缺乏自律，也没有估计到群众性的癫狂。这是历史的悲剧，还是人类本性中的悲剧？

历史在小说中只是背景，背景下的人性之展现才是目的。具体来说，原来金融并不只是我们看不懂的模型、猜不透的阴谋，它首先是权力的表现，服务于经济生活，更服务于权力。无论在国内政治经济生活里，还是在广阔的国际竞争中，金融都不是孤立的存在，而是权力的附属。权力失衡，则金融也会进入跌荡状态。

人类已进入借助思想的力量改造世界的时代

小说第十四章，写约翰·劳在就任财政总监时，官方为他举行了一个授予仪式。巴黎人像从前赶到法国王宫"观摩"路易十四起床一样，赶来观看，"可约翰·劳不是国王。既不是国王，也不是教皇。他代表的是第三种势力——科学。他是重新发明货币的人，他是阐明货币体系的人……"当时的人将科学、发明和创新等"崇神"一样信仰，不断发明创造的新科技，未知的海外"新大陆"，都刺激着人们去大胆冒险、追求成功。作者此处想来是想从另一个侧面提示世人，在18世纪初，人类已进入了可以借助思想（包括贸易与金融思想）的力量改造世界的时代。这是一场豪赌，从此人类的"狂妄"日甚一日，直到如今仍然如是。

为避免出现灾难性的不稳定事件，现代民主政体引入了更为成熟、更为精细的控制机制和领导机制，但是当今的金融世界依然以约翰·劳的体系为基础。美国1971年告别了金本位制的货币制度后，如期货交易或权证、数字货币、网络货币、虚拟消费、次级贷等大量衍生产品，在不断创新并推广、应用。若说约翰·劳的所有异想天开、所有的金融创新和改革，都不外是建立在科学的基础上，那之前的诸多创新和探索，何尝也不是一种"大赌局"中的疯狂冒险呢？

PART 2

审视复杂的中国

当我们谈论中国时都说些什么

相对绝对的绝对原则要求我们在日常的行为中遵守与接受既有的或传统的权威标准，不管这些行为是个人的、科学的还是政治的；然而，同时在另一个（更高）的意识层次上，我们要质疑所有这一切标准，甚至要求改变。

——1986 年诺贝尔经济学奖得主詹姆斯·布坎南（James M. Buchanan, Jr.）

相比过去的成功，对中国社会和经济的前景，共识较少。一部分人认为中国经济过去那么好，这一趋势已结束；另一部分人则认为中国经济相对较快增长，并将在可预期的将来在总量上超过美国。当然，还有第三类人是摇摆于上述两端之间，时而悲观，时而乐观。有第三类观点并不奇怪，甚至可能还不在少数。一个原因是，中国经济是个复杂的多面体，有些地方、有些时候的确让人困惑；另一个原因是，如果没有一个用于中国经济的可靠分析框架，那就得不到自信的、一贯的结论，常常被复杂的现象或繁杂的观点所干扰也就不足为奇了。甚至可以说，"看不清"中国经济的前景不仅发生在非经济人士身上，一些有过经济学训练的人和经济学家也会如此。

其实，了解、思考当下中国经济和社会，并非一定要以"啃硬骨头"的劲头来钻研。换个轻松的角度来观察、记录，也是很好的方式。特别是当一些观点与流行看法相左或受到质疑时，中外不少学者却能拿出更细致的分析、更严肃的证据，作更有说服力的阐述，且不迎合精英政客，善于诊断经济学谬论，敢于解剖政府政策失误的精神，对当下中国的经济理论界更有其特殊的意义。

重新认知"中国"的三个向度

> 对西方人来说，中国人在身体素质方面有一种坚强的特性，而这种特性将会构成对西方人极其不利的军事潜力。西方人担心，在残酷的战争中，尽管白种人装备精良，但在跟同样数量的中国军队作战时，还是可能会遭受致命的打击。今天人们很少去打无准备的战争。然而，在物资供应不及时、生活条件艰苦的持久战中，如果士兵长期缺乏干净的饮水，并且风餐露宿、睡眠不足、疲惫行军、焦躁不安，那么相比之下，白种人更容易被拖垮。在此情况下，如果遭遇肉搏战，哪怕技术上不及白种人，他们也能凭借顽强的意志战胜白种人。
>
> ——《19—20：世纪之交的中国》作者、美国社会学奠基人 E.A.罗斯（Edward Alsworth Ross）

"既恪守中国立场，又超越中国局限"

当下的"中国"，几乎已是异域学者们各种新理论的"试验场"，他们用林林总总的视角和五花八门的理论讨论现代中国的形成、现代思想的兴起、现代世界中的中国处境……复旦大学文史研究院院长葛兆光认为，这种现象"很时髦、很吸引人"！不过，这些异域学者们有时候只是在抽象理论上的逻辑演绎，既与历史环境无关，又缺乏史料支持，即"如果只是用一种常识来反对另外一种常识，那我们还将陷在迷信的雾霾里发呆，失去反省和自省的好时机"。

于是，葛兆光在他的《宅兹中国——重建有关"中国"的历史论述》中以一个中国学人的身份，深入思考有关"中国"的历史论述。乍一看，全书内容粗芜杂乱，但细细读完，还是可以看到其中蕴含的一条主线。具体来说，这本书关注和研究的核心问题存在三个方面不绝于耳的争论：第一，古代中国究竟是个"帝国"，还是不断变化的"民族—文明—共同体"，或者是个边界清楚、认同明确、传统一贯的"民族国家"？第二，历史研究要不要抛开这个针对"中国"的国别史，重新寻找一个"历史世界"？第三，"从民族国家拯救历史"的新理论，是否过度小看了"中国"，尤其是"汉族中国"的历史延续性和文化同一性？这些争论，各有特点，耐人寻味，对反思"中国学"精髓颇有现实意义。

"宅兹中国"——用的是 1963 年在陕西宝鸡发现的西周铜器《何尊铭》文中的一句话。《何尊铭》文说的是周武王灭商后营建东都之事，"宅兹中国"的"中国"可能指的是常被称为"天之中"的洛阳。葛兆光说，"我只是借它来作为象征，不仅因为'中国'一词最早在这里出现，而且也因为'宅'字既有'定居'的意味，也让人联想起今天流行语中的'宅'，意思似乎是'墨守'，这新旧两重意思，让我们反省，一个身在'中国'的学人，应当如何既恪守中国立场，又超越中国局限，在世界或亚洲的背景中重建有关'中国'的历史论述。"

引发葛兆光做这一课题研究的缘起，主要也有三个因素：其一，1895年以后，大清帝国开始走出"天下"，进入"万国"，原来动辄便可以"定之方中"（语出《诗经》）、自信"允执厥中"（语出《古文尚书》）的天朝，渐渐被整编进了"无处非中"（艾儒略语）、"亦中亦西"（朝鲜燕行使语）的世界，继而不得不面对诸如"亚洲""中国"和"世界"这样一些观念的冲击。为什么是"亚洲"？究竟什么是"中国"？中国如何面对"世界"？看似平常的常识背后，潜伏着一个又一个悬而未决的问题……这为重新界定何为"中国"提供了主要的历史背景。其二，当下中国面临着不容忽视的内部和外部问题，迫使学术界开始讨论"什么是中国，中国在哪里，中国到底有多大"等问题。其三，在这个"视西人若帝天"的时代，需要人们从中国的历史和背景出发，重新界定"什么是帝国""什么是民族国家"，而不应只是从既定概念和先验理论出发。其间很多看似好玩、有意思的故事，当作思想史材料加以细致分析时，出现的不止葛教授的洞察力，还有国人无法回避的苦涩与沉重。

中国人"自我认识"的三阶段论

葛兆光研究和关注中国的历史论述，潜台词却是"现实中国"。众所周知，18世纪之前，中国在政治、经济、军事、文化等各方面基本处于世界领先地位，在各领域也一直是周边诸国竞相追逐和模仿的对象。距离中国较近的日本、朝鲜、越南等国，对中国的政治制度、文化等方面更是亦步亦趋，派遣学者来华学习中国文化更是从未间断过，从而形成了以中国为中心的"中国文化区"。文化、制度方面的相似性以及朝贡体制等因素的影响，造成了中国与周边诸国复杂的国际关系，这些国家的国民对中国传统文化的态度复杂而暧昧。

近代之前，周边诸国对中国的认识处于逐步演变的过程中，这种认识的转变，导致了新的复杂的国际关系，并进而对中国近代以来的命运产生了重要影响。以前，对于中国传统文化、国际关系、政治制度等的研究大多是从中国内部出发，因此对中国与其他国家之间的关系、文化交流、国民心态等方面的认识往往存在片面和偏颇之处。随着目前中国在亚洲的再次崛起，对中国在亚洲的地位，以及与周边诸国如日本、朝鲜、越南等的关系需要重新认识。

其实，一个人群，不论其以文化定义自身，还是以地理疆界区别于他者，总是要为自我存在的意义（合法性）寻找基础。对一个人群来说，没有什么比这个问题更大更紧迫。葛教授也把这种"紧迫"融入自己的研究之中，并提出中国人"自我认识"的三阶段论：第一个阶段是"以自我为中心"的想象天下的时代，当时由于中国的周边没有更强大的文明，中国人总觉得自己是天下最大，居于天下的中央，于是，就形成了思想上的"天下"观念和政治上的"朝贡"体制。这样的想法，一方面是因为具有文化的自信心，同时也不可避免地存在自我封闭的一面。在漫长的传统时代，中国人的自我认识是自视为"华夏"（"夏"字带有"雅"的意思），而周围都是"蛮夷"。直至晚明以后，尤其到了晚清，这种"认识"才被西方人的坚船利炮打破。之后，中国人进入了认识世界的第二个阶段，也就是以一个整体的西方作为中国自我认识的镜子，中西文化的比较也应运而生。可是，我们也总在怀疑，西方是不是中国唯一的镜子呢？它跟我们的比较，是否就能令我们非常清楚地认识到自己？似乎并不完全如此。所以，我们希望进入第三个阶段，"从多面镜子来认识中国"。也许，当下正是一个需要"多面镜"的时代——由于中国自身的存在，在与世界的互动中，整个世界格局将被重新定义，中国也将因此重新定义自己，这无论对中国还是世界都不无裨益。

葛兆光从历史、文化和政治三个向度出发，提出了在"中国"研究中特别值得重视的三个要点：首先，从历史意义上说，"中国"是移动的，不仅各王朝分分合合是常有的事，历代王朝中央政府所控制的空间边界更是不断变化。其次，从文化意义上说，中国是个相当稳定的"文化共同体"，这也是"中国"作为"国家"的存在基础。尤其在汉族中国的中心区域，文化相对清晰和稳定，经过"车同轨、书同文、行同伦"的文明推进之后，具有文化上的同一性。过分强调"解构中国（这个民族国家）"是不合理的。最后，从政治意义上说，"中国"不是特指某个"王朝"，也不是单指某一家"政府"。一些政治认同常常会影响到文化认同，甚至抹杀历史认同，进而对准确的自我认同造成麻烦。因此，葛教授强调：在"交错的历史"中，把"亚洲"作为背景，"从周边看中国"，能促成一种超越国家的国家历史研究，使我们重新认知一个"历史的中国""文化的中国"和"政治的中国"。这三个向度，不仅全面、系统、深刻，而且颇有新意。

被重新塑造的中国概念

中国的崛起也同时意味着老牌工业国家的衰落。在柏林墙倒塌以及西方占主导地位的新爆破式行业如互联网、信息技术以及新的金融产品迅速发展时，最初进入人们眼帘的，似乎是西方工业国家的发展模式是不可战胜的。一种说法是"历史的完满"，另一种说法是"华盛顿共识"。这两种说法所意味的就是：市场经济、民主政体和法治国家不仅是密不可分的，而且是不可战胜的。然而，到了世纪的转折时期，这种无所不能的幻想就宣告结束了。它没有把福音带给西方，却把它送给了东方：自从网络泡沫和股市泡沫被吹破以后，自从"9·11"恐怖袭击以及随后所出现的难以承受的战争支出以来，美、欧进入了新一轮的萧条。工业国家进入了一个"失去的十年"，甚至无人知晓这种低谷和萎靡还将持续多久。

——《新机遇：中国时代》作者、《法兰克福汇报》经济编辑柯雷斯蒂安·戈尼茨（Christian Geinitz）

"西方将丧失文明操纵权，世界将按照中国概念重新塑造"

对于西方世界来说，有着与他们截然不同历史文化传统的中国，曾经只是一个充满神奇色彩的"遥远国度"。20世纪80年代曾在中国做过驻外记者的马克·布雷恩曾这样写道:"当时'中国故事'就是关于'熊猫、迪斯科、神秘的旅游目的地、野人、健身和流行音乐'的。然而,慢慢地,他们发现这个简单的、猎奇式的'中国故事'模式,已经远远不能真实地反映中国——这个经历着复杂和深刻变迁的巨大国度。"

传统智慧一直认为,崛起的中国最有可能挑战欧美国家的霸权。过去一段时间,这种欧美自冷战以来最大的恐惧,已经产生了实实在在的紧迫感。在国人的印象中,西方对中国的评价似乎总是负面的,类似"中国威胁论""中国引发资源危机论""中国崩溃论""中国责任论""中国模式论"等层出不穷。其实,西方人心目中呈现的"中国形象"很大程度上是他们"想看到的",而往往并非"实际是怎样的",他们看中国得出的观点大抵缺少中庸之道的"调和"。

现在,英国的中国问题研究专家马丁·雅克(Martin Jacques)"奉上"了绚丽的"高帽"——他在《当中国统治世界:中国的崛起和西方世界的衰落》(*When China Rules the World: The Rise of the Middle Kingdom and the End of the Western World*)中说,"中国会与崛起的印度一起终结自1800年起由西方统治的世界"。学贯东西的雅克还为我们描绘了"可能的未来景象":哈佛商学院的学生指着地图上的中国上海说,"这里,我的理想在这里。"在非母语国家旅行的游客拦住一位当地人问:"请问您会讲普通话吗?"周边国家围绕着复兴的中国,深深折服于中华文化的博大精深,感谢中国给予无私的经济援助;孔子的学说、秦朝的建立、四大发明、中华人民共和国的成立变得众所周知;人民币成为世界货币……

这听起来多么不可思议,与之有异曲同工之妙的是,2009年在中国上映的美国灾难大片《2012》(*Farewell Atlantis*)则以肉麻的方式"讨好"中国——影片发行方打出了"中国拯救世界"及"中国精神救赎人类"的招牌。影片中,在地球上的人类遭到毁灭之前,中国成了建造"逃难方舟"的秘密基地,更借外国人之口感叹:"只有中国人才可能完成这样的建造

跨越黑天鹅和灰犀牛的坎

工作。"

尽管中国从未想过统治世界，但中国将如何统治世界却已成为一个公共话题。也许，雅克并无意宣扬"中国统治世界论"，而是要告诉世人世界正在发生什么。与美国著名未来学家约翰·奈斯比特（John Naisbitt）在《世界大趋势：正确观察世界的 11 个思维模式》（*Mind Set!: Reset Your Thinking and See the Future By John Naisbitt*）中所预见的一样，雅克认为，世界权力向东方转移已是必然。但雅克并没有把中国"最终占据主导地位"的原因完全归结于经济，在他看来，文化才是这个目标实现的最终因素。"中国的辽阔幅员、庞大人口、种族同质性和对其自身文化中心地位的自信，共同造就了一个能重新定义何为'现代化'的国家。"

他由此判断，中国将成为文化霸主，开创一种不同于西方的现代性模式，并从根本上改变目前的世界格局。

与流行的经济威胁和军事威胁观点不同，雅克确实更倾向于从中国的崛起洞悉中国文化的威胁。且不论作者将在书中讨论的其他观点，单从"文明国家""民族""朝贡体系"和"统一性"四个方面看，显然中国历史文化极为独特，完全不同于西方。任何一个国家，都习惯于凭经验去看待世界，如果中国崛起为世界最强国，她就会试图按照自己的价值观和喜好去塑造世界。因此，那些认为中国对世界的影响主要体现在经济方面，实在有些过时，中国的政治和文化可能也会产生无比深远的影响。

自 1978 年以来，中国逐步成为国际共同体中守规矩的一员，并且在体现一个名副其实的"负责任的大国"方面付出了诸多努力。但从长远看，中国是否会像现在这样接受国际体系，还是会试图从根本上改变这种体系？对此，雅克的论述颇费口舌，但观点却鲜明而突出："随着中国的崛起，中国将取代西方国家在各个领域的主导地位——西方将丧失文明操纵权，世界将按照中国概念重新塑造。"

这种"中国概念重新塑造"主要表现在中国文化软实力建设方面，比如高超的体育水平、武术功夫、昂贵的画家、多样的语言、古典医药等，更不要说令人赞叹的中国美食将向世界各地不断辐射中国影响力。正如当今美国的好莱坞、英语和麦当劳一样，中国引人注目的经济成功不仅激发世界各地贫穷国家纷纷仿效，还将重新组织整个国际体系的秩序，为世界提供一种并非西方骄傲推动的"民族国家内的民主"而是"民族国家间的民主"的前景。

"如果说过去200多年是欧洲模式操纵的世界，那么今后百年该轮到中国了。"雅克深信，以儒家思想为重要文化渊源的中国在崛起过程中必然要挑战西方原则。中国强调"文明国家"多于"民族国家"，文明国家的准则是"一国多制"，民族国家则是"一国一制"，西方人久已习惯用自己的认知框架来理解中国，而且想当然地将自身的历史发展看作普遍必然的现代性模式，但这完全是误解和幻觉。这也就是西方之所以对中国解决香港问题的方案始终充满怀疑的原因。然而，历史毕竟不会因怀疑而改变——中国已用"一国两制"的方式成功解决了香港、澳门问题。

当中国越来越强大时，西方渐渐感受到压力与不适

实际上，雅克的这本书还未写完就已轰动全球，习惯于炒作"中国威胁论"的西方人其实很难接受"中国统治世界"并纷纷提出质疑。英国《金融时报》（亚洲版）执行主编戴维·皮林（David Pilling）首先质疑中国飞速的经济发展是否不可阻挡，因为"中国奇迹"也有破灭的可能，而中国将成为世界最强大的经济国家正是雅克全部观点的基础。《泰晤士报》的评论也颇具嘲讽意味——"难道说非洲通用语将是中文？外国外交官将不得不向北京献贡品？"国内不少学者则表示，西方的一些美好预测背后是一种"捧杀中国"。对此，雅克在接受媒体采访时曾表示："中国还是一个

发展中国家，不可避免地存在许多问题，但我们不能用现在判断未来。"

这本书之所以引起关注，以及受到某些人的谩骂和赞扬，有两个重要原因：其一，它为世界认识中国的发展道路提供了新视角。与"中国崩溃论"等不同，它在相当程度上更"积极"地看待中国，与"中国模式论"相比，它也表现得更为"乐观"。其二，对于国内某些群体，特别是痴迷于"大国崛起"的人，无疑提供了一个最新而有力的外来证据。

在有关中国的"负面"和"正面"论调背后，其实隐藏的是部分西方人对中国发展的担忧，害怕中国崛起后走对外扩张的路线。当中国越来越强大时，西方渐渐感受到压力与不适。特别是在当前全球经济危机的困境之下，对于中国人来说，要更理性地看待问题——一个大国的成长，需要保持正常平和的心态，这样才能在日益平等而多样的关系中重新认识自己，在过去与未来的参照中重新定位自己。我们不企求西方人站在中国的立场看待中国，但希望他们至少要学会以平等、理解、理性和客观的态度看待中国，这是不同文明之间实现对话和交流最起码的要求。

审视"三农"如何承载当代中国八次经济危机

从世界范围看，工业化和城镇化是经济社会发展的必然规律，农民变为市民也是社会进步的必然阶段。但对于城市福利，在世界其他国家还没有农民进城不能参与分享的先例。现在广大农民进城享受市民待遇，既是公民权利的回归，也是对过去多年城乡割裂造成的偏差的纠正，更是在牺牲几代农民利益后应当获取的历史补偿。因此，没有任何理由要求农民进城落户要以交出土地这一最基本、最核心的财产权作为前提和代价。与之对应的是，我们也从来没有听说过城市居民必须拿出自己的房屋或其他家庭财产来作为在城市居住、工作和生活的前提条件。推进城市化就是如何把农民"化"入城市的过程。在这个"化"的过程中，绝不能以牺牲农民利益为代价。

——《贫困不是穷人的错》作者、中国贫困问题研究专家刘奇

"成本转嫁论"是归纳当代中国八次经济危机的分析工具

在国人的记忆中，自1949年以来似乎没有过经济危机，最多只有"经济波动"。但"三农"问题专家、中国人民大学农业与农村发展学院院长温铁军在《八次危机：中国的真实经验1949~2009》中却认为，当代中国

不仅发生过经济危机，而且先后有过八次，这些危机均与国家工业化的阶段性特征密切相关。

按温铁军的观察和研究，在当代中国 60 多年历史中，发生了四次外资引进，每次外资运作的内容和结果都类似——引进国外设备和技术，伴生三次经济危机：第一次，1950~1960 年，因苏联连续投资和单方面骤然中止投资而导致经济先高涨后下滑，造成 1960 年和 1968 年先后两次赤字和就业危机。第二次，因西方设备技术及服务代价高昂而造成了 1974~1976 年、1979~1981 年的两次赤字和就业危机。第三次，外资引进与 20 世纪 80 年代的放权让利同步，中央政府在还债压力过大的情况下，允许地方扩大对外开放，造成 1988~1989 年的滞胀型危机和 1993~1994 年与三大赤字同步发生的通胀和失业率高企的经济危机。

这几次危机虽都和"引进外资"或"对外开放"有紧密关联，但主要起作用的因素是国内财政、外汇和金融领域的赤字，基本上还属于经济系统的"内生性"危机。20 世纪 90 年代中期，中国加快了融入全球化的步伐。因而，1997~1998 年和 2008~2009 年发生的两次危机，受外部危机环境影响突出。所以，后两次危机属于全球化条件下的"输入型"危机。

从中国历次应对危机的经验中，可清晰地看到"三农"对经济周期性波动导致的经济社会系统运行压力的承载和调节功能：凡是能向农村直接转嫁危机代价的，产业资本集中的城市工业就可以实现"软着陆"，原有体制也就得以维持；凡是不能向农村直接转嫁的危机，就在城市"硬着陆"，遂导致财税制度乃至经济体制的重大变革。乡土中国的"三农"对于城市中国的产业资本危机的"化危为机"担当了重要的载体作用，应是中国历经多次周期性经济危机而都"幸免于发展陷阱之难"的根本内因之一。

由此，温铁军在《八次危机：中国的真实经验 1949~2009》中提出了一个多年研究的成果——"成本转嫁论"。他认为，作为经济发展的重要力量，"三农"在中国经济发展中一次又一次让位于国家利益和城市利益，背负了经济发展带来的副作用而甚少享受改革带来的福利，一次次承载了改革的风险和摊派的任务。因此，如何处理好这些矛盾，是中国下一步城镇化建设成败的关键。

其实，"成本转嫁论"是温铁军归纳当代中国八次经济危机的分析工具。在据此展开的资料分析中，他得出两个判断：第一，后发国家如果真要以发达国家为"赶超"目标和样板，就不得不考虑是否具有以同样条件"复制"其发展历程的可能；如果没有，则发达国家的发展经验没有普遍意义。第二，核心国家应对全球危机仍将延续向其他国家转嫁制度成本的制度路径。这是一般后发国家堕入发展陷阱的成因。在这样的国际制度环境下，作为发展中国家中唯一未通过殖民化对外侵略扩张而完成原始积累的工业化国家，中国内向型的工业化发展经验，只用一般理论框架和学术概念恐怕难以解释。从这个意义上说，作者理论创新之精确、抑扬之大胆，可谓得未尝有。

为了更为全面地阐释这个在"批判政策学领域"推出的创新理论，温铁军在借鉴美国学者伊曼纽尔·沃勒斯坦的"世界系统论"和埃及学者萨米尔·阿明的"依附理论"的基础上，打破理论界的派别分野，使用政治经济学构建分析框架并以新制度经济学的交易费用理论作为辅助分析工具，试图让"成本转嫁论"成为解构当代中国经济史和世界资本主义经济史的理论工具。

在温铁军看来，中国历次经济危机都把农村作为经济实现"软着陆"的载体，其中很重要的原因就是，农村土地财产关系中的成员权"共有制"还没有被完全打破，2.4亿农民家庭大多数还有"一亩三分地"作为无风险资产，全国300多万个村社也还有机动地、村办企业、多种经营等能内部化消解严重负外部成本的回旋余地，所以农村能成为5亿劳动年龄人口的"蓄水池"。失业返乡的农民工除了狭义的农业劳动，还可参与很多力所能及的家庭和村社内部的工副业和多种经营。当然，资源极度短缺或条件极为恶劣地区除外。

诚然，这并非温铁军的一家之言。中国社会科学院学部委员李培林在对比了中国与苏东各国社会结构的弹性后，认为苏东国家在改革前，已基本实现了工业化，农业也基本完成了技术对劳动的大规模替代，由此产生了社会结构变动的"瓶颈"和整体刚性，而中国在改革和发展中，社会结构变动具有很大空间，在基层还存在很大的灵活性。南开大学教授景维民等从中央与地方关系的角度指出，虽然很多人将中国经济的高速增长归功于 1978 年以来提高地方财政权力的"分权化"改革，但分权本身并不能解释问题的全部。实际上，中国的分权改革本身并没有从根本上改变"一放就乱、一收就死"的不利局面，之所以没有造成破坏作用，一个重要原因是乡镇企业的发展和对地方经济的支撑。另外，"三农"学者孔祥智的研究也表明，除了农业自身的贡献外，农民对国家建设的贡献尤其表现为通过工农产品价格"剪刀差"，为工业化建设提供资本积累，为非农产业提供充裕而廉价的劳动力，以及为城镇化提供土地资源。60 多年来，农民通过这三种方式为国家建设积累了多达 17.3 万亿元的资金。

以"组织创新、制度创新"为内涵的农村综合体制改革

温铁军进一步观察发现，因为有了 2003 年的"三农"新政和 2006 年开始的"新农村建设"——政府直接向农村大规模连续投资数万亿元，才使城乡二元结构体制下的中国农村成为投资和内需的重要领域，并得以成功抵御 2008 年引爆的全球金融、经济危机。不过，鉴于动力资本的配置范围已发生重大变化，由家庭内部劳动力对农、工、副多业组合投资的投入方式转为受"闲暇"的机会成本影响的城乡多元化配置，加上既往改革

收益被占有、制度成本积重难返，"三农"对当下中国工业化发展的"稳定器"作用正在急剧减弱。与此同时，仍带有传统经济基础特性的"三农"领域，一方面，确实面临着人口老龄化、女性化日趋严重而缺乏基本发展能力的困境，在地方政府客观上"亲资本"的行为之下也面临着资源流出严重、生态环境难以持续的困境；另一方面，已进入资本过剩阶段而在客观上使政府有了采取"亲民"政策、追求可持续发展的条件。至于能否由此形成"机大于危"的中国经验，政策如何取舍至关重要。

为此，温铁军建议将 21 世纪第二个 10 年的"三农"政策重点放在两处：第一，主动放弃源于过去资本极度稀缺、数量型粗放增长时期的政策思路，注重对经济发展方式的长期结构调整，特别要以垄断金融为基础，自上而下地组建能统筹县以下新农村建设和城镇化（双轮驱动）的基本建设投资机构，赋予其维护乡村稳定、更多创造就业机会和拉动内需的政策职能。第二，在国家投资向"包容性"可持续发展调整的大前提下，进一步深化以"组织创新、制度创新"为内涵的农村综合体制改革。在构建新农村和城镇化基本建设投资机构的同时，把国家对"三农"的综合投资职能，对接到乡村综合性的合作组织载体上，使其既发挥有效投资作用，又能通过提高农村的组织化程度而惠及广大民众。

2013 年初中央一号文件首提发展"家庭农场"以及 2014 年提出的"三权分置"制度（即所有权、承包权、经营权三权分置、经营权流转的格局），可以视作未来中国"三农"政策不断向积极方向改善的有益信号。

从"三维市场体制"前瞻未来 36 年的中国

> 长期来看，中国需要执行不同政策为基础设施建设融资。现有的用短期银行贷款和债券为长期基础设施建设提供资金的体系绝非最优化的。中国有必要建立一定规模的长期债券市场，为那些很多年内甚至数十年内带来经济回报的基础设施建设提供资金来源。
>
> ——《中国经济增长，靠什么》作者、彼得森国际经济研究所高级研究员尼古拉斯·R.拉迪（Nicholas R.Lardy）

对"中国奇迹"的未来却存在两种不同的观点

各国不少学者近年来都在研究"中国奇迹"，并从全方位、多层次和宽领域探寻"中国奇迹"的奥秘。然而对"中国奇迹"的未来却存在着两种不同的观点。悲观派认为，中国目前情况不错，但存在深层次问题，如腐败、贫富不均、环境内在的社会不稳定等。有的甚至还认为中国会马上崩溃。乐观派则认为，"中国奇迹"必将持续下去，而且还认为中国目前的一切简直就是发展中国家学习的模板。上海同华投资集团董事长、复旦大学新政治经济学研究中心主任史正富显然是后者。他在《超常增长：1979—2049 年的中国经济》中大胆判断出，中国有可能创造人类历史上长达 70 年之久的高速增长奇迹，"中国从 2013~2049 年仍将维持平均每年7%的经济增长"。

他的依据是，中国正在形成一种有利于经济增长的新型市场经济体制，即"包含了战略性中央政府、竞争性地方政府和竞争性企业系统的'三维市场体制'，共同构成了'中国特色社会主义市场经济体制'"。相较于西方"两维"市场经济，"三维市场体制"的优势在于：中央政府有战略领导力，地方政府有发展推动力，企业有创新活力，三位一体形成了"中国特色"。为了说明地方政府为什么有发展推动力，史正富特别援引了张五常的观点，中国地方政府收入中有一部分不是"税"而是"租"，这不仅很好地解释了地方政府分享辖区内企业收益权的合理性及由此产生的动力，而且对认识社会主义市场经济中地方政府的双重属性大有裨益，同时这种综合分析也为"呼唤中国人自己的话语创新"提供了一个全新观察视角。

追求"不平衡的高速增长"，特征是所谓"三低三高"

按史正富的分析，在"三维市场体制"中，竞争中的企业着力创新、谋求发展，是资源配置的微观主体；竞争中的地方政府通过招商引资等多种方法构造了可持续的"投资激励体系"，降低企业投资创业的投资成本，从而提高企业均衡投资水平，并通过提供类似"总部服务"的职能帮助企业突破部门官僚主义的障碍，造就了中国经济的"超强投资驱动力"；中央政府在制定国家长期发展战略的基础上，一面总揽全局把握发展与稳定的平衡，一面抓住全球化契机，审时度势融入全球分工体系，有效吸纳了美国消费赤字、财政赤字、贸易赤字提供的"国际超常购买力"，从而为中国的高投资和高增长创造了额外的市场机会。正是这种中国体制产生的"超强投资驱动力"，加上"国际市场的超常购买力"，使中国经济得以避免常规市场经济中必然存在的周期性经济危机，创造出"超常增长"与

"超低波动"并存的奇迹。

史正富认为，中美经济在过去 30 多年无意中形成了互补性战略配对，各自均以对方为依存，缺一不可，其长期后果则是两国乃至全球经济的失衡。中国追求"不平衡的高速增长"，特征是所谓"三低三高"，即"低工资→低消费占比→低内需市场，高投资→高增长→高外贸盈余"；美国则"维持不平衡的赤字经济运行"，即"低投资→低增长→高外贸赤字，高资产泡沫→高消费→高家庭赤字"。因此，史正富进一步论证，世界经济长期健康发展将取决于中美战略与模式同步转型能否成功。应该说，这一关于世界经济失衡原因的历史分析是比较客观和公允的。

36 年长时段的"远观"比"近视"更有穿透力

通览全书，史正富对未来中国经济发展和走向的研判，在第五章"新增长阶段的超常增长"中最为透彻，尤其对 2013~2049 年的未来 36 年中国经济能达成的增长的假设，从"常规增长"和"超常增长"两个维度有令人信服的分析。

先看常规增长。过去 30 多年中国经济年均增长达到 9% 以上，其中属于市场经济常规增长的部分约 7%，另外 2% 以上则来源于中国特色的超常增长机制。假设未来 36 年，前 18 年常规增长率降至 6%，后 18 年降至 4%，则 36 年的常规增长率为平均每年 5%。应该说，这一假设不算乐观。

再看超常增长的力量。供给方面，基本框架不变，只要对现行的"三维市场体制"加以改进便可保持超常投资力，从而继续保障超常增长投资支撑。需求方面，虽然美联储驱动的国际超常购买力不再存在，但以中国未来每年内生超常购买力的超常拉动，似可假设平均每年还能叠加约 2 个百分点的超常增长。这就意味着 2013~2031 年前 18 年的年均增长将提高至 8% 左右，后 18 年为 6% 左右，那 36 年的年平均增长率便升为 7% 左右。

史正富以此推断，到 2049 年，中国经济总量将达到大约 570 万亿元。如按 5∶1 的美元汇率计，则为 114 万亿美元。按人口规模 15 亿计，人均 GDP 约为 38 万元人民币或约 7.6 万美元。假设同期美国经济年均增长 2%，则其 36 年经济总量将增长约一倍，届时经济总量约为 32 万亿美元。也就是说，到 2049 年，即使按 5∶1 的汇率计，中国经济总量也将达到美国的 3 倍多。而人均 GDP，中国大约是美国的 70%。相映成趣的是，史正富这一模拟性预测与美国诺贝尔经济学奖得主罗伯特·福格尔（Robert W.Fogel）教授的预测相当一致。

有数据、有对比、有评估，且 36 年长时段的"远观"比"近视"更有穿透力，由此史正富将人们对未来中国经济的可能增长或走向认识推向了前所未有的深度和高度。

寻找到能使过度储蓄与额外投资相联结的恰当机制

近年来，许多学者认为中国改革正进入"深水区"，在资源、环境、民生、收入分配、城乡二元结构和腐败等方面存在较为突出的矛盾和问题。对此，史正富似乎不太苟同："如果说改革还存在'深水区'的话，那只能是指政治体制层面；就经济体制而言，改革已走出了基本体制转换的'深水区'。从这个角度说，真正的经济改革'深水区'发生在 20 世纪后 20 年，真正困难的部分已基本攻克。"对于中国未来需要继续改革的核心主题，史正富毫不避讳地指出：是"政府再造"，提升政府效能，提高廉政水平，使政府的运行和市场经济更加适应。围绕这一总目标，必然涉及政府部分的组织变革及业务模式的流程再造。

在新的增长阶段中，"三维市场体制"作为中国经济超常增长的制度基础仍将有效运行，"长期来看，虽然消费升级、产业升级、城镇化、信息化和农业现代化等预示着未来巨大的市场需求和发展空间，但这些只是市场经济常态运行下的需求，对应的只是市场经济的常规经济增长。要实现前述超常增长，还需要市场体系之外的某种第三方需求。"过去以美元超发为基础的国际超常购买力，未来有什么类似的长期购买力可以替代？史正富的看法是：关键在于寻找到能使过度储蓄与额外投资相联结的恰当机制，从而同时解决两方面难题。根据他的设想，设立综合性国家发展战略基金不失为一种选择，即实施对生态资产与战略性资源的长期投资，在为常规市场运行注入超常购买力的同时，建设并永续运营国家战略性基础资产。对生态建设、国土整治、能源资源、人力资本等战略性"瓶颈"要素的投入，是中国长期发展与人民长期福祉所必需的战略性基础工程。只要运作正常，就极有可能成为回报较好的长期投资。

从"动物精神"看当代凯恩斯主义陷阱

> 要理解经济如何运行，弄清楚如何管理并促进经济繁荣，我们就必须关注能够真实反映人们观念和情感的思维模式，或者说动物精神。如果我们不承认那些重大经济事件背后基本上都有人类心理方面的原因，那么就永无可能真正弄清楚它们的来龙去脉。可惜，大多数经济学家和商业作家似乎不谙此道，因而他们对经济事件的解释经常有很大的谬误。他们想当然地认为，个人的情感、感受和激情并不重要，经济事件是受神秘的技术因素或反复无常的政府行为驱动的。
>
> ——《动物精神》作者、美国加州大学伯克利分校经济学首席教授乔治·阿克洛夫（George A. Akedof）和耶鲁大学金融学教授罗伯特·席勒（Robert J.Shiller）

政府的"动物精神"丝毫不亚于私人部门

在中国经济学家群落里，中欧国际工商学院经济学和金融学教授许小年也许算是个"另类"：有人说他生性孤僻；有人说他为人直率；有人说他是"体制之外的人"——这让他能扩大说话和自由思考的"尺度"；有人说他喜欢将自己与一些"主流经济学家"划清界限……对中国股市发表的"千点论"和"推倒重来"论，让他的声名越出学界，也引出了持久的激烈争辩。

其实，这些观点只不过是许小年长期观察、对比分析中西方经济差异后的表达而已。在教学之外，许小年主要做的一件事情，就是划清政府与市场的边界。综观他这些年来的思想与言论"建构"，市场经济理论可说是他最为核心的学术观点，体现这些思想观点的，除了之前的《自由与市场经济》，还有就是这本《从来就没有救世主》了。这本看似文章结构和文字组织都较为松散和粗线条的近年报纸杂志文章精选集，着重探讨"中国应该如何发展市场经济"。

凯恩斯经济学的关键假设是"动物精神"。在亚当·斯密的世界中，已知产品和要素的价格，经济个体经过理性的计算，会做出最大化自身利益的决策。尽管并不完全否定决策过程中的理性分析，但凯恩斯主义者认为，经济个体可以是非理性的，例如在纯粹心理因素的影响下，消费者和企业忽然悲观起来，对未来失去信心，消费与投资意愿下降，社会有效需求不足，经济因此而陷入衰退。由于"动物精神"无逻辑可言，几乎无法对它作有意义的分析，世人无从改变而只能接受这个现实，并以此为前提，探讨应对之策。标准的凯恩斯主义对策就是政府的反向操作，增加财政开支以弥补民间需求的不足，如此即使不能避免衰退，也可减少"动物精神"对经济的负面影响。

当代凯恩斯主义者沿袭了这层"动物精神"，指责"新自由主义"是2008年金融风暴的始作俑者。在"动物精神"驱使下，华尔街贪婪逐利，金融创新过度，而政府又疏于监管，未能以其理性的"人类精神"约束华尔街的冲动，听任资产泡沫发展，最终酿成大祸。不仅如此，他们还宣称，泡沫破灭之后，具有"人类精神"的美联储发挥了中流砥柱的作用，以超常规的市场干预挽狂澜于既倒，避免了金融体系的崩溃，从而避免了"大萧条"的重演。

事实果真如此吗？在许小年看来，当代凯恩斯主义者"完美的政府解救非完美的市场"纯属逻辑陷阱，市场经济中没有什么救世主，政府官员也是凡人，也会表现出"动物精神"般的冲动。而较之市场上个人的"动物精神"，政府的"动物精神"可能给经济造成更大伤害。许小年认为，美联储从 2001 年开始的宽松货币政策导致了严重的房地产泡沫，进而引发了全球范围的经济危机，这正是政府"动物精神"的表现。所以，"经济可持续增长的关键是创新，创新提高效率，创新以出色的想象力预见性地开发出新产品，引导消费潮流和技术潮流，甚至带动整个社会的转型。创新的主体只能是企业家而不是政府，创新的主战场只能是市场而不是政府的办公室"。

不过，许小年发现，凯恩斯主义经济学的最大问题还不是"动物精神"，而是其逻辑的不一致性或非自洽性（Inconsistency）：市场弥漫着"动物精神"，政府则充满了人类理性；市场有可能失灵，政府却永不失灵；市场上的交易是有成本的，政府的政策成本为零；市场上存在信息不对称，政府却拥有充分的信息。至于目标函数，企业与个人是贪婪的，只追求一己之私；而政府是仁慈和高尚的，以社会福利为己任。由此，假设已决定了结论。

其实，政府的"动物精神"丝毫不亚于私人部门。每当危机来临时，政府往往会自塑一种"没有动物精神"的形象，称其一切行为都是为了社会利益。这显然靠不住，因为政府行为，归根结底是政府中一些个人的行为。"在东方，权力至上的传统思维阻碍着公民社会的形成；在西方，民众具有'动物精神'的信念构成对公民社会的最大威胁……无论何种理由，一旦社会分为理性的精英和愚昧的群氓两类人，精英们因血统等特质的先验高贵而获得了特殊地位，并因此而主导群氓充斥的市场，市场经济就会变成具有德意志特色的国家资本主义，或者具有印尼特色的苏哈托权贵资本主义，无约束的强权代替了谦卑的'无形之手'，在令人眼花缭乱的强盛与繁荣之后，几乎没有例外地陷入动荡和战乱。付出了沉重代价的群氓们不得不怀疑，将自己的命运交给精英们是否明智和值得"。不被具体利益所左右，"发言"总是基于学理和逻辑，这是像许小年这样的经济学家的可爱和可敬之处。

"强势政府的兴起是当前企业家精神衰落最根本的原因"

从 1979 年的"初露端倪"到当下的"方案出台没有时间表"——医疗几十年的改革进程一直令人"一声叹息"。许小年以经济学分析作为公共服务行业的医疗领域的"竞争""垄断"等问题，为本书增添了不少看点。他认为，医院是提供药品和医疗服务的机构，药品和服务都是私人品，市场能有效供应，并未失灵，为什么要由政府经营医院呢？对于私人品，讨论哪种政府干预手段更有效是毫无意义的。

在经济学中，导致市场失灵的是自然垄断，而医疗卫生行业中的自然垄断现象并不严重。自然垄断的根源是规模经济，即单位成本随生产批量的增加而下降，药品生产和医疗服务的提供显然没有什么规模经济效应。国内一些学者以为需求刚性造成垄断，这是十分明显的错误。食品需求比看病更具刚性，却基本没有垄断的问题。"和其他行业一样，对医疗的供给产生最大负面影响的是行政垄断，人为的行政准入壁垒阻止了资源的流入，使供给长期落后于需求，造成了看病难、看病贵的局面"。

现在社会上有"两股浪潮"，大学生报考公务员与海外移民。这"两股浪潮"再清楚不过地表明，企业家精神正在衰落之中。许小年的论证是，"强势政府的兴起是当前企业家精神衰落最根本的原因"。

"市场经济的主角原本是企业和民众，而企业的灵魂又是企业家。近年来改革停滞不前，在巨大利益的吸引之下，政府机构从游戏规则执行者变为游戏参与者，政府各部门对经济活动的干预越来越频繁。"许小年直言，如果政府官员能意识到，民间的智慧远在自己之上，尊重并鼓励民间的创造，将政府工作的重点从参与和管制市场经济的活动，转向制度的建设与维护，那我们就可以非常有信心地说，中国经济增长模式的转变指日可待。

当下的中国，正处于转变经济增长模式的关键时期，鼓励和促进创新是转变增长模式的根本措施。而企业家的使命就是创新，此时重提和重振企业家精神显得格外重要。那么，何以重振企业家精神？许小年认为，需要从政府退出经济，让市场发挥配置资源的基础性作用；政府放松和解除管制，弱化官员"造租"和"寻租"能力；民众理解企业家在市场经济中的作用。

不少评论将《从来就没有救世主》的主题解读为要善待企业家、要重视私人资本、要保持私营部门的活力。但在某些语境下，这样的解读有可能造成本不应对立的双方出现紧张局面。事实上，在面对过度膨胀、不加节制的公权力时，无论是企业家还是普通民众，乃至具体到每一个人，其实都处于相对的弱势地位。或许有人冷言告诫某些学者"学识比姿态更重要"，但直面"利维坦"的勇气其实不逊于精研学术的坚韧。正如财经作家吴晓波所说，"你不能指望一位经济学家'永远正确'，也不能苛求他穷尽当代所有的困惑，然而，你却可以期望他始终保持清醒和自由思考的姿态，这是时代进步的一部分"。

面对美元"紧箍咒"谋势重于谋事

尽管银行会允许一个国家延期付款，比如允许它 20 年还清而不是 10 年，但利率也会提高。更有趣的是这支持着银行盈亏账目的底线。这意味着尽管许多贷款状况非常糟糕，花旗银行的业绩也会非常不错。起初银行也许轻率地放出贷款，但当它们想要保护自己的资产时，它们会变得聪明而且细心。

——《货币阴谋：全球化背后的帝国阴谋与金融潜规则》作者、美国财经作家史蒂文·希亚特（Steven Hiatt）

美元不是孤立地存在，而是权力的附属

清代知名文学家张潮有言："情必近于痴而始真，才必兼乎趣而始化。"用此话来品读和审视《美元的逻辑：货币绑架与战争撕票的背后》或许并不为过。擅长"讲故事"（专业说法叫"叙事研究"）的上海外国语大学国际金融贸易学院院长章玉贵从历史大处着眼，小处下笔，勾勒出"美元"的历史、权力的历史，解释了布雷顿森林体系如何强化了美元霸权地位，对美元霸权为何在"特里芬难题"下必然趋于没落的逻辑作了清晰解剖，并给出了分析美元霸权变迁趋势的新视角，彰显了作者的真性情——"才兼乎趣"，书真观点，犀利酣畅。

且看他对布雷顿森林体系确立之时的细节观察：美国人的聪明之处就

在于此，越是偏僻的地方，越可以心无旁骛，一切可以按美国人设计的路线图来谋划。"在时间窗口的选择上，美国选在战争即将结束但尚未结束的关键时间节点上，这显然要比诸神集体狂欢的胜利日更好拿捏会议进程；而权力交接地，毋庸置疑，必须在美国，最好是远离战场和血腥的宁静地带。于是，美国人把时间定在1944年7月，这时欧洲第二战场刚刚开辟，全世界注意力正集中在硝烟弥漫的欧洲。而会议地点，则在远离欧洲战场且风景优美的新罕纳尔布什州布雷顿森林郡华盛顿山饭店。在长达三周的会议期间，各国代表几乎通宵不寐，会议室里空气质量格外污浊，室内充满着质问、争辩乃至无休止的讨价还价，而室外却是空气清新，心旷神怡……"

今天，尽管这个体系早已瓦解，但美国凭借超强的经济与军事实力建立了足以维系其统治世界经济的机制化霸权。显然，"美元霸权"背后并不只是我们看不懂的模型、猜不透的阴谋，它首先是权力的表现。无论在美国国内政治经济生活中，还是在国际竞争中，美元都不是孤立地存在，而是权力的附属。

在章玉贵看来，这也正是为什么美国经济即便已到了"寅吃卯粮"的境地，却还能屡屡成功"绑架"世界各国，"挟美元以令诸侯"，迫使各国为其外部负效应极大的经济发展模式"埋单"的原因所在。自布雷顿森林体系以来，美国获得了以本国货币作为世界货币的特权之后，也就掐住了其他国家经济的"七寸"，并形成了当前世界经济的两极结构：消费在美国，投资和制造在全球。布雷顿森林体系瓦解后，美国对世界经济的绝对统治地位有所削弱，但凭借"二战"后建立起的机制化霸权（对世界银行、国际货币基金组织以及世界贸易组织的控制），美国依然能主导国际金融秩序。而美国超强的军事实力又使那些意欲挑战美国金融霸主地位的国家退避三舍。同时，美国又在掌握金融话语权的基础上，凭借其对国际舆论的操控，迫使其他国家自觉或不自觉地与美国共舞——接受国际金融惯例变成一种必须与乐意，在规则、概念、议题甚至体系上接受美国的主导并因此放弃主动而为的权利，金融创新的冲动被执行金融市场价格及遵循行情的商业思维所俘获。甚至，美元可以没有黄金的支持，美国政府债券也不需要国内储蓄的支持。

从历史深处探出了金融"高边疆"战略的威武之处

早在 1980 年，由时任美国总统里根的国家安全顾问、前美国安全委员会特种计划室主任丹尼尔·格雷厄姆提出"高边疆"战略，当时主要应用于与苏联的军事竞争。而按格雷厄姆的设想，"高边疆"不仅是一项军事战略，还是处理美国和盟国正当的经济及政治愿望以及安全需要的一项真正的国家战略。自那之后，美国先是在"高边疆"战略指导下，拖垮了苏联；之后又联手欧洲打压了日元崛起的势头。其后，在欧元诞生的世纪之交，美国一方面不断强调强势美元政策将延续，以增强各国对美元支付体系的信心与依赖；另一方面巧妙地发动了科索沃战争，通过点燃欧洲火药桶，给刚刚出炉的欧元当头一棒，得以继续掌控世界经济。用章玉贵的话来说，"借助金融'高边疆'战略，美国在全世界面前构筑了一面高墙"；"有了金融'高边疆'，就相当于美国给别国戴上了'紧箍咒'"。由此可见，他特别提醒：新兴经济体不应将提升话语权的行为空间局限在既有秩序框架内，只有当其拥有了比肩美国金融资本的力量和工具后，美国才会真正参与新的全球经济治理改革，各国领导者尤其需要洞悉大趋势，谋势重于谋事。

如果历史能在幽暗之中发出亮光，那肯定是记录之人找到了一把解密的钥匙。章玉贵正是从历史"幽暗之中"深处探出了金融"高边疆"战略的威武之处。他由此建议，中国也须筑起自身的金融"高边疆"，以摆脱

125

经济发展受制于人的被动局面。强大的资本市场、世界级的银行与保险体系，比肩美元的国际货币本位币以及能与纽约、伦敦抗衡的国际金融中心，应是中国打造金融"高边疆"的战略目标。

只是短期内要构筑金融"高边疆"尚面临诸多约束条件。例如，建设强大的 A 股主场尽管是打造经济强国版图的题中之意，有人乐观预计 2020 年中国资本市场将是世界上最重要、规模最大且流动性最好的资本市场之一。但先天不足、后天发育不良的 A 股市场当前的急务还是要针对现行股市制度的漏洞，加强市场法治建设，消除市场的制度缺陷、结构缺陷和群体非理性行为。尽快形成股市有序运行的基本条件：有效的监管、健全的金融体系以及配套的制度环境，尤其是要有透明和有效的契约法及执法体系、良好的会计制度与惯例、完善的公司治理制度和可靠的支付与结算制度。另外，人民币要发育成能比肩美元的国际货币本位币，章玉贵估计，这至少需要 10 年乃至更长时间。

围绕着"次贷危机"之后的美国会不会走向衰落的话题，近年间各国学者的论辩激烈，不同的研究和预测各执一词。章玉贵乐观而明确地断言，通用和花旗两大经典企业的衰败，并不意味着美国将迎来从实体经济到虚拟经济如"多米诺骨牌"般倒塌。在逆境中，美国仍拥有强大的经济调整能力。领先科技、依然强大的金融服务优势以及丰富的新技术产业化经验，将使美国有望占据新一轮产业革命的制高点。因此，"对中国来说，千万不要窃喜于美国经济的式微。谁要是忽视了美国的经济调整能力以及依然存在的竞争优势，谁就有可能失去既有的比较优势"。

提到国际金融体系改革为何一而再、再而三地面临"尴尬"的局面，章玉贵认为根源在于"有主张无杠杆"。国际金融秩序因此越来越走入一个死胡同：一方面，世界经济的不确定性与金融风险的上升，要求美国与有关国际组织检讨现有金融政策与金融体系的弊端，推出负责任的前瞻性经济措施；另一方面，美国为维护既得利益，也越来越没有兴趣改革现存的国际金融体系，而新兴经济体则有心而无力。

　　"超级金融机构，你可以不喜欢，但必须拥有"。在展望未来"中国的金融强国之路"时，章玉贵对"培养中国版花旗高盛集团"期待颇高。他认为，中国的银行体系暂时的稳定和经营实力的增强，是在竞争对手式微的情况下获得的。尚在发育中的证券市场更难经得起国际资本的大规模冲击。中国尤其欠缺能在国际金融市场上敢于叫板跨国资本的种子选手。从提升中国在全球金融业价值链获益程度的角度来说，建立几个或一批"大又强而倒不掉"的超级金融机构，显得尤为迫切。

"科斯定理"也是理解当代中国的关键词

> 有个喜好逻辑谬论的人，曾经把专家定义为"那些对越来越少的事情知道得越来越多的人，直到有一天他们会一无所知"。很多动物都很专门化，它们的身体是为特定的生态环境和生活方式而调适的。专门化带来了短期的回报，但从长期看会把动物带入进化的死胡同。当剑齿猫科动物的猎物灭绝后，它们也会跟着灭亡。现代人类，也就是我们，是一个全才人种。我们没有尖利的牙齿，没有爪子，体内也没有储存的毒液。相反，我们制造并使用工具和武器，比如刀、矛和有毒的箭头。一些初级的发明，比如保暖的衣物和简单的水上舟船，使得人类在最后一个冰河时期结束前可以到达世界的各个角落。我们人类的专门化体现在大脑上。人类大脑通过文化与自然发生互动关系的灵活性，成为人类成功的关键因素。在面对新的威胁和需求的时候，文化比基因要更加迅速地做出调整和适应。
>
> ——《极简进步史：人类在失控中拨快末日时钟》作者、英国著名人类学家罗纳德·赖特（Ronald Wright）

众声喧哗却少人倾听的当下，学者、官员和一线企业家们在字里行间显示出对经济前途的关心和担忧，但也仅止于此，因为高谈阔论收效甚微，具体还得看政策和行动。

作为新制度经济学鼻祖、芝加哥经济学派代表人物之一罗纳德·哈里·科斯（Ronald H. Coase）的"粉丝"，经济学家盛洪的《长城与科斯定理》，在很大层面上已经不单纯具有学术上的意义，同时关涉常识和思想启蒙。

"科斯定理"与长城

科斯"因为对经济的体制结构取得突破性的研究成果"而荣获 1991
年诺贝尔经济学奖。他的杰出贡献是发现并阐明了交换成本和产权在经济
组织及制度结构中的重要性及其在经济活动中的作用。而关于"科斯定
理"，比较流行的说法是："只要财产权是明确的，并且交易成本为零或者
很小，那么，无论在开始时将财产权赋予谁，市场均衡的最终结果都是有
效率的，实现资源配置的帕累托最优。"

现实生活中，诸多社会现象都可以用"科斯定理"解释。而盛洪敏锐
地意识到，"科斯定理"也是理解当代中国的关键词。而将"长城"与
"科斯定理"结合起来思考中国问题更是别有一番新意。

人们常说"明修长城清修庙"，虽然夸大了"修庙"的功效，但如果
将其视为寻求文化认同和自愿交易，却总体上说出了明清在解决冲突时的
不同。盛洪用跨越时空的思维告诉人们："当农耕社会面临彻底灭亡的危
机时，人们又想起了长城，发出了'把我们的血肉铸成我们新的长城'的
吼声。他们当然知道，仅靠血肉之躯是不够的。有幸的是，工业民族的优
势并不是天然的优势，只要是定居社会，就有可能起而仿效。农业民族也
可以变为工业民族。农夫与工人的冲突问题，也可以变为工人与工人的
问题。"

当法国历史学家勒内·格鲁塞（Rene Grousset）歌颂大炮时，他说这是
"文明的"定居社会对"野蛮的"游牧民族的胜利。但他或许忽略了一个
重要的事实，"文明人"从此开始了一场更野蛮的游戏，比赛发明更为惨
无人道的武器。它使人与人之间的冲突不断升级。因此，停止这种残酷的

游戏，才是真正的文明之举。

中国这个曾用长城作为冲突解决方案的社会，在新的社会形态中，将怎样阻止冲突的恶化，如何更新解决问题的思维？能否寄望于市场，用"交易"来解决问题？也许值得"每个站在长城上的人凝神远望去寻找答案"。

避免分析中的"傲慢与偏见"

在《长城与科斯定理》中，盛洪也结合经济学与社会观察，讨论了"中国经济何以持续增长"等热门议题，他对中国社会和经济发展的思考和看法不能说是"绝对的客观"，但他的研究与行文中，却很少有其他经济学家难免存在的"傲慢与偏见"。就拿小产权房的问题来说，有人尖锐地指出，如果政府承认小产权房，让其在市场上自由流通，必然会引发一轮小产权房的抢建狂潮，这样大量的农村耕地会流失，甚至威胁国家的粮食安全。但当大多经济学家对小产权房"敬而远之"时，盛洪却以一副对联进行回击，力撑小产权房——"产权不分大小，一律保护；市场岂有亲疏，地无二价"。

与此同时，盛洪还引用经济学的边际效应递减规律指出，农村土地的城市化改造，也有边际递减效应。一个很简单的例子，越远离中心城区的地方，楼价越低，到了一个临界点，土地作为城市用途和作为农业用途带来的回报将相等，"所以城市不可能无限制地扩张。城市的扩张其实不是'蚕食'耕地，而会增加耕地。城市的人口密集度更大，城市化会带来土地节约，而不是浪费。'小产权房'的问题只要交给市场，便可以迎刃而解。"用理性的眼光梳理小产权房的"面目"，有助于大众理解小产权房的利与弊，以及其中存在的某种"合理性"。

当代中国要"富而教之"

"怎样将经济增长转变为文化繁荣"是盛洪关注的另一个话题。在盛洪看来，文化之所以能够弥补市场和政府的缺陷，是因为文化有着独特的生成过程，从而达致与市场和政府不甚相同的规则；文化具有超越时代的品格，会修正市场和政府的短视。

孔子在回答如何治理人民时说，"富之"。当被问到富了以后怎么办时，他回答"教之"。在今天的中国，"富而不教"也许就是致命的错误。对此，盛洪总结说，中华文明之所以在过去大部分时间的历史中长盛不衰，就是因为有着"富而教之"的传统。"如果富而不教，人不过是高级的行尸走肉，既无高尚情操，也无高级享受，还会酝酿动荡。经过30多年的改革开放，中国基本上完成了'富之'的任务，如果不发展文化事业，提炼中华文化的精华，形成今日之文化原则，就无法'富而教之'，既不能将经济增长转变为长治久安，也无法让中华文明再经历一次文化繁荣期。"

当中国经济令人惊奇地"企稳向好"，一时之间，"中国经验""中国模式"和"G2"等话语甚嚣尘上。其实，此时的"富而教之"暗含着非常值得我们思考的关于"进步"的隐喻——所谓"进步"，既非社会财富一时的增长，也非国家实力一时的增强，真正的进步，是找到并坚持一种确保个人获得幸福，社会获得发展，多元文化获得繁荣，国家获得长治久安的"治道"。

《民主转型与巩固的问题：南欧、南美和后共产主义欧洲》（*Problems of Democratic Transition and Consolidation*）作者、美国研究社会转型和巩固问题的胡安·J. 林茨（Juan J. Linz）和阿尔弗莱德·斯泰潘（Alfred Stepan）

两位教授曾说:"经济学家忽视'国家'在转型中的作用,简直就是犯罪。"对于现代化中国来说,同样如此。盛洪的研究生动地印证了这一点,也给了那些立志要创造中国政治、经济和社会改革"奇迹"的人们一个重要的提醒。

跨越黑天鹅和灰犀牛的坎

良好的机制设计是改革和转型成功的保证

没有奇迹。没有尽善尽美。没有千禧。没有天启。我们必须养成一种持怀疑态度的信仰，避免教条，善于听和善于观察，努力明确目的并使之逐渐完善，选择更好的手段以促其实现。

——《国富国穷》作者、美国著名历史学家和经济学家戴维·S. 兰德斯（David S. Landes）

改革进行最好的时候，往往是上下互动最好的时候

"中国为什么会改革"——这样的话题一直是学界（尤其是经济学界）探讨的话题，特别是在改革向深水区迈进的当下，这个话题尤为人们所关注。有人建构"中国模式"来给出答案，也有人刻意解构"中国模式"寻找改革的原动力。答案可谓五花八门，但在所有人期待与热望背后，也可以清楚地看到众多别样的无奈与迷惘，其实这都显示出对当今改革缺乏共识的一种"焦虑症"。

当一个简单的问题上升到学理或者说意识形态层面时，就往往变得复杂起来。在不少人看来，这个改革话题的答案没有那么复杂。追溯改革开放 30 多年来的历史，改革进行最好的时候，往往是上下互动最好的时候。支持这样观点的事例很多。《中国改革：做对的和没做的》中的许多例证可以随手拈来。

《中国改革：做对的和没做的》的作者华生，是影响我国经济改革进程的三项重要变革，即"价格双轨制""国资体制""股权分置"改革的提出者和推动者之一。本书是他"中国改革系列"的开篇之作，主要包括对中国改革30多年的回顾与反思、对现状的理性判断以及改革下一步，如何以社会改革带动全面改革的路径设计。

从历史上看，改革一般通过两种基本方式：一是部分人自发追求个别利益的行动导致旧权利结构的自然调整；二是通过法律或政府命令强制性地修改旧规则，实行新规则。华生认为，中国改革"以放为主""因势利导"和"摸着石头过河"的战略实际上是这两种方式的特殊结合，即一些决策者有意识地允许、特许或默许局部的"犯规"或"越轨"行为，有控制地为第一种方式的制度变迁开辟道路；在改革带来的变化已降低了信息成本和形成了新的利益平衡时，再用第二种方式确认和推进。农村"包产到户"从完全非法、局部合法到普遍推行就是最典型的一例。在城市改革中，多种经济特区、企业特区的试验，各种鼓励打破旧框框、不固守和等待"红头文件"的暗示，特别是在政治改革中沿着厂长负责制，政企分开，基层党组织从领导核心转为起保证监督作用这样一些微小但还算稳步的推进，都显示了在中国特定政治结构下这一改革战略的成功。因此，对这种在长期禁锢之后民众直觉所包含的真知灼见，对自发性行动所透露出的比萎缩的理论更多的丰富信息，以及对用局部"犯规"来推进改革和打破政治僵局的奇妙功效，有人后来甚至发展到崇拜的程度，如所谓"三灯经验"（即"见了红灯绕着走""遇到黄灯跑步走""见了绿灯挤着走"）的传授和走红，便是这种基于局部利益的自发性行动走向反面的典型。

向效率更高的正式沟通制度转变是今后改革的方向

从过去中国改革"做对的"角度看，华生认为，中国 30 多年的制度变迁，既不完全是自发诱导，又不是单纯政府强制推行，而往往或先自下而上的"实践试错"（如家庭承包、企业承包、股市），或先自上而下的"政策试错"（如经济特区、财政分级包干、国有股减持与股权分置改革），或两者兼有（如价格改革放调结合、双轨推进、国企股份制）。总之，是在"试错"过程中，实践、认识、舆论（其中理论后来包括网络扮演着积极角色）和政策的互动形成一定的改革气候与共识，产生体制变革创新的冲动或推力，由此激发和引致连锁式制度变迁。人们由此看到，路径依赖实践，依实践而发展的认识，受他律和自律约束的舆论，政府内部博弈产生的政策，在几者之间微妙交叉作用下发酵变化，制约着利益博弈和信息交流导致的整体理性和决策主导潮流的演变，并最终产生制度创新和社会变迁。这种非正式的互动型制度变迁，是中国 30 多年来制度和社会变化的真正轨迹。显然，向效率更高的正式沟通制度转变将是今后改革的重要方向。同时，怎样再次聚集改革的势能和动力，产生和推动更广泛和深入的制度创新，决定了中国奇迹能否延续的命运。

进入 21 世纪第二个 10 年的中国，经济、社会和政治，需要改革的事情千头万绪，各阶层的诉求也大不同。新一轮改革从哪里起步，绝非一些人所说的市场化、自由化、民主化那样简单。"胡子眉毛一把抓，不能破解复杂系统"，华生认为，要成功推动中国这个有着根深蒂固传统文化的庞大社会的现代化转变，既不停滞又不脱轨，要有选择地突破，必须切中当下中国在这个历史发展阶段上问题的症结和要害，同时能凝聚体制内外最大限度的共识，进而打开发展和改革的新通道，为后续的改革路径延伸奠定基础。

华生觉得，"土地制度可能是再次启动全面改革的逻辑起点"。他给出四条理由：其一，经济成长是中国刚刚进入中等收入门槛后能否成功实现现代化转型长期面临的最大挑战。在全球经济低速增长的大背景下，中国经济持续高增长的最大推动力是其刚刚拉开帷幕的城市化。城市化就是农民的市民化，是农民离开乡村到城市落户的过程。一个关键性的制度安排是，农民原先占用的乡村土地和他们要去落户的城市非农土地的转换关系，使城市化的主体即农民工及其家属成为享受由他们带来的城市化土地增值收益的主体。其二，中国城市房地产价格近年来的翻番攀升，是现行城市土地垄断供应和土地拍卖土地财政制度的直接产物。高企的城市房价，不仅严重挤压了工薪阶层的消费需求，构成农民进城高不可攀的屏障，扩大了居民之间的财产与收入差距，还拴牢了靠土地财政过活的地方政府，绑架了银行和金融系统。有太多国家的教训说明，依靠房地产刺激和维系经济繁荣，都难免最终以泡沫破灭、金融危机与经济动荡、增长中断为惨痛代价。其三，我国迄今所走的农民工外出打工、离乡不离土的工业化城市化道路，虽然在一个阶段中降低了工业化和城市化成本，推动了经济增长并使中国成为世界工厂，但其对劳动力素质和农业现代化的负面影响日益突出。特别是新生代农民工已极少可能返回乡村但仍属农村户籍人口，平分农村资源，使农地的规模使用和农户的专业化经营受到极大阻碍。其四，由于垄断与土地财政造成的农用地与非农用地的巨大利益差，在乡村土地上兴建各种小产权房屡禁不止、尾大不掉，造成了这个领域法治的全面松弛与普遍破坏。而近年来实行的城乡建设用地增减挂钩制度，完全推翻了土地市场依位置定价的黄金法则，以建设用地计划指标的置换和交易，颠覆了土地市场的基本交易规律。在增减挂钩的巨大利益驱动下，各种强行合并村庄、赶农民上楼以及廉价掠夺农民宅基地、承包地的现象在各地时有出现，因土地而发生的各种官民对立造成的群体性事件，形成了对社会稳定的威胁。

显然，解决土地问题既是当务之急，又是启动整个制度改革和经济发展的枢纽环节。而土地制度改革的核心，又是其方向的确定和可行的制度设计。特别是当社会两极分化加剧之时，华生坦言，"与土地制度改革同等重要的是收入分配改革"。此役真正展开，不仅可以全面遏制贫富差距的扩大，而且可以大大增加收入和财产的透明度，显著缩小贪腐贿赂的空间。

决策者仍需发扬"铁肩担道义"的历史担当精神

关于"收入分配改革"，华生提出了一些值得政府思考和借鉴的"机制设计"：大力消除社会福利和制度性资源分配的居民歧视，减少一般民众主要负担的间接税和社保交费，增加和开征按财产和收入负担的直接税，包括开征固定资产税、遗产税、赠与税乃至移民脱籍补税都会是这个"一揽子"改革方案中的必要配件。罕有地成功跨越了"中等收入陷阱"的东亚模式（日本、韩国、中国台湾地区）的经验表明，在城市化过程中始终将贫富差距控制在一个较小的范围内，是成功完成现代化平稳转型的关键因素。

"不管是'价格双规制'，还是'国有资产管理系统'，或'股份分置改革'的建议，我只做一件事——机制设计。接下来要做的转型研究也不例外。"华生说。他进一步解释，指责、抱怨政府乃至社会的人不少，但提出有建设性的建议，给出可行性方案才有价值。仅知道道路的曲折和有幸福的彼岸不够，还需要找到抵达的路径才行。他始终相信，"良好的'机制设计'仍是中国未来启动改革，成功实现转型的保证"。

21 世纪第二个 10 年的中国，与 20 世纪八九十年代的中国，乃至 21 世纪第一个 10 年的中国，都将是不同的。此前改革的成果固然可承继，但积累的社会矛盾则不能再"传"下去。从这个意义上说，决策者仍需发扬"铁肩担道义"的历史担当精神，推进相关领域的重要改革。

中国人生活品质上不去的"症结"在何方

> 过去，激进知识分子常常对抗传统的维护者，要求变化，要求改造文化生活。这解释了最尖锐的反知识分子声音何以往往来自传统的维护者。如今，颂扬和试图维护现状的，不再是文化保守主义的代表们。相反，右翼知识分子常常被文化生活吓得惊慌失措，很愿意看到制度和文化发生根本性的改变。传统上由政治右翼承担的对文化和教育机构的维护，现在由从事学术工作的专业人士和专家接手了。
>
> ——《知识分子都到哪里去了——对抗 21 世纪的庸人主义》作者、英国肯特大学社会学教授弗兰克·富里迪（Frank Furedi）

"知识分子的社会职能是批判社会"

早在 2005 年，著名经济学家汪丁丁就在北京大学开设了"立宪经济学"讨论班，讲授布坎南的宪政经济学思想。2007 年，又改名为"新政治经济学"讨论班，主题年年更新，内容次次不同，有不少学生连续数年选修或旁听，变成这门课的"忠实听众"与"热心聊友"，并因此收获巨大。经过了多年酝酿，最终形成了这部《新政治经济学讲义：在中国思索正义、效率与公共选择》。熟悉汪丁丁著述的读者不难发现，这部专著包含了汪丁丁近年来在国内学术刊物与大众媒体上所刊文章的重要片段，以及在境外出版物和高校演说中一再提及的核心论点。

在公共政策研究基础的视角下，寻找和实施帕累托改善的机会，这是新古典经济学家的社会职能；而在社会成员的兴趣或利益相互冲突的情境里寻求符合某种正义原则与效率原则的协调机制，则是新政治经济学家的社会职能。或者说，人类合作的全部潜在机会的集合可分为帕累托改善的合作机会和存在冲突的合作机会。而在汪丁丁研究视野里："新政治经济学＝效率原则＋正义原则。或者说，这是一门关于冲突及其协调的社会科学。"

以"正义""效率"与"公共选择"为关键词，汪丁丁首先界定了新政治经济学及其基本问题，进而深入探讨其核心议题——正义，具体包括正义理论中特殊主义与普遍主义的纠缠、正义观念的发展史与社会实践，以及社会正义与公共理性、政治民主的关系等主题。同时，他还以跨学科的视域、思想史的方法，梳理了"正义"的实践智慧，最终将全部的理论探讨应用于剖析中国社会的现状与探索未来变革的方向。诚如他在序言中所言："正义是人与人之间关系的一种性质——它如此重要，以致它在很大程度上影响甚至决定每一个人或绝大多数人是否感觉幸福。"因此，在汪丁丁心目中，他这本著述更是一部"关于中国人怎样可以生活得更美好的讲义"。

汪丁丁的写作，往往带有很浓厚的哲学思考意味。他说："知识分子的社会职能是批判社会，不如此就一定要感觉可耻。"比如，某甲说"我是流氓我怕谁"，其实是追问使某甲沦为流氓的社会原因。汪丁丁研究"新政治经济学"，常有所批判，他探讨"生活品质"，首先追究社会原因。汪丁丁认为，精致的生活品质取决于两大因素：是否有挑剔的消费者群体，是否有敬业的生产者群体。中国教育失败导致的后果之一，就是同时缺少这两种群体。可是，中国人的平均收入确实达到了对精致生活有所需求或有很大需求的阶段。在企业家看来，这就是巨大的商业机会。"北京也确实出现了几家专业递送各类'令人放心'食品的企业。但能生存多久？

是一个问题。在没有挑剔的消费者群体（足够大从而能支持这类企业），'猪食'和'美食'无差异的社会，怎么可能有美食传统？更何况，造假成习俗，我们也缺少敬业的生产者。精致的生活用品，信息在生产者和消费者之间有很强的不对称性。不敬业或造假成为产业惯例之后，精致的消费者要么退化为粗糙的消费者，要么加入国外的精致消费群体。"这个理论，汪丁丁自认可以解释为什么精致生活在北京是最贵的，以致成为不可能。因为敬业精神，北京最差，其次是夏威夷，最好的在东京。那么，夏威夷的酒店业和东京的酒店业，雇员工资相差不多，为何敬业程度相差很大？可见，只有把工资激励和消费者的精致程度联合在一起，才可解释此现象。

跨越黑天鹅和灰犀牛的坎

"借助于'民权'的扩张，是有成功希望的一条政治路线"

立足中国社会基本问题，关注改革前景、方向，汪丁丁最终关心的依然落脚于求解中国人的正义和幸福生活诉求。所谓"中国社会基本问题"，就是"真实社会情境内发生并长期纠缠着多数中国人，且挥之而不能去的议题"。很显然，中国人在日常生活中经历的种种"困扰"和"结症"，例如医疗、教育、养老、住房、就业、物价、交通压力、食品安全……都有逼人而来的压迫感。

一个能沉下心去研究中国社会问题的学者，他解读的角度和格局必定与众不同。若问"始终是中国社会进步的障碍"？汪丁丁直言不讳："官僚政治及其腐朽性。"

在 30 年的市场化改革时期，最富于企业家能力的各种群体扮演了经济发展的主角。在 30 年市场化的最后 10 年，由于权力"寻租"的激励，官僚化倾向再度占据主导位置。目前的情形是，一方面，人均收入水平已达到或超过"民主诉求"的阈值；另一方面，人口老龄化要求尽快完善社会保障体系。这两方面压力联合作用的结果，很容易导向"福利国家"的公共政策。虽然长期而言，福利国家的公共政策难以为继。

由此，汪丁丁认为未来中国可能会有这样的两条发展道路"演化"进程：一条是依靠"世界市场"的帮助，未来几十年"民权"问题会提上社会选择的日程表。政治改革的主旨，至少在未来几十年里，应对官僚垄断利益集团加以限制——首先通过"均权"即权力的分立与抗衡。另一条演化路线，是推行"政治民主化"，通过极大地强化"民权"压制官僚垄断利益集团。但是，这一路线要求人民有足够强烈的公民意识，要求精英及强势群体足够地自我节制，还要求有一批政治影响力足够大的"中介"得以维系社会稳定性。"中国人面对的基本问题，在社会生活领域里表现为正义问题。可是中国社会正义问题的求解，关键在于能否节制已发展到无法节制的官僚垄断利益集团。此时，借助于'民权'的扩张，是有成功希望的一条政治路线。"

东方的思想传统，并不缺乏支撑公共理性的实践智慧

谈到具体的"中国社会基本问题"，汪丁丁认为有"初级形式"和"高级形式"之分。这也是他最为重要的学术贡献之一。据他分析，近代以来中国社会结构最显著的变动，可表述为适合市场经济的"小世界"网络结构的扩展过程。与此相伴随的，是机会、财富和权力在人群中的"幂律"分布，从而引发普遍的正义诉求——首先表现为对"公平"的迫切需求，这是中国社会基本问题的"初级形式"。在精神生活不发达阶段，大众在社会生活维度上的正义诉求还不能转化为精神生活维度上的自我满足。在"物质生活—社会生活"平面之内满足正义诉求的基本途径，是政

治体制改革，基本方向是消除或缓解权力的幂律分布，从而要求生活世界的网络结构从效率主导演变为情感主导。物质生活的效率原则与情感生活的心性原则之间的冲突，是中国社会基本问题的"高级形式"。

汪丁丁进一步研究发现，中国人在日常生活中经历着的许多困扰可依照物质生活、社会生活、精神生活三个维度排列。最初的困扰来自生活资料和生产资料的匮乏，所以那时多数中国人赞成市场导向的经济体制改革。稍后发生的普遍困扰，是"一部分人先富起来"后出现的"为富不仁"和"官商勾结"，以及如影随形的权力腐败。再后来的困扰，是精神生活的迅速贫困化或腐败。最后，也就是现在，来自三个维度的各种困惑演变为全民的焦虑。不论何时何地，内源式社会总体危机的核心议题似乎永远是"正义"（"to each his due"意思是"给每一个人应得的"）——在这一观念最原初的意义上。

研究表明，常见的社会网络结构可有三类，分别对应于人类在洞穴时代的社会结构（人与人之间平均距离很大，熟人之间团聚性很高）、在完全互联时代的社会结构（人与人之间平均距离很小，熟人之间团聚性很低）和介于这两种结构之间的所谓"小世界"社会结构。仿真研究表明，最有利于传播合作信誉，是小世界网络。就中国的情形而言，汪丁丁发现，文化权力的网络结构，极不健康地与政治权力和经济权力的网络结构趋同，表现为强烈的科层化倾向。

而一个社会，如果各种权力网络都以科层化的方式扩展，就会表现出强烈的官僚化倾向，最高层次的企业之间形成寡头垄断，很容易长期维持资源和利润的幂律分布，将严重抑制企业家才能。

因此，为了达致正义，政治民主是必由之路，但民主并不能仅建立在私人利益的基础上，需要超越个人偏狭口味的公共理性作为支撑；东方的思想传统，并不缺乏支撑这种公共理性的实践智慧。所以，中国的转型，在文化层面上，需要"中西文化之有生命的融合"；在集体行动层面上，需要"探寻可以达成共识的公共政策及其表达方式"。

为什么美好设想或愿景总是难以变为现实

> 在那个伟大的时代，文艺复兴究竟是什么样子。几个世纪以来，暴力、疾病、饥荒以及痛苦一直如影随形，曾让人类心灰意冷、精疲力尽，但是他们终于破茧成蝶、振翅起飞了。一开始，他们飞得很慢，在一些特权阶级中，出现了新意识——人类潜在的想象力萌发的迹象。这些人敢于梦想，敢于在宗教和皇权的范围之内，表达他们对人类一切经历中高贵品质的追求。
>
> ——《被禁止的知识：天才学者揭露科学与灵性终极奥秘的大胆对话》作者、美国冒险家帕特丽夏·科莉（Patricia Cori）

转型期的中国，携带了很多令人沮丧的"凉气冷风"

童年时代的"流浪"经历，初步奠定了中国社会科学院农村发展研究所社会问题研究中心主任、研究员于建嵘的核心价值观：时时处处为底层弱势者着想。多年前，在博士论文《岳村政治：转型期中国乡村政治结构的变迁》里，于建嵘就曾表白，他坚持不懈地到"岳村"即湖南省衡山县白果镇绍庄村调查研究，"不是为了寻找故事，而是为了寻求学术的灵魂和学者的良心"。

从《岳村政治》，到后来的"农民税费抗争调查""土地纠纷研究"，再到"信访制度改革"，于建嵘的底层社会问题研究，是用腿一点一滴地跑

143

出来的，一个个访谈和一个个数据，支撑起了他的理论体系。

当然，于建嵘最让人尊敬的是他直面现实的勇气。他关注的课题，都是当下尖锐的社会矛盾所在。在介入现实的问题上，一些特别爱惜"羽毛"的学者更加乐意关起门来，专心考据，展开形而上的玄思。于建嵘的工作单位在北京，但他大多数时间并不在北京，而是出没于全国各地的村镇和厂矿。他因此戏称自己是"江湖学派"。他的《底层立场》正是基于不停地在村落和乡镇之间穿行，在矿井和上访村之间辗转，以敏锐的体察方式，探索着当代中国言论路径的结果。

《底层立场》讨论了"农民工是谁家的孩子""农民维权抗争的焦点""村民如何自治""'三农'问题的关键何在""中国社会面临的风险和出路""信访改革需要新思维""基层政权的困境""在底层发现政治""权利、良知与责任"等广泛的话题，但主基调却可概括为一个，正如青年学者张耀杰以"于建嵘的底层立场"为题的代序所说："用谦卑敬畏的低姿态正大光明地从事自己可以研究也应该研究的真问题和真学术，而不是像他所批评的一些学者那样，动不动就采用'社会敌意事件'之类的高调概念危言耸听地误导社会舆论。具体点说，中国社会特别是底层社会最需要的是依法限制公共权力并且依法保障个体人权的制度建设和制度创新，而不是所谓的集体利益高于个体利益、少数人的利益服从于多数人的利益的空洞民主……"

确实，转型期的中国，携带了很多令人沮丧的"凉气冷风"，也不乏令人心生不安的"晦雾黑烟"。有些问题，是无法解答的，在时间的绵延中缓慢聚集更多的疑问，绑架人的自信，使人变得更加谦卑，更加宽恕。有些问题，是可以给出明晰的答案的，但因为各种缘由，这些答案被人在一定程度上规避。在《底层立场》中，于建嵘谈论和关注的社会问题属于后者，他不惮于给出自己深思熟虑的解答，同时，他并不自信这些解答能否给那些本该直直走向问题的人们的信心："何必僵化处理第一代农民工养老难问题""我为什么主张重建农民协会""'全民低保'是一个什么样的问题""底层社会的政治逻辑""30 年中国农民的得与失""责任与良知：中国学者 30 年"……人们或许很难想象，在他黑框眼镜背后——那双眼神深邃略带清幽的迷茫，但他一直"奔跑着将人们引向问题的内核"。如此，不仅让人们看到了问题的症结所在，更觉察到了潜伏在问题后面更深层次的危机。

"奔跑着将人们引向问题的内核"——这是包括于建嵘在内的那些有追求、有坚守的学者，在学术研究和言论的舞台上，与资本、权力抗争过后留下的"镜像"，令人崇敬，令人深思。

保证不梦游，保证所说的话不是语焉不清的喃喃

《底层立场》不表达忧伤，甚至连忧虑，都很内敛。有人说，于建嵘尖锐地挑战了中国学者梦游般的形象——也许，他觉得自己做的，不是挑战，而是保证不梦游，保证所说的话不是语焉不清的喃喃。另外，他也并不是很从容，在不少评论文章里，他用得最多的词，是"不应""必须""需要""理应""应当"，切切之心，无遮无拦。

关于土地流转，现在学者有很多争论，以"土地私有化"为例，就曾引发颇多争论，正反双方都有言之凿凿的论据。对此，于建嵘亦毫不吝啬地倾注了关注的热情，他甚至预计：土地不应仅是种生产资料，而应作为农民的财产，可以抵押、贷款、自由流转。党的十七届三中全会提出，按照依法自愿有偿原则，允许农民以转包、出租、互换、转让、股份合作等形式流转土地承包经营权，这有助于土地真正成为农民的财产。"对农民而言，土地流转是个基本权利，有利于农民基本权益的保护，因为它确定了农民的基本财产权利……三十年改革的根本出发点是尊重农民意愿，体现

农民的利益诉求。土地流转也应如此，要坚决反对那种强制农民进行土地流转的行为。为了确保农民的土地权益在实际操作过程中免受侵害，首先要有明确的法律制度，要从法律上确保农民的土地权利。同时，还应让农民有能力维护自己的权益。在任何国家，分散的小农在市场中面对和资本的竞争时，都会处于弱势地位。因此，发展能够代表自身利益，能够独立主张农民诉求的组织，是避免农民利益受到侵害的根本之策。"

在"民心工程"问题上，于建嵘以一篇"民心工程也不能违法占地"表达了他一直坚守的立场："长期以来，我们都在奉行着为多数人谋福利可以牺牲少数人合法利益的观念，美名为'舍小家为大家'。因此，为了城市的美化，可以强毁某些人的合法家园；为了城市扩张，可以强征农民的土地。凡此种种，地方政府和官员都是那样理直气壮，一点负罪感甚至不妥感都没有……这些做法都是错误的。保障每一个公民的合法权益不受侵犯，是现代社会最基本的原则。只要是合法权益，就不能以任何名义剥夺，只能是公平自愿的交换。一个和谐的社会，是绝对没有以剥夺部分人哪怕是少数人合法权益的'民心工程'的。"在此，作者仿佛是在以一只啄木鸟的勇敢和勇气，永远在敲打一棵树，不是为了把树击倒，而是为了让它长得更直、更健康。针对时下拆迁所引发的社会问题，于建嵘在多篇文章中多次呼吁加紧推进制度建设，其中最重要的是法治建设，"现在最重要的问题是司法如何承担起公平公正的重担"。

虽然现实加剧了于建嵘的焦虑，但《底层立场》的很多题解都包含着一种乐观的暗示："我们从不用非常感性或者不正式的语言说话——我们尽力分析体制，谈论一个好的设想或愿景为什么无法变为现实。"这既是于建嵘的良苦用心，也是《底层立场》给人的启发和警示。

中国改革下一步挑战：如何给社会松绑

公平（Justice）的定义是什么？人们应该得到"他们应得的"，这句话是什么意思？公平就是均等地对待每一个人吗？显然不是，因为我们知道，在很多情况下，均等地对待每一个人，似乎也并不公平。例如，如果你很努力地写论文，但是你的导师决定给课堂上所有人一样的分数，这似乎就不公平。因为你很努力，而其他人偷懒，但是所有人得到了同样的回报，这对你就是一种不公平。由于班级中的每一个学生付出的努力不同，因此他们应该按照贡献程度得到回报，这才叫作公平。当我们对一个公平问题持有不同态度时，我们必须深入问题，找到分歧所在。不同的人，可能会以不同的方式对贡献、需要、均等的必要性等概念进行权衡。此外，人们对于精确描述需要、贡献、均等的类型和程度也意见不同。

——《权力与选择》作者、美国明尼苏达大学政治学系教授 W.菲利普斯·夏夫利（W. Phillips Shively）

"没有赋权社会，拆墙谈何容易"

假设这样一个场景：高速公路上发生了车祸，有辆车不幸被撞翻，一个人被困在了车里。如何解救，有三个办法：其一，立即报警，代价是警察可能来得很慢，被困者生命垂危，等不及了；其二，过路人跟被困者商量，如果给 10 万元，就把你救出来，并及时送到医院救治……但可能的情况是，被困者一下拿不出 10 万元；其三，过路人中有几个特别善良地站了出来，无偿帮助被困者。

第一个办法，叫作"找政府"；第二个办法，叫作"找市场"；第三个办法，叫作"找社会"。事实上，政府、市场、社会，恰恰是我们展开公共生活的"三种机制"。从中国问题研究专家、新加坡国立大学东亚研究所所长郑永年的《保卫社会》(*Society Must Be Defended*) 中同样可以找到这"三种机制"的影子和三者间的某种尴尬。单看书名，全书的核心思想就一目了然：对于解决某些问题，我们有必要回过头去，"重新发现和保卫社会"。

近年来，郑永年以独立而深入的中国研究，以及视角独到的专栏写作，日益引起国际学术界及中国政府决策部门的重视。"对中国时局非常清醒"，是学术界和读者对他共同的评价。郑永年也曾笑称自己"最大的爱好是写专栏"，而且，文章标题中往往少不了"中国"两字。"我的专栏，写的都是我的研究内容。正因为我了解中国，我想得更多的就是如何去改进它。知识分子不应只是教书育人，更应该关心后人，关心公共问题"。

在"中国墙"一文中，郑永年以比喻的方式直奔主题：如果把一个国家分解成为权力、资本和社会，在任何体制下，社会都是最弱的部分。正是从这个意义上说，社会是必须被保护的。资本主义制度有保护社会的机制，例如福利制度。福利社会的产生挽救和保护了资本主义，同样，社会主义也有保护社会的机制。社会主义从一开始强调的就是对社会的保障。"社会为什么需要被保护？很简单，最弱的社会，一旦失去了生存权，就会暴力化。在人类历史上，暴力永远是社会自我保护的重要手段。中国社会数千年的农民革命就体现了这种情况。推倒一堵钢筋水泥墙需要的是简单的体力，但要推倒一堵堵'社会墙'则要困难得多……但现实是，在既得利益的主宰下，这些'墙'似乎越筑越高，越筑越厚。很显然，如果没有赋权社会，拆墙谈何容易？"

"没有赋权社会，拆墙谈何容易"——这是郑永年以批判者的眼光看待和分析当下种种现实后归结而成的清醒而又理性的文字，促人冷静，令人深思。毫无疑问，一场长达30多年的中国社会改革，有成功的欣喜，亦有迷惘和阵痛，而对于当前的中国研究而言，能发现真问题更显得颇为重要：一方面，使我们清晰地看到中国改革30多年来积淀下来的社会问题；另一方面，又难得地赋予我们客观而冷静的视角，为新的开始创造转机，为评估具体"社会"安全、保卫"对象"找寻具体的切入点，比如住房保障、收入分配、社会道德、教育改革等。

要实现正义，仅靠"到点自行掉头"，希望渺茫

在"中产阶级与社会改革"一章中，郑永年以"乐此不疲的信念"告诉人们，以GDP为中心的经济增长，不仅造成可持续经济发展的"瓶颈"，使内需始终无法打开，而且意味着贫富分化和收入差异，社会正义和维护这种正义的制度手段都得不到尊重，即使获利者也会感觉到不安全。要实现正义或者表面上的正义，仅靠"到点自行掉头"，希望渺茫。

再以住房政策为例，郑永年在"中国住房政策的症结在哪里"一文中口气毫不含糊：中国房地产问题最突出的一点，"莫过于发展房地产市场的主导思想的严重失误。简单地说，在中国，房地产被视为仅仅是经济政策的一部分，而非社会政策的一部分。因为商品房兼具投资和消费价值，人们对其价格上涨有预期。开发商利用这样的预期去囤积土地和新房，购房者也会迫不及待地去买房，从而一步一步地把房价逼向新高。""除了一般商品房的大幅涨价之外，住房的社会功能的缺位，更体现在廉租房和经济适用房供给的极度缺乏。"诚哉斯言，怎么看都不像是泛泛而论，而是

有的放矢。

综观世界各国，但凡房地产市场发展健全和公共住房问题解决得好的国家，几乎都把房地产作为国家社会政策的一部分。这些国家并不把房地产看作其经济增长的重要资源。也就是说，房地产对 GDP 的贡献不是这些国家政府的首要考量——首要的考量是社会发展，是社会成员的居住权。经济因素当然很重要，但是这种经济考量是在宏观的社会政策构架内进行的。

在"保卫社会"方面，还需更多吸取东亚模式的经验

收入分配不公是郑永年关心的另一个核心问题。在他看来，打"二次分配"或者一些经济学家倡导的"三次分配"的主意，根本无法解决问题，导致分配不公和巨大差异的根源在于经济构成、在于一次分配。没有人会否认二次分配的重要性。但是，问题不仅在于二次分配政策的力度尤其是执行力度不够，而且也在于仅是二次分配不足以有效解决收入分配问题。

从现实情况看，郑永年认为至少有两大因素在制约着中国政府改变分配收入的"努力"：第一，一次分配制度没有法制上的保障。最低工资制度在多数情况下只针对城市居民，而几乎在所有的中国城市，低收入工作大多是由从农村转移到城市的农民工从事的。第二，结构性经济垄断对城市不同社会群体收入分配差异影响最大。不同行业的收入不可能平等，但收入差异过大主要是垄断行业造成的：一个只有受过初等教育的抄电表工收入可以大大超过一个在另一行业接受过高等教育的专业人士。

另外，郑永年还在研究中发现，中国发展模式在经济上属于东亚模式，但在"保卫社会"方面，还需更多吸取东亚模式的经验。例如，让民

营企业和中产阶层壮大，使社会形成两头小、中间大的"橄榄形"稳定结构。东亚模式在这方面的一个特点是政府自觉而积极地推动企业创新，而不是像欧美国家那样，企业主要在"工运"推动下被迫创新。

如果说改革开放以来中国的进步在于通过市场化转型发现作为个体的"我"，那么中国下一步的挑战则是如何给社会松绑，通过保卫社会来发现作为集体的"我们"。因此，《保卫社会》所搭的不仅是中国社会的脉搏，也是关乎整个民族未来的脉搏。

把社会、文化、生态、经济价值融合起来

> 对自由的本质或无条件定义是我们通过行使自由意志对某种情况做出反应的能力。根据这一定义，所有人都是自由的。本质的自由是人类生存的一个基本条件。我们永远都能以我们选择的方式对情况做出反应。面对谋财害命的持枪劫匪，我们有很多选择：把钱给他、袭击他、试图逃跑、大声喊叫、寻求帮助，等等。我们所不能选择的是，让劫匪不要出现在那里袭击我们。另一件我们无法选择的事情是我们的策略是否能成功。本质的人类自由是无条件的，因为面对自身处境，我们可以选择采取自认为最佳的行动。
>
> ——《清醒：如何用价值观创造价值》作者、Axialent 联合创始人弗雷德·考夫曼（Fred Kofman）

裁判员兼运动员，不可避免地造成"角色错位，职能扭曲"

近 40 年来，以"进步"为名的发展机器始终是个难以阻挡的庞然大物，很多人都看到了其不可逆转的前进步伐，但也有人——中央财经大学城市经济研究所所长、教授高炽海就怀疑"忽略区域"的平衡发展之后它的最终方向，并看到千千万万人因为不经意间衣服下摆被这部机器的齿轮钩住而"被发展"了。

高炽海长期跟踪研究区域发展战略、空间战略及其构建，曾主持过许多区域的总体发展战略规划制定，如皖江承接产业转移国家示范区江南新区总体战略规划、四川省武胜县总体发展战略规划、武当山太极湖生态旅游区区域发展战略与模式研究等。他的《回归价值——中国问题、制度与区域综合价值发展模式》，虽然是从"地方"视角观察和探讨中国的现实问题，但其从"发展""财富""价值""模式""房产""增长""土地""制度""改革""方法"等多个与民生问题相关的热门话题切入，不仅全面系统，且颇有新意和深度。因为作者深知，"中国所有地方的发展已经同质化，可以归结为'投资—增长模式'，即政府主导、GDP 导向、工业思维、土地财政。这是现实，困顿且不正常。"也许由于中国经济和社会前行的脚步太过匆忙，以至于我们无暇回望。但无论如何，有意或无意地躲闪及回避，肯定不是一种正确的选择。毕竟，我们没有漠视现实的权力。

中国区域经济的崛起，几乎没有充足的理论、制度与技术进步等前提性准备，其制胜法宝仅仅是无畏的勇气。这决定了崛起首先是以"破坏性力量的灰色姿态"开局。以土地财政为例，很长一段时间里，大多数观点（尤其是社会舆论）认为"地方政府和开发商是土地财政的获益者"。高炽海研究得出的结论却与这样的观点相左——"土地财政没有赢家"。按照他的分析，社会因高企的房价付出了高昂的长期财务成本，承担了土地引致的国家风险，承担了财富随时失去的危险，是最大的失败者；地方政府陷入了土地依赖和财务陷阱，这是在政府经营城市与买卖土地的角色错位下的必然结果，并非赢家。某些官员因贪腐、因政绩而短期获利，某些开发商因土地财政留出的权钱交易空间而短期获利，但从长期来看，又何尝不都是"失败者"呢？

高炽海毫不避讳地指出："分税制与中国现行土地制度的结合是土地财政形成的制度性原因。"众所周知，分税制使地方财权与事权不匹配，使地方政府形成了广开财路、减少公共服务、依赖转移支付等行为模式。

而现行的土地制度创造了巨大的政府权力空间，地方政府成为土地利益的代言人和享有者，以交换税收关系的逆转。为土地财政成型而服务的土地交易卖方垄断管制体系、"地方投融资平台＋土地收益权质押＋政府财政担保"这一组织形式、"经营城市"的观念和理论准备，在过去10多年中逐渐成型，一些地方政府彻底沦为"做买卖"的公司：公共职能和经营职能集于一身，裁判员兼运动员，从而不可避免地造成了"角色错位，职能扭曲"。

这或者可以很好地说明，包括"分税制"和"中国现行土地制度"在内的任何制度都是博弈的结果，是博弈的参加者们选择的结果，是折中的、调和的产物，因此，评价任何经济或者社会政治制度并不存在着先验的、普遍的标准，不能单纯地用好或者坏来判断，而只能说这些制度合适或不合适。由此可见，制度的不断革新和完善显得尤为可贵。

"回归价值，但不是重复过往"

"经济增长方式转型"也是高炽海重点着墨探讨的核心话题。然而，他认为经济增长方式的形成和转型，实质都不是技术问题，而是产权制度问题——当可以"压榨"要素时，就无须再向技术或管理要效益。中国的人力资本产权和资本产权都存在缺陷，而土地产权存在严重问题。因此，"制度变革是根本"，人的所有行为都有特定的制度背景。涉及区域发展的制度变革，不是要不要分税制的问题，而是涉及整体财税结构；也不是"土地私有化"这么简单，而是如何以一个制度系统，形成农民、市民、政府三个主体利益共容，农业、工业、服务业三类产业利益共容，城市、近郊、乡村三类区域利益共容，当代与后代两种代际利益共容。对此，作者的态度并不悲观，因为"我们存在帕累托改进的可能性和机会，虽然时间窗口也许并不长"。

区域发展失衡和民众利益往往得不到真正的保障，是中国未来经济和社会可持续发展的一大"软肋"。为解决区域发展为了谁、为了什么两大问题，《回归价值》在深究了发展、目的、自由、效率、公平，以及GDP究竟应该指向什么的问题之后，提出了一个值得称道的理论建构，即"区域综合价值发展模式"。其核心发展框架主要表现在两个方面：第一，在区域发展观念上，建立以系统平衡替代物质至上、以长远替代短视、以总体利益共容替代局部利益倾斜的发展观和价值观，在发展的过程中追求经济价值、社会价值、文化价值、生态价值相统一的综合价值；在发展结果上追求总体财富，属于区域所有民众和代际的，以经济资本、社会资本、文化资本、生态资本为形式的总体财富；发展的主体目的是在这个区域内工作、生活的所有人，不设置制度性的本、外地以及阶层歧视。第二，在区域发展源泉上，关注要素禀赋和交易两个基本源泉，区域发展主体的一切行为，政策、规划、产业、经营、开发，如果建立在促进要素禀赋的发现和价值转化、要素的提升、交易的深化上，就能实现区域发展；反之，也许会有增长、有GDP数字的变化，但不会有发展，因为其背离了发展的目的和内涵。

高炽海一而再、再而三地强调"回归价值，但不是重复过往"、以不厌其烦的方式凸显"制度革新"的极端重要性，但"区域综合价值发展模式"并不等同于"可持续发展理论""包容性增长理论""循环经济理论""新型工业化理论"，也不是古典政治经济学和当代经济学在"区域"概念上的简单嫁接，其提出的整体理性，实际意味着"以价值、要素、交易、市场、产权为关键词，重新认识区域发展的源泉和手段，将社会价值、文化价值、生态价值与经济价值统一起来，互为目的，互为手段，广域地看待要素禀赋并以此作为区域产业构建和产品化的导向，提升要素能级和结构，改变区域价值能级，以市场为主体，政府回归公共服务，并巧妙地将

'可持续发展''循环经济''包容性增长'等技术视角寓于区域价值视角之中。"

高炽海的系列分析和建议，特别是"区域综合价值发展模式"思路，让人隐约感觉到中国整体和局部经济环境既有不可预知的一面，又有前景广大的一面。但我们不能总是"摸着石头过河"，在认准了方法和方向的基础上，中国各个区域的社会和制度改革，如能从细节和区域发展模式中获得制度性改革的试点突破，最终便能实现经济与社会均衡、持续和综合的发展。

从新兴"中产"身上能窥见多少
未来的中国

> 对于中产阶级的力量强弱是如何通过消费需求影响经济增长的，学者们仍然在进行激烈辩论，这在一定程度上是因为这一领域的研究大部分还很新。然而，有几件事很清楚：首先，大衰退爆发前中产阶级承受的高昂债务让经济更容易发生崩溃，并且让经济衰退的严重性更为恶化。其次，由于困境中的中产阶级减少了消费，经济复苏非常缓慢。这两个事实有力地证明了美国中产阶级的衰落影响了消费需求，并极大地伤害了经济增长。
>
> ——《空心社会：为什么没有一个强大的中产阶层经济就玩不转》作者、美国进步中心主要领导者之一戴维·马德兰（David Madland）

看得见、摸得着的实体，还只是一种自我身份认同的集合体

丹尼尔·笛福（Daniel Defoe）1719 年在《鲁滨逊漂流记》（*The adventures of Robinson Crusoe*）中曾写下了这样的故事："这是世界上最好的阶层，这种中间地位也最能使人幸福。他们既不必像下层大众从事艰苦的体力劳动而生活依旧无着，也不会像那些上层人物因骄奢淫逸、野心勃勃和相互倾轧而弄得心力交瘁。"在鲁滨逊·克鲁索（Robinson Crusoe）扬帆

远行之前，他的父亲苦口婆心劝他留下来，安分守己成为一名"中产阶级"……

曾风行一时的西方中产阶级研究理论的预设是："中产阶级"是历经西方工商业和市民社会发展而形成的具有相近自我评价、价值取向、生活方式和心理特征以及有市场能力的社会阶层和群体，他们在市场取向和社会秩序稳定与发展方面有着重要的作用，也因此被视为社会的"稳定器""平衡轮"和"缓冲器"。现在，出自周晓虹、卢汉龙、霍米·哈拉斯、李侃如、李成等中外20位知名学者之手的《"中产"中国：超越经济转型的新兴中国中产阶级》（*China's Emerging Middle Class*）也提出，"在影响中国发展的多股力量中，从长远讲，没有一股力量会比中国中产阶级的迅速崛起和急速增长更有意义的了"。

追溯起来，"中产阶级"研究大约在2000年后才进入中国主流知识界。之前，中国学者是用"中间层""中间收入层""中等收入层"称呼这股新生社会经济力量。《"中产"中国》重点考察了过去20年间由中国"中产阶层"产生、成长和兴起所派生出的从社会经济到政治，再到社会结构变迁等方面蜕变轨迹的讨论。相比海外学者更关心的"世界已经无法承受一个始终追求美国消费水平的庞大的中国中产阶级"，中国研究者更偏向内在的思考："中国的中产阶层正在如何演变？它将如何与国家互动，以打造中国的未来？"

中产阶级到底是个看得见、摸得着的实体，还只是一种自我身份认同的集合体，在学术界一直有争论。或者说，对社会阶层的划分，既有物质等客观标准，也依赖于人们的主观认同。本书讨论对象主要分为三大类：经济群体（包括私营企业主、城市小商人、农村工厂主和富裕农民、中外合资企业雇员以及股票和房地产从业者）、政治群体（政府官员、机关职员、国有企业经理和律师）、文化和教育群体（高校教师及教育工作者，知名媒体人、公共知识分子及智库学者）。学者们不仅在广阔范围里，基于中国崛起的中产阶级的实证性例子提出各种论点、见解和可能出现的情况，也为开展思辨性或政策性讨论提出了富有挑战性的观念，这对于当下中国有着特别的意义。

南京大学社会学教授周晓虹和河海大学国际语言与文化学院讲师陈青论述了促使中国中产阶层崛起的内、外两种最重要因素。外部因素即经济全球化，代表的是西方资本主义的同步性跨国流动，这促进了中国城市中产阶级消费主义和生活方式的养成。内部因素即国内的社会转型，反映的是改革开放年代中国经济、政治、意识形态及社会结构领域的历时性变化。这些内外因素使得中国中产阶级的消费模式和经济活动与世界其他地区同阶层的人相似，但在政治态度和行为上却大不同。

"高等教育扩充"是观察中国中产阶级不断扩张的一面镜子

崛起的中国中产阶级最令人吃惊的一面，是其扩张规模和速度。有几位学者从"住房改革""房地产效应"和"高等教育扩充"等维度，关注和探讨了中国中产阶级的兴起和未来走向。北京大学林肯研究院城市发展与土地政策研究中心教授满燕云的研究显示，自 1998 年以来，住宅业私有化已使大批人受益，中国中产阶级的人数和财富正在迅速上升，直逼中产阶级国家的水平。不过，满燕云同时也认为，由住房而滋生出的诸多社会矛盾可能成为对未来社会经济的严重挑战。

澳大利亚国立大学政治与社会变革系高级研究员卢奇·托姆巴则对"房地产效应"的传统主流说法提出了挑战。"尽管房地产改革改善了某些社会群体的经济机遇，但它并没有造就一个我们期待能在短期内促使政治变革的、积极向上的中产阶级"，地区差异，业主阶层四分五裂的特点，以及正在出现的各种形式的新等级制度，都意味着业主阶层不会很快形成一种统一的集体意识。

"高等教育扩充"也是观察中国中产阶级不断扩张的一面镜子，马里兰大学（克里奇帕克）国际教育政策教授林静和北京外国语大学英语学院博士生孙晓丽合写的"高等教育扩充与中国的中产阶级"回顾了过去 10 年大学扩招在如何将高等教育从精英化转为大众化的过程，这反过来也促成了中产阶层的急速扩张。两位作者还以较大篇幅论述了"80 后"现象，"80 后"群体不仅是国家经济繁荣和高校扩招的主要受益者，而且也是需要面对"竞争激烈的就业市场"的第一代大学生——这也是未来中国新的中产阶级主干的显著特征。

"哑铃型"结构不仅没有改观，中间部分反倒有越来越细的趋势

《"中产"中国》最后三章探讨了全书的中心问题：中国中产阶层的发展将如何影响中国的政治进程？印第安纳大学伯明顿分校社会学与东亚语言文化副教授麦宜生和美国威斯康星麦迪逊大学社会与法学助理教授刘思达对律师中国这一日渐重要的群体，做了详尽精当的网上调研，不仅展示了中产阶级的人口学和社会经济学特征，而且也解释了他们在某些敏感问题上的观点和价值观念。两位学者认为，中国律师经济不稳、政治受限，其职业特定的工作环境使其制度上易受伤害，这一事实或许会决定他们在未来的政治立场和行为。

美国欧道明大学路易斯·贾弗政治科学教授陈捷用他所获得的调查材料，从政治观点、价值观和行为方面综合比较了中产阶级和非中产阶级成员的行为方式后提出，尽管崛起的中产阶级成员赞成个人权利，但对政治

自由问题取回避态度。不过他估计，各种生机勃勃的中产阶级力量，以及这些力量之间的互动终将改变中国的社会与政治的均衡。

乔治·华盛顿大学政治科学与国际事务教授狄忠蒲的眼光聚焦于私营企业家，对"私有化会带来民主化的压力"，以及"对政府本能地采取对抗态度的各种社会力量"等理论表述提出质疑。在他看来，"经济发展（为中产阶级）带来了物质利益，反过来又造成了他们对稳定的偏爱"。当然，狄忠蒲也审慎地指出某些可能的因素，例如政府亲商政策的衰微以及中产阶级对官员腐败的不满，将来有可能改变中产阶级与政府的关系。

众所周知，中产阶级占主流的"橄榄型"是社会稳定的理想结构，然而，在当下中国，一直没能形成这个理想的社会结构，更糟糕的是，"哑铃型"结构不仅没有改观，中间部分反倒有越来越细的趋势。不过，有两个因素在增强公众对中国中产阶级的了解以及学术界对他们的兴趣方面起了至关重要的作用。首先是中国商界竭力推介中国的消费群体形象，称之为潜在的"世界最大的中产阶级消费市场"；其次是中国政府决定"扩大中等收入群体的比重"。由此观之，中外学者在本书中对"中产阶级"这一迅速扩张的社会经济群体的客观分析，或许能让人更准确地标绘出中国社会今后可能的走向。从最广泛的意义上说，这或许将促使世人更好地了解中国，减缓因这个世界性大国在世界舞台上重新崛起而产生的种种担心和焦虑。

中国经济由超速猛进向常规回归的代价

除了稳步地推进金融自由化和开放资本市场，别无他法

衡量一个经济体实现了"奇迹"的最基本指标，不外乎有这样一些显著特点：实现了较高的经济增长、高增长持续了较长时段、高增长较为稳定、经济增长中技术进步（包括技术效率的改进）有较大贡献等。中国在改革开放的 30 多年间，由一个封闭的、以农业为主的落后经济，迅速崛

起为开放的、高度工业化的现代经济，确实是史无前例的，被冠以"中国奇迹"（The Chinese Miracle）也不为过。

然而，"中国奇迹"之所以是"奇迹"，是因为很多人都没有预料到，或者没有找到任何理论，能令人信服地解释其原因。当然，经济学界已对"中国奇迹"做出了各种解释和演绎：其中最有代表性的当数林毅夫、蔡昉、李周等经济学家"比较优势发展战略"的理论，美国经济学家巴里·诺顿（BarryNaughton）"超越计划体制增长"的分析，以及澳大利亚经济学家杨小凯和美国两位经济学家杰弗里·萨克斯（Jeffrey Sachs）、胡永泰（Woo Wing Thye）"回归市场体制"的假说。

与这些中外经济学家的研究有所不同，自2009年6月加入北京大学国家发展研究院之后，黄益平教授的所有学术研究和政策讨论都一直在试图打开"中国经济之谜"。他曾超前地提出了中国经济未来发展的"两大命题"：其一，从经济奇迹到常规发展的过渡；其二，从小国经济向大国经济的转变。其《告别"中国奇迹"》正是这"两大命题"的具体观点和主张的集中显现。

《告别"中国奇迹"》以中国市场要素严重扭曲为主线，分析了中国超常规繁荣及其代价。黄益平教授随之发出了一系列反思和追问：告别"中国奇迹"之后，政府会面临哪些困境？宏观政策会有哪些艰难选择？资本市场与投资存在哪些内在逻辑？人民币的前途与命运如何？这使作者有点像坐在一列时间的慢车上，在远方，慢条斯理地打量中国经济的未来——通常，"远观"比"近视"更有穿透力。

按照黄益平教授的观察，过去30多年的改革开放，使我们在经济增长和经济效率方面的表现真正出现了根本性的改变。但回过头看，要素市场的改革明显滞后。比如，利率管制、政府干预信贷决策和资本项目管制等都具有金融抑制的典型特征。据黄教授测算，中国金融自由化的进程迄今才刚刚走了大概40%的路程，远远滞后于多数新兴市场经济体。金融抑制的后果是降低资本利用效率、压低实际利率水平，当然，至少能暂时保持金融稳定性。正是由于比较严厉的资本项目管制，中国才没有在全球金融危机期间受到更大的冲击。但这样的制度安排很难继续，除了资本效率偏低，更重要的是经济开放以后，资本管制的有效性已经明显下降。因此，除了稳步地推进金融自由化和开放资本市场，别无他法。近年来刚刚重启的人民币汇率政策改革，其实也是这个自由化过程中的一步。

对宏观经济政策的调整，不少人偏倚极端，常常自以为非此即彼，对错分明，这显然很幼稚。从表面看，"保增长、调结构和遏通胀"三个方面的政策目标都非常重要，放弃任何一条都可能导致严重的政治、经济后果。那么政府该何以平衡宏观经济政策的"三难选择"呢？黄教授的看法直截了当：要同时实现"保增长、调结构和遏通胀"的目标是不可能的。也就是说，不论是有意还是无意，政府其实已在现实经济生活中做了取舍。在最近几年里，我们所观察到的是政府给予了增长"至高无上"的地位，当然也十分重视控制通胀，而结构调整就被放在相对次要的位置了。

经济学里的菲利普斯曲线，描述了增长和通胀之间的权衡关系。如果追求高增长，就可能带来高通胀；而如果追求低通胀，就可能压低经济增长速度。如果既想要高增长，又承受不了高通胀，怎么办？中国政府的对策就是直接控制价格，2004 年政府限制食品涨价幅度，2008 年政府则直接锁定国内石油价格。但这种做法治标不治本，无法从根本上缓解通胀压力。调结构与保增长之间也存在权衡关系，比如，要降低投资占 GDP 的比重或者减少经常项目顺差，在短期内也许会降低经济增长的速度，从长期看则未必，不过多数地方政府更关注短期的绩效。另外，在中国目前的情况下，调结构需要消除许多要素市场的扭曲，这些可能会导致生产成本上升，从而抬高通胀水平。

黄益平教授认为，调结构已成当务之急，如果听任结构失衡现象继续恶化，增长的可持续性就会出现大问题。由此可见，政府应接受相对比较低的经济增速。其实，通过或者增强社会保障体系，或者发展劳动密集型产业创造就业机会，都可以帮助实现社会稳定的目标。"三难问题"的另一个解决方案，可能是每个目标都放弃一些，但现在的关键是改变调结构与保增长之间的相对重要性。

如何防范"中等收入"和"福利国家"的双重陷阱

告别"中国奇迹"之后，如何防范"中等收入"和"福利国家"的双重陷阱，是黄教授重点探讨的另一个核心问题。他在研究中发现，中国当前的经济增长模式是"不协调、不平衡、低效率和不可持续的"。举个例子，2003 年，投资占 GDP 的比例约为 38%，2010 年更高达 48% 以上。如此高的投资率，显然会影响到投资回报率，最近各地高速公路和其他一些投资项目的现金流出现麻烦，绝非偶然。经济结构需要适当的比例。这样的投资回报，自然难以支持经济的可持续增长。

由此可见，中国面临的一个直接挑战是如何避免一些拉美国家曾经历的"中等收入陷阱"——经济起飞成功了，增长却很快停滞不前。拉美国家收入分配极其不平等、经济缺乏创新能力，这些问题中国同样存在，另外还多出一个资源浪费问题，在资源和环境方面消耗掉了不少未来的增长机会。过去近 10 年，中国在调整结构方面进展缓慢。不过政府开始重视民生，是有目共睹的。无论是农村医疗保险还是城市养老保险，都取得了不小的进展。这些措施十分必要，毕竟经济发展的目标是提高老百姓的福利水平。收入增长尽管重要，但如果老百姓没有安全感，同样不会感到幸福。这也是作者一向推崇政府采取措施保障老百姓享有"免予经济恐惧的自由"的原因。

不过，建立福利体系的原则应是保障百姓的基本安全感，但不影响经济竞争力。假如过度提高最低工资水平，有可能让工资水平脱离市场经济的实际水平，就有可能伤害经济部门的竞争力。因此，中国要放弃单纯追求 GDP 增长，也要防范过早地落入"中等收入"和"福利国家"的双重陷阱。

在黄益平教授看来，如果把改革开放前的中国经济看成"无市场经济"，那么过去 30 多年的中国经济至多还只是个"半市场经济"。现在，如能减少政府对经济资源的直接控制，实现生产要素市场化的过程，那么就能实现完全的市场经济，步入常规发展阶段。这一步做起来难，但我们已看到了希望。比如政府正在不断调整资源价格，并将利率市场化提上了议事日程。

直面三大国际博弈筹谋最佳应对策略

> 在战争和全球化中都会有赢家和输家，全球化的输家不至于丧失生命，但也会失去很多。全球化最终归结为一点，它建立在自由的基础上：各国通过自由贸易从比较优势中获利；在可接受的风险下，向回报率高的地方投资的自由；选择任何国家和地区开店的自由，不管开店是为了获取更高的利润还是更大的市场份额，抑或是个人追求更高的工资、更好的工作环境。
>
> ——《全球化博弈》作者、伦敦经济政策研究中心主席圭拉姆·德拉德赫萨（Guillermo de la Dehesa）

汇率是国际经济纠纷的焦点或直接表现

国际政治和经济中的大部分问题不但难以凭借价值观做出明确判断，甚至也很难根据"事情本身的是非曲直"或运用科学主义的方式推定某个结论。而研究历史和现实的意义，除了活生生的数字和严谨扎实的细节还原外，还在于从"理解往昔"中"预见未来"。据此，著名经济学家徐滇庆和学生李昕合著的《中国不怕》（Chinese Afraid）带给我们最重要的信息是：崛起中的中国，树大招风，面对纷繁芜杂的问题与争论，关键是把握常识，妥善应对。

就拿汇率来说吧。汇率是国际经济纠纷的焦点或直接表现。在非战争状态下，国家间的竞争向来是围绕着汇率。近几年，美国拿人民币汇率大做文章，实施花样繁多的经济调查、制约乃至制裁，便是个典型例子。美国彼得森国际经济研究所负责人弗雷德·伯格斯坦（Fred Bergsten）在美国国会作证时，就建议给中国贴上"汇率操纵国"标签。他说，低估人民币汇率等于给中国出口商品提供了 25%~40% 的补贴。或者说，给所有进口商品增加了等值的关税，降低了中国人购买外国商品的意愿。伯格斯坦辩解说，不能把美国逼迫人民币升值视同贸易保护主义，而应当说美国此举是"反贸易保护主义"。差不多同时，2008 年诺贝尔经济学奖得主保罗·克鲁格曼（Paul R. Krugman）在《纽约时报》上也著文宣称，中国保持人民币低币值的政策，已成全球经济复苏的毒药，要中国在人民币汇率问题上"承担责任"。

伯格斯坦和克鲁格曼此举，已超越了各种利益纠葛的学术观点，更多反映国家间现实利益的纷争。所以，徐滇庆的回击没有引经据典、拉古扯今，而是用一个个真实的数字去批驳，不依不饶地指出两人起码犯了"三个原则性错误"：错误估算了中国 GDP 数值、经常项目顺差数值与进出口价格弹性。在提到伯格斯坦等利用那些不经认真考证的"某贸易条件指标"（大都可能是统计失真本身造成的假象或者是对数据缺少标准化处理而造成的错觉）就随便给中国贴上"汇率操纵国"时，徐滇庆颇带讽刺口吻："由于他们在使用贸易权重法时将模型中三个主要数据都弄错了，输入的是垃圾，输出的自然还是垃圾。"

金融开放的最大风险源自"战略"层面

在徐滇庆看来，美国"光叫不咬"的政策尤其需要冷眼审视，因为华盛顿催促人民币升值的根本用意，在于迫使中国更多地开放市场，特别是更多地开放金融市场。而在中国应对金融危机能力不足的条件下，激进开放金融市场，显然并非上佳选项——因为中国正处在特殊的"战略拐点"上，需要实现一些具有中国特色的突破。对于金融领域的开放，国内大多数学者和决策者关注的是"战术"层面的风险。实际上，金融开放的最大风险源自"战略"层面，即金融开放本质上是"一场没有硝烟的货币战争"，中国金融业要顺利走向开放绝对不能缺少这样的战略危机意识。

再说以经济制裁为主的"贸易战"。美国前总统威尔森（Thomas Woodrow Wilson）1919 年曾说："经济制裁是和平的、静悄悄的，无须使用武力，但却能击中要害的治疗方法。经济制裁不需要在被制裁国以外支付生命的代价，但是却给被制裁的国家带来巨大的压力。以我的判断，没有一个现代化国家可以承受这种压力。"

徐滇庆认为，威尔森的观点有些片面和绝对，经济制裁的确可以产生压力，但许多国家都能承受这种压力。由于这种压力不一定能保证达到预期目标，所以经济制裁的使用范围受到了限制，"经济学家总结了有史以来的经济制裁案例（1914~2009 年的 199 次经济制裁当中，联合国和其他国际组织发起的经济制裁共 27 次，占总数的 13.6%；美国作为世界上唯一的超级大国，单独或领头发起了 133 次经济制裁；如果算上参与联合国的经济制裁，美国共参与 160 多次经济制裁），发现经济制裁的成功率只有 35%左右"。

为什么多数经济制裁会失败？徐滇庆总结了历史上的 199 次经济制裁，得出六条基本"戒律"：不要制裁大国、制裁你的朋友、别得罪人、选择有限的目标、铁壁合围结成统一战线、速战速决。这些听起来很琐碎，却是影响实施经济制裁成败的"致命细节"——因此在发起经济制裁之前，决策者（决策国）必须慎重思考。

而用这六条基本"戒律"观察过去几年乃至几十年的中美贸易关系，不难发现，"双方都知道经济制裁是柄'双刃剑'，弄不好会伤害自己，削弱自身的竞争能力，最后把市场份额拱手让给真正的竞争对手。事实证明，双方在摸清对方的底线之后，都能够采取合理的对策。"今日世界，早已不是"零和博弈"的冷兵器时代，最佳策略是谋求共赢。

最后说说"粮食安全"。在 2008 年"世界粮食危机"那段紧张日子，有学者曾指出，当今世界逐渐形成了一个"沙漏式"的食物体系：沙漏上端和下端分别是数量庞大的生产者（农民或农场主）和消费者；沙漏中间细细的瓶颈部分是生产者和消费者沟通的通道——食品企业。食品企业决定以什么价格从生产者那里收购原料，经过一番加工以后，再以什么价格卖给消费者，在这个过程中，生产者和消费者正在慢慢地丧失粮食或者食品的定价权。

无论是"控制市场力量的力量"，还是掌控着我们饮食习惯和选择的权力者——对于大多数人来说，这都是陌生的，因为这些是"隐形"的。难能可贵的是，徐滇庆通过一系列数据分析，得出的结论却有所不同。他认为，2008 年以前由于世界上粮价偏低，农民种粮积极性不高，动用了过多粮食库存，致使粮价飞涨，但这只是一次被动的市场调节，而非粮食危机，因为全世界粮食生产能力并没有变化。"从宏观上看，世界粮食问题的本质，目前甚至很长一段时间内并不是总量的问题，而是贫富差距问题。"

那么，中国的粮食是否安全呢？徐滇庆认为"中国不缺粮"，粮食安全没有问题，恰恰相反，"中国粮食库存过高，造成了一些不应该的损耗和浪费。他建议在保证粮食安全的基础上，适度降低粮食库存"。徐滇庆的看法或许会让有些人感到迷惑，但他通过"活生生的数字"得出的结论，不仅激发了人们的思维，更触动了人们的心弦，值得执政者重视和深思。

另外，对当下部分学者担心"依靠进口粮食是个'不安全''不明智'的行为"，应尽量减少进口粮食的呼声，徐滇庆也深感困惑。他的看法恰好相反，"进口粮食等于进口土地资源和水资源，有利于保护环境。进口带有补贴的农产品，用不着缴纳税收，却又能享受补贴，何乐而不为？唯独需要保持警惕的是，千万不要因为进口粮食就放弃了自己生产粮食的能力"。

中国能向世界贡献经济发展新模式吗

分析"新常态"，首先要厘清"旧常态"

作为近年来重要的经济术语，"新常态"（New Normal）最先是由美国太平洋投资管理公司（PIMCO）两位联席 CEO 比尔·格罗斯（Bill Gross）和穆罕默德·埃尔–埃利安（Mohamed El-Erian）在 2009 年初提出。当时他们用该词来说明 2008 年国际金融危机爆发后，全球金融体系的结构改变。在习近平总书记 2014 年 5 月以来在多个场合提及这个词后，新常态的表述逐步被系统化，在中国有了特别的含义，直至正式成为治国理政的新理念和决策依据。《新常态改变中国》这本汇集了吴敬琏、厉以宁、林毅夫、许小年、周其仁、管清友、张维迎、李韬葵、马骏等 23 位首席经济学家 32 篇专题论文，分别从"释义新常态""改革建言""宏观经济分析""改革试验田""投资新思路""企业应对""房地产与土地"和"互联网金融"8个方面对国势做前瞻性预测，把脉"新常态改变中国"的内外部有利环境及可能性。无论你对这些首席经济学家之言有多少保留，他们根据多年思考、调研，从"新常态"思索仍然值得一听。

分析"新常态"，首先要厘清"旧常态"。北大光华管理学院名誉院长厉以宁认为，2003年以后，为了防止GDP的下降，采用了增加投资、放宽银根这样一些措施，造成了GDP在一段时间内都保持在9%、10%甚至更高的增长率，这属于不正常。要进入经济稳定的增长状态，GDP增速不一定要太高，保持比较高的速度就行了。所以，我们要转入新常态。厉以宁除了特别强调调结构的重要性，他还指出国有体制改革、城镇化建设和收入分配制度改革——这三方面的改革最为重要和迫切。

民生证券研究院副院长、首席宏观研究员管清友对关于"未来十年中国经济大趋势"的新常态判断和论述，看似简单但涉及的领域广泛且颇具智慧：供给端的新常态"人口红利衰退，储蓄率出现拐点，潜在增速下滑，劳动力比较优势丧失"；需求端的新常态"全球化红利衰退，全球经济从失衡到再平衡，外需和外资从涨潮到退潮"；产业结构的新常态"从工业大国向服务业强国转变"；质量结构的新常态"从'吹泡沫'到'挤水分'，实现有效益、有质量的增长"；区域结构的新常态"从各自为政到协同发展，打造一弓双箭格局"；金融结构的新常态"打破金融垄断，让利实体经济"；财政政策的新常态"从挖坑放水到开渠引水，从建设型财政到服务型财政"；货币政策的新常态"从宽松货币到稳健货币，从总量宽松到结构优化"；供给管理的新常态"从浅水区改革到深水区改革"。

新常态意味着经济总体增长速度比之危机前略有下降

清华大学经济管理学院经济学教授李稻葵用横向对比的方式，针对发达国家、除中国之外的新兴市场国家以及中国三类经济体，分别分析了三种语境下的新常态。发达国家陆续进入后危机时代的恢复进程，不仅英国、美国，即使是危机深重的希腊、西班牙，也已经进入逐步走出危机、不断修复创伤以及调整引发危机的深层次问题的阶段。对欧美发达国家来说，新常态意味着经济总体增长速度比之危机前略有下降，但最重要的是，这些国家在危机后的增长主要来自金融、房地产、高科技、高端服务业等领域，因此其所面临的最大挑战是如何协调经济发展与经济恢复过程中的社会矛盾。欧美发达国家新常态的主要特征是：在全球化的压力下，经济社会体制和政策"向左转"，更加强调分配的公平性，强调对市场机制尤其是金融市场的约束，同时，对社会高收入人群的税收也会有所加强。这从法国经济学家托马斯·皮凯蒂（Thomas Piketty）《21世纪资本论》（*Le Capital au XXIe Siècle*）一书的走红并引发广泛热议中可以得到佐证。

众所周知，中国之外的新兴市场国家，在这一轮金融危机初期所受到的影响相对有限，而从 2009 年开始，当发达国家大规模推行量化宽松及其他宽松的货币政策之后，大量资本涌入新兴市场国家，再加上中国经济迅速恢复所带来的对大宗商品需求的上涨，新兴市场国家经济出现了一轮蓬勃发展的格局。不幸的是，这一轮发展的基础并不牢固，因为不少国家的市场机制并不牢固，宏观管理也不够稳健。所以，李稻葵判断，新兴市场国家新常态的基本主题是：在低增长时代寻求经济体制改革，为新一轮增长创造制度基础。因而中国经济的新常态将有四个方面的重要表现："新旧增长点的拉锯式交替、渐进式的经济结构调整、改革的艰难推进、

跨越黑天鹅和灰犀牛的坎

国际经济领域中国要素的提升。"

"新常态"必须具有"新心态"

对经济下行采取容忍态度，对结构调整的信心建立在新常态的判断上，根据这一判断，传统上势必要采取的财政货币政策就不再是优先选项。对此，央行研究局首席经济学家马骏的判断是："过去的教训是，在经济刺激的过程中，国企和地方政府平台获得了最多的资金，刺激之后则带来如下后遗症：杠杆率上升过快，带来金融风险；经济结构重型化和国企化；产能过剩严重……"其中，最明显的变化是：央行在资产端（再贷款、PSL［抵押补充贷款］等定向金融）的操作，让信用更多地流向中央政府着力于调结构的部门和项目，流向地方平台的比例会逐步下降。只要原来的经济结构和资源分配体制没有回归合理，央行对于负债端操作就会非常谨慎。

从宏观政策的变化看，"稳增长"和"调结构"并不矛盾。近几年来，各国纷纷寻找新经济增长之路，互联网、物联网、机器人技术、人工智能、3D打印、新型材料等多点突破和融合互动将推动新产业、新业态、新模式的兴起，一个"后大规模"（Post-mass）生产的世界正在来临。新常态下，观察问题需要新的视角、新的框架，市场投资需要新的逻辑、新的思路。永隆银行董事长、招商银行原行长马蔚华提出，经济放缓是中国经济新常态的表象，背后还有经济结构的优化、增长动力的切换、制度环境的改变。马蔚华对比研究发现，中国经济在新常态下将有七个新机会：战略性新兴产业加快发展、服务业的跨越性发展、城镇化、中西部地区崛起、技术变革、中国企业"走出去"、新兴市场业态。

跨国公司和国内企业把生产基地从中国向东盟及其他低收入国家转移

的进程才刚开始，在未来5年内将进入加速阶段，上海博道投资管理有限公司高级合伙人、首席经济学家孙明春估计，这将形成第二次世界大战后亚洲的第三次产业转移。这最有可能发生在中国与东盟之间，即便东盟经济体无法从中国承接所有这些产业，也会有其他经济体（如印度、斯里兰卡、孟加拉国、巴基斯坦等发展中国家）从中国手中将接力棒接过去。这次产业转移不但会给东盟、印度及其他产业接收国的经济和企业带来巨大机遇，也会为中国、中国香港和其他较发达经济体的企业和金融机构创造良好商机。

"凡事预则立，不预则废。"新常态不会总是风和日丽，考验人们是否牢记底线思维，敢不敢正视"最坏处"，会不会解决"最难处"，能不能争取"最好处"。以房地产为例，诚如中欧国际工商学院经济学与金融学教授许小年指出的那样，结构失衡给经济带来风险，中短期的最大风险在房地产，房地产价格如果大幅度调整，地方政府的债务问题就会水落石出，接着就会牵连银行。"经济结构出问题并不可怕，调整过来就好，在调整的过程中，增长速度不可避免地会下滑，但在调整之后，就可以迎来另一轮增长的高潮。"

"新常态"来临，不仅改变经济运行轨迹，也纠正和颠覆了长久以来人们的认知偏差与理念——"新常态"必须具有"新心态"。无论是对于地方政府、国有企业还是大众来说，都应保持平常心态。这需要革除"GDP膜拜"旧思想；杜绝"跑部钱进""潜规则"；涤荡一夜暴富"炒"字诀；告别"竭泽而渔"求增长……而在"平常心"的背后，实际上是如何管住政府这只手的问题。正确处理政府与市场的关系，仍然是当前最关键的课题。从这个意义上说，在经济新常态大背景下，政府必须改正急于出手、乱出手的毛病。

该从"物本导向"提升为"人本导向"了

运输部的真正顾客不是驾驶员和公交乘客，而是公路营造商和公共交通系统。住房和城市发展部的真正顾客不是贫穷的城市居民，而是房地产开发商。如果这种说法是夸大的话，就仔细想想戴维·福斯伯格的评论吧。那时他任住房和城市发展部的新英格兰地区主任。那番话是在杰克·肯普改变了住房和城市发展部的工作重点之后讲的："我无法告诉你们说'住房和城市发展部的选民是中低收入的人，会有多大帮助。'现在你可以说，'今天住房和城市发展部不是为开发商和工业集团服务的。'"大多数人在同政府打交道的经验中，最大的刺激是官僚政治的傲慢。今天人民期望着被当作顾客受到尊重——甚至受到政府的尊重。

——《改革政府：企业家精神如何改革着公共部门》作者、美国公共策略研究所资深合伙人戴维·奥斯本（David Osborne）和国际著名的政府改革理论的倡导者和实践者特德·盖布勒（Ted Gaebler）

历史上找不到"天上掉下红利"的例子

纵观近 40 多年中国走过的路，绝大多数鲜亮的经济增长和社会进步数据都源于前一个阶段的锐意改革，同时又构筑起下一阶段推动更艰巨复杂改革的重要基础。倘若改革停滞，那就意味着挥霍掉了前一时期改革开放的"红利"，失去解决问题的最佳时机，客观上增加了未来改革的难度。

因此，在当前改革处于"深水区"和"攻坚区"的关键时期，这本系统研究"改革红利"、汇集了当今国内享有盛誉的19位学者（成思危、厉以宁、吴敬琏、林毅夫、高尚全、汪玉凯、熊澄宇、周瑞金、杨伟民、常修泽、陈锡文、张卓元、郑立新、周小川、贾康、宋晓梧、迟福林、樊纲、彭森）意见和建议的《改革是中国最大的红利》，尤其具有重要的实践价值和理论价值。

在被称为"中国风险投资之父"的成思危看来，"制度创新是改革的红利之源"。因而，深化改革主要通过制度创新来解决法治和人治、效率和公平、政府和市场、集权和分权四大关系。成思危认为，政府官员自由裁量权过大，就会集聚社会矛盾，并为一些腐败分子大开方便之门。例如，在征地和拆迁过程中，由于一些政府官员采用不守法（并非为国家利益而征地）、不讲理（征地和拆迁的补偿过低）、不公开（补偿费用被层层克扣）的处理方式，往往造成政府与拆迁户之间的对立，影响社会稳定，造成国家和社会财产的损失。关于政府与市场的关系，他认为"看得见的手"和"看不见的手"要相互配合，才能获得"1 + 1 > 2"的效果。政府调控是必需的，但要遵守市场规律。政府的作用是反对利用垄断地位谋取不正当的利益，鼓励竞争。

当下国内外经济学界流行着这样一句话，"中国发展到现在，红利已经用完了。"经济学家厉以宁认为，这种认识是对改革红利的误读。素有国际视野的厉以宁在比较世界各国的"发展优势和'红利'的创造"时发现，发展中国家如果未认识到经济及时转型的必要性，只是留恋原有的"红利"或优势而不愿尽力转型，会造成丧失继续发展经济的信心、实体经济领域投资者纷纷迁到起步较晚的后发国家、本国实体经济产业空心化三个方面恶果。

厉以宁特别提出，那些以各种红利的消失作为唱衰中国经济依据的论调是没有道理的，"要知道，发展优势和红利都是来自创造"。原有的资源红利和人口红利，是这些年来中国改革开放顺利的基础，而如何形成新的资源红利和人口红利，则取决于未来改革的方向和举措。只有继续推进制度改革，改革的新动力才能形成，新的资源红利和人口红利也才能尽快确立。而新的人口红利、资源红利和改革红利对旧的人口红利、资源红利和改革红利的替代，都须依靠人们的努力——历史上找不到"天上掉下红利"的例子。

中国当前的形势，用吴敬琏的话概括是"两头冒尖"：一方面是经济高速增长，另一方面是"不平衡、不协调、不稳定、不可持续"的问题越来越突出。展望未来的改革之路，吴敬琏认为，最紧迫的是"要深入研究全面深化改革的顶层设计和整体规划，明确提出改革总体方案、路线图、时间表"。

"红利的释放关键在于改革的突破"

经济学家林毅夫通过收集大量实证并经过比较和分析认为，中国过去30多年转型比较成功得益于推行了一种渐进式、双轨制、"摸着石头过河"的方式，未来数十年中国是否能保持高速增长，他的看法是，"只要了解如何根据本国不同发展阶段的比较优势充分利用技术创新和结构转型方面的后发优势，任何一个发展中国家都有机会加速经济增长"。而"运行良好的市场是一个国家根据比较优势发展相关产业的前提条件"。虽不是长篇大论，却很有内涵。

曾系统提出"以民为本"和"民本经济"理论的经济学家高尚全坦言，"红利的释放关键在于改革的突破"。不同的阶段有不同的发展红利。把握好了特定阶段的特点，选择了相适应的发展方式，建立了与此相符的体制，就能享受改革红利，就有很强的发展动力。打个比方，一国的发展就好比火箭起飞的过程。在起飞阶段，需要强有力的一级助推器；但到了平稳飞行阶段，一级助推系统就要抛弃。如果转换不及时，火箭就要出问题。

中国经济增速已进入"快挡"向"中挡"的转折期，经济学家迟福林认为，能不能抓住消费需求释放的战略机遇，用5~8年时间形成以释放国内需求支撑可持续增长的基本格局，重点取决于三项改革的破题：以改革破题投资转型，实现投资与消费的动态平衡；以公益性为重点调整国有资本配置；以形成6亿中等收入群体为重要目标破题收入分配改革。

通往新愿景总要穿过一个个泪谷

蜀汉丞相诸葛亮《隆中对》一开篇就讲天下"大势"，而依清华大学中国经济研究中心研究员常修泽之见，当今世界发展的"大势"主要有两点：人类经济领域中的"市场经济"和社会领域中的"公平正义"，中国到了从"物本导向"向"人本导向"战略提升的时候了，必须强调尊重公民在经济政治社会文化等方面的基本权利，而讲"人本"，就意味着要拒绝"民粹"。

在确立了中国改革所需的"视野"之后，常修泽认为还需要研究改革的"战略愿景"。这涉及改革的战略愿景以及未来治国理政者的"政治容量"。按常修泽的分析，中国存在的三个"容量不够"：在推进改革的过程中，如何整合各种改革力量、听取各种不同的改革声音，"容量不够"；在对待两岸历史和现实的某些问题上，如何以"包容性"胸怀设计民族和国家的未来，"容量不够"；在多元文明并存的条件下，如何注重吸收中华文明以外的东西方文明精华，构建当代"新文明"，"容量不够"。由此可见，他特别强调，中国未来需要提升三个"新台阶"：由关注经济改革层面提升到关注整个经济社会改革层面，由重视中国内地改革发展之命运提升到关注两岸乃至整个中华民族之命运，由关注中华文明提升到关注东西方文明精华的交融。

法国著名作家维克多·雨果（Victor Hugo）有句名言："地球上没有任何力量可以阻止一个时机已经到来的想法。"对于当前的中国来说，改革"时机"已然到来，中国向何处去，又将以何种方式行进，这些都是"新红利"需要回答的问题。在每一场改革的进程中，通往新愿景总要穿过一个个泪谷，当然也总包含痛苦的自我否定和自我改造。《改革是中国最大的红利》的作者大多是中国 30 多年改革的亲历者和参与者，他们对中国改革"忆往昔"和"俱往矣"的回顾、展望、呼吁，不仅让读者体会改革的艰难，更促人深思，看哪些改革是正确的，哪些还不够彻底。

学者就该拿出"批判眼光"哪怕被骂

房价上涨，绝非所谓"刚性"需求推动

现实向来逼迫人们思考——可现实究竟是何模样？身在其中，反倒看不真切。为了更好地把握现实，经济学家们一直试图把以数字方法建构模型、归纳理论，以深度访问、参与观察和叙事分析等定性方法描绘现实图景，以"批判的目光"审视社会现实等几方面曾"彼此对立、相互冲突"的工作综合起来探研。当然，与欧美同行相比，中国学者还多了一重"经济学本土化"解读的特殊任务和使命。最近读到银河证券首席经济学家左小蕾的《小蕾视角：我看中国经济》时，猛然发现在经济学的"学术研究"和"大众传播"两条赛道上，已不乏技艺娴熟的"中国车手"了。

《小蕾视角》涉猎很广，书中各篇所论，"顶着被骂的危险，把自己的观点淋漓尽致地表达出来"。当一些经济学者热衷利用数学模型把经济现象论证得异常深奥复杂以期博得洋人首肯和圈内人喝彩时，左小蕾却坚持用大白话、大实话讲解中国的经济问题。在个人视角的"非虚构性"表达中，真实流露个人的真性情和真感受。

比如，对居高不下的房价，现在流行一种"通过增加土地供给，以扩大供给来抑制房价上涨"的新主张。左小蕾直言不讳地批评这个主张是个"极大的误区"：高房价不是简单的供给不足问题——房价上涨，绝非所谓"刚性"需求推动，即不是所谓城市化进程中所产生的进城农民工带来的住房需求推动的，"新一轮房价应该是'投资'行为推动的"。房地产投资以价格差异为"赚钱"目标，"赚钱"的效用是无限的，赚了1000万元，希望赚5000万元；赚了5000万元，希望赚1亿元。因此，从理论上说，没有任何"供给"水平能与这种无限需求达到均衡。

"房地产泡沫的形成和泡沫破灭后爆发的经济危机都与银行资金大规模进入房地产市场有关。规范和严格银行信贷进入房地产市场的管理和调整，是遏制房地产市场泡沫危机的蛇之七寸。"其实，这是左小蕾多年前已提出的观点，但不知是幸运抑或不幸，恰与今日之现实极为契合。也许由于中国房地产前行的脚步太过匆忙，以至于我们无暇回望。但无论如何，有意或无意地躲闪及回避肯定不是正确选择。因为，我们没有漠视历史的权力。经过十余年发展的中国房地产已开始步入加速成长的轨道，曾经打破一切的"张狂"与"喧嚣"，必然在岁月的沉淀中让位于理性。我们不能总是"摸着石头过河"，那样就不可能走得更快更远。

"监管也要抓主要矛盾，龙头的问题一定要先解决"

在相对缺少投资渠道的中国，股市的"起伏"一直牵动着亿万股民的神经。但经过多年的发展后，左小蕾认为中国股市"浮躁之气"仍大雾弥漫。从战略上说，当前股市面对的主要矛盾是严重缺乏规范化，违法违规行为层出不穷，包括会计财务假账、虚假信息披露、内幕交易、操纵价格、券商坐庄、非法动用客户保证金、咨询机构炒作……如此种种，严重制约着中国资本市场的进一步发展。

何以理性治理这些股市"痼疾"？左小蕾在理性思考的同时从不掩饰对"中国股市美好未来"的期待："饭要一口一口吃，仗要一个一个打，分清解决矛盾的轻重缓急，抓住第一个阶段的主要矛盾，才能稳操胜券。"中国股市还在发展的初级阶段，十分脆弱。如果把解决诸多矛盾的措施同时摆上议事日程，就会给市场施加过大的压力，干扰了解决主要矛盾的战略部署，削弱了加强监管规范市场的效果。从这点出发，她认为停止国有股减持的措施，纠正了缺乏整体考虑的战略上的失误，是一次必要的战略调整，不能简单地归结为政府的又一次托市。事实上只有市场规范了，国有股减持才能较顺利进行。从改革的顺序看，把国有股减持往后拖一拖，找出对市场干扰较小的方法来，并不会从根本上影响国有股减持，反而大大地增加了市场的稳定性，增加了实现加强监管的战略目标的可能性。

同样的道理，"监管也要抓主要矛盾，龙头的问题一定要先解决。我们的市场很多方面都有待规范。但先做什么后做什么，什么时候适合做什么，一定要审时度势，有主次缓急。不论多么好的政策和措施，如果没有天时地利，也不可能收到预期的效果，甚至适得其反。"在诸多的监管问

跨越黑天鹅和灰犀牛的坎

题中，什么又是主要矛盾呢？她认为，打假与保证信息披露的真实性是监管的核心与基础。诚然，没有真实的信息，监管不可能准确到位；没有真实的信息，不法券商们便可能翻手为云覆手为雨；没有真实的信息，效益好的上市公司可能得不到市场的承认，而劣质公司反能蓄意压低成本圈钱；没有真实的信息，无论怎样加强对股民的教育，也增强不了股民的信心。

左小蕾的"美好愿景"为执政者提供崭新的思考平台

展望"中国经济的未来"，左小蕾对"城镇化的进程"情有独钟，并期待颇高。她认为，如果城镇化推进可以缩小城乡差距，使更多"农民"变身"居民"，农民收入水平可以提升至城镇居民收入水平，农民的消费水平可以转变为居民消费水平，那么农民的生活水平可以提高到城镇居民的生活水平。

在梳理城镇化发展进程的具体思路时，左小蕾的主张和视角也别有新意。她认为，拉动（城镇）消费增长可能的政策"三部曲"是创造就业、努力消除居民的后顾之忧，同时发展服务业开拓消费的新领域。这当然绕不开户籍制度改革。其实，"安居"本身就会创造就业，还能带动相关产业的发展和就业机会。如果各地能够发挥各自优势充分利用政策资源，那么城镇化就是新的经济增长点，城镇化的过程就是新产业、新企业的发展过程，就是经济增长的过程。左小蕾的"美好愿景"为执政者提供了一个崭新的思维路径和思考平台。

《小蕾视角》中的"视角""主张""建议"是散漫的、片断式的，而思维却是律动的、跳跃式的，充满"现实主义"反思和"理想主义"追求。同时，又特别注意致力于个人视角的开拓和批判。她向国人昭示着这种表达的意义和追求：在一片迷乱中，如果不能把握全球化背景下的资金大流动、产业大分工、城镇化的快速推进，如果不能认清中国经济发展"对内""对外"的形势，如果不能直面中国经济正处在"大变革""大爆发"之中……我们将依旧在"迷雾"中苦苦前行。

跨越黑天鹅和灰犀牛的坎

从资本创新扩张路径回望中国改革历程

避免"盲人摸象"的尴尬和片面

纵观跌宕蹉跎之新中国史，曾有40多年"讳言资本"的历史。因此，为"资本"著书立说往往被视为一桩冒险和疯狂的事情，因为极易陷入"盲人摸象"般的尴尬境遇，"其触牙者即言象形如芦菔根，其触耳者言象如箕，其触头者言象如石，其触鼻者言象如杵"，人言人殊，不管是大根萝卜，还是簸箕、石头、柱子，从个体角度而言似乎都在道，并置在一起却让人感觉荒谬无比，"资本"之整体把握实属难哉。

在经济学家曹尔阶80多年的风雨人生中，有60多年同投资打交道的经历。他多年在财政部、建设银行从事投资管理的实践和理论研究，先后任中国投资咨询公司总经理、中国国际金融公司高级顾问，并曾任中国投资史研究会理事长，见证和参与了中华人民共和国一些重大建设投资项目的调研、论证、审批，参与制定了相关的政策和法规。因此，他撰写的这本《资本是个好东西》某种程度上或许很好地避免了"盲人摸象"的尴尬和片面。其凝聚了作者数十年来在投资问题上的经历和研究成果，其中的历史反思以及对现实思路的探讨，对下一步的改革、发展、创新的建言，显得极为厚重，极具启发意义。

在投资管理的实践中，曹老先生深深体会到"资本创新和扩张"的内在秘密，因而对中华人民共和国成立以来遭遇的诸多经济问题，都尝试从资本形成机制的角度加以阐述。

在计划经济时代，一切收支集中于财政，一切信用集中于银行。但即使在那样的情况下，也没有堵塞资本的扩张和形成机制的创新。例如，财政部门就曾利用建行发放"小型技术措施贷款""出口工业品贷款"，以及直接利用预算内外的各种挖潜改造拨款等，扩张财政超收的资本；又如一些地方政府曾采用平调集体资金，企业的"基建挤生产、生产挤大修、大修挤成本"和乱挪乱拉贷款等，那也是另一种形式的资本扩张。改革开放后，尽管政府一贯强调控制信贷规模，但投资规模膨胀即资本扩张仍一次又一次地发生：1982 年企业和地方动用预算外财力的投资热；1987~1988年的"证券集资热""信托公司投资热""地方办金融热"；20 世纪 90 年代的"假拆借"和"绕规模贷款"等近乎违规的金融举措，提供了办市场和乡镇企业的原始资本投入……所以，曹老先生说，回顾这 60 多年资本创新的历程，创新与违规，真理与荒谬，其实只有一步之差！关键在于金融管理部门要保持清醒的头脑，善于审时度势、因势利导，善于从制度改革上理顺生产关系，激发、保护和驾驭一切资本的积极性，为资本形成机制的创新鸣锣开道，尽可能把一切闲置的社会财富转化为创造财富的资本，为社会生产力的发展开拓道路。

很难想象，如果没有那些年的经历，曹尔阶不会有在本书中的这些思考。尤其在第四章"国家投资、国家干预、国有化和私有化"中，以 1985 年全国推行"拨改贷"为例，从功绩和扭曲两个维度论述中国资本创新和扩张的历程，兼具理性与客观，堪称全书点睛之笔。

在曹尔阶看来，正是"拨改贷"，启动了银行职能的回归，银行信贷开始介入投资。"拨改贷"和信贷介入投资的改革，把企业还原为市场经济条件下真正独立的商品生产者，并让企业明白不能无偿使用资金，而必须以利息作为资金的机会成本再去经营收益，从而把加速资金周转和提高经济效益提上了议程。

当然，"拨改贷"的改革也有荒谬和扭曲之处：一是新建企业在一分钱资本金都没有的情况下就向银行告贷，银行也竟同意。而还款时又用税前利润还贷，等于是用税收偿还。这其实是以"债"为"本"，"债""本"错位，颠倒了"债"与"本"的关系，以致不少企业在 20 世纪 90 年代中期陷入过度负债的困境。尽管荒谬，但却构成了这一时期最主要的资本形成机制。二是银行利用存款发放贷款，但投资性贷款的指标也要由国家计委分配。计委定项目，银行奉命贷款——这又是另一种扭曲。但是，"拨改贷"改革相对于银行职能的总体回归，仍然利大于弊。

把颠倒多年的"债"和"本"关系重新摆正

1995 年，国内 18 个工业城市推行优化资本结构试点。当时，国有企业资本与负债的比例已低达 2:8，据测算，要把负债率降低 20 个点，至少要补充 9500 亿元国有资本。不久，工业城市优化资本结构试点扩大到 100 多个城市。政府以"红头文件"鼓励兼并、规范破产，并采取对银行逾期贷款挂账停息或减免欠息等多种解困措施。由于种种误解，政府高层严厉批判和禁止有关"债转股"的银行试点。直到 1998 年，因为东南亚金融危机，国内面临国企过度负债的严峻困境，国有大中型企业三年解困时限紧迫，政府遂于 1999 年下半年成立了四家金融资产管理公司，并对相当一部分过度负债的大中型企业拖欠国有商业银行的贷款实行"债转股"。这个决策，结束了国有企业实行"拨改贷"以来长达 15 年的过度负债状况，把颠倒多年的"债"和"本"的关系重新摆正。这实际上是对 40 多年"讳言资本"历史的彻底否定和总体清算。

"债转股"在资本形成机制上的最大创新，就是将当时 4600 亿元企业欠银行逾期未还的不良贷款，转化为股份。"债转股"，更奇妙的作用在于，不但化解了企业过度负债，而且化腐朽为神奇，优化了企业资本结构，凭空增加了 4600 亿元的企业负债能力，成为那一时期增加银行贷款、缓解通货紧缩的一支"生力军"。

驾驭资本也要防止政府过度干预的副作用

自 2008 年始自美国的全球金融危机爆发以来，金融创新、虚拟经济就成为各界争论的焦点。对此，曹尔阶的看法是：金融革命的主要意义在于创造了十倍、百倍于实体经济的庞大虚拟经济，把人类社会从货币时代推进到资本时代，实现了交易于千里之外，结算于瞬息之间，在资金上超越了货币流、票据流，出现了电子资金流，最大限度地降低了资金流通成本，加速了资金周转。而此次发端于美国的全球金融危机，暴露出的正是人们对金融风险的防范、控制和驾驭手段远远跟不上虚拟经济规模的扩展，金融监管和全球范围的金融协调远远落后于现实金融市场和虚拟经济的发展。不过，曹尔阶依然对资本市场抱有信心："随着对资本客观运动规律认识的不断加深，人们终将能掌控和驾驭资本，犹如将一触即发的强烈的雷电驯服成电弧灯和电话那样，让资本为人类造福。"

那么，究竟该怎样驾驭资本呢？曹尔阶认为，企业驾驭资本，是"要以资本为纽带，通过市场，组建跨行业、跨地区、跨所有制和跨国家的具有国际竞争力的大型企业集团"；要"大力发展国有资本、集体资本和非公有资本等参股的混合所有制经济，实现投资主体多元化"，使股份制"成为公有制的主要实现形式"；而且要破除垄断，调整国有经济布局，"毫不动摇地鼓励、支持和引导非公有制经济发展"。

当然，在现代生产方式中，政府也已深入地融入经济，政府掌控的包括土地在内的城市基础设施资本，以及医疗科学教育资本，不但在资本形成机制中具有独特的地位与作用，而且已成为规划城市、布局产业、调控经济的重要因素。同时，驾驭资本也要防止政府过度干预的副作用。为此，应继续开启和深化某些垄断领域的市场化改革。

诚然，面对资本市场波谲云诡的不可预测性，人们不得不提高警惕，对当今中国面临的全球化金融环境客观审慎地深入思考。曹尔阶一再强调，今后 30 年，我们不但要把实体经济的基础做大做强，而且要致力于经济的金融化，致力于驾驭经济金融化。他为此谋划的新设想是，在 10~15 年内力争使票据市场同银行贷款相当；投资基金同银行个人储蓄存款相当；债市与股市相当；资产支持债券能占到债券总额的 1/4 或 1/3。可考虑以合适价格让渡国内的巨额储蓄，但前提是必须力争在经济金融化方面获得较好回报。

不难看出，曹尔阶退而不休，是个"处江湖之远则忧其国"的人。其实，历经沧桑、深味人世沉浮如曹尔阶者，写点回忆录或个人传记，即可吸引公众眼球，在学术上矢志不渝，其这本关于"资本"话题的学术写作，仿佛就是关于"资本"的时空"呼应"。

以"阳光预算"管住"政府那只征税的手"

> 守财奴会继续把他的钱藏在保险箱里,继续在为邻居做一件大好事。如果有一天,他改变了主意,决定开始多花些钱,那么这一天对鸭堡的人来说,就是悲惨的一天了。如果守财奴买了 10 个鳄梨,算术法则就会要求某个鸭堡的居民必须少买 10 个鳄梨,或者说 10 个鸭堡的居民各少买一个鳄梨。经济学的规律详细解释了这个问题:守财奴的购买抬高了鳄梨的价格,最终,有人决定少买几个鳄梨。鳄梨价格上涨,有三个结果:喜欢吃鳄梨的人很难过,鳄梨种植户欢欣鼓舞,而那些把钱揣在口袋里的鸭子会发现,他们的钱的价值被由鳄梨引起的通货膨胀一点点地吞噬了。
>
> ——《为什么不向美丽征税——经济学中的公平原则》作者、罗切斯特大学经济学教授史蒂文·兰兹伯格(Steven E.Landsburg)

为实现民主法治的"阳光预算"出谋划策

美国著名政治家本杰明·富兰克林(Benjamin Franklin)曾言:"在这个世界上,只有死亡和税是逃不掉的。"日本税务征收机构用得最多的宣传口号是"偷逃税是国民共同的敌人""用你的税金建立美好的家园"。只要有集体,就会有凑份子;只要有社区,就会有管理费;只要有国家,就会有税收。"税收就是喂养政府的奶娘"——马克思这一比喻和判断可谓是对国家税主权鞭辟入里的阐释。然而，古往今来，国外总不乏反差明显的事例：一个人民富裕的国家，却有着并不宽裕、有时还会闹财政危机的政府；而另一个人民贫困甚至是哀鸿遍野的国家，反而供养着似乎永远也"不差钱"的阔绰政府。这究竟是为什么呢？

虽说天津财经大学经济学院教授李炜光的《税收的逻辑：纳税人应该知道的基本财税常识》并非直接回答或探讨这个问题，但对多数人来说，这本书也许会有助于深入思考此类问题。特别在事关工薪阶层的"个税免征额之争"终于尘埃落定、新婚姻法解释出台后被民众视为趁机捞钱的"房产加名税"，以及近年来美国《福布斯》杂志多次将中国列为"税负痛苦指数全球第二"引起税务部门与某些财税专家学者激烈反驳之时，此书问世正当其时。

然而在公众眼里，李炜光的"麻烦"在于，他研究和关注的东西太过"敏感"：既主张"无代表，不纳税"，又呼吁"要管住政府的钱袋子"，始终在提醒中国纳税人的基本财税常识和权利意识。他把"税收的逻辑"比喻为"拔最多的鹅毛，听最少的鹅叫"，致力于将"历史与当今""学术与现实""思想与实践"相勾连，在尽力还原税收真相的同时，为实现民主法治的"阳光预算"出谋划策。

月朦胧为美，税朦胧是罪

一般而言，人们所能理解的政府与纳税人的关系，还是"支配"与"被支配"，"管理"与"被管理"的关系；只强调纳税的义务，这些都不是正确的纳税人意识。在"谁来决定税权"问题上，李炜光的主张是一贯的："纳税人监控必须通过人民代表大会代表着纳税人的利益，反映着纳税人的呼声。纳税人通过人民代表大会对要不要征税、向谁征税、征什么税、征多少税、怎样征税、如何安排财政支出、支出效果如何评价等问题直接作出原则性决定，对政府的具体实施行为进行监控，并有权惩处政府的财政部门或主管官员，通过投票表决，决定国家财政资源的来源及其分配的流向。"

怎样才能管住"政府那只征税的手"呢？李炜光认为，"面对这么重要的、涉及千百万人民群众利益的大事，那些代表们一片寂静无声，而多数学者竟也选择了当哑巴——这是非常可怕的"。他的批评令人深思：月朦胧为美，税朦胧是罪——纳税问题上的模糊地带，会让民众心不甘情不愿，因为信息不对称，就难以判断收税是否合理合法。"拨云见日"的关键点在于"管束权力"，使"开征任何新税都必须经国家的正式立法程序"。

由对中外历史的钩沉、比较、分析、调研和归纳可知，世界历史上，税收由纳税人的负担转变为纳税人公共福祉有"两条道路"：其一，在专制时代，统治者口含天宪，对纳税人予取予夺，纳税人只有在生存都无法保障时，才不得不揭竿而起，推翻残暴的统治者。但是，在统治者权力得不到制约的情况下，一次次的反抗换来的只是一次次"命运的循环"（或称为"黄宗羲定律"怪圈）。这是一条"看不到光明的道路"。其二，纳税人团结起来，与统治者展开"博弈"，通过建立纳税人的组织——议会，控制国王的"钱袋子"，进而通过法律捆住国王任意征税、任意支出的手脚，将国家的权力收归于纳税人。而政府只是纳税人雇用的仆人，以权利制约权利。后者是英国、法国以及美国纳税人走过的路——是为维护纳税人的财产权利摸索出的宪政民主之路，也是迄今为止世界上大多数民主国家一直在走的"最不坏"的路。

从"高税负"中解放出来，"盛世"才有可能真正到来

提到税收，绕不开探讨"阳光预算"。上海财经大学早在 2009 年就首次推出了"中国省级财政透明度评估报告"，而如今似也陷入调查研究的困境。当该课题组负责人、上海财经大学教授蒋洪在编制 2010 年报告时，曾遭遇多个省份拒绝提供信息，理由是"需要一事一申请"。李炜光也注意到，在预算改革方面，"公民走在了政府的前面，地方政府走在了中央政府的前面"，但由于缺乏法律和体制的支持，仅依靠地方官员的"开明推进"，总难以持久。可见，"财税问题本质上讲就是一个政治问题"。在李炜光看来，由于预算问题距离政治太近，"多说不如少说，少说不如不说"，蒋洪及其团队未来的调查研究难度将越来越大。对此，作者开出的还是那张"老药方"：对于政府，仅有内部的行政监督远远不够，还需要来自外部的政治监督。

毕竟，离开"外部的政治监督"，李世民式的千古明君也会有贪图安逸的时候，元好问式的良吏也会因"军租星火急"而"鞭扑"百姓，杜甫式的忠厚儒者在满心期待纳税人"差科死则已，誓不举家走"的同时，也能够理解"蹦腾戎马际，往往杀长吏"的"纳税人反叛"……没有对征税权有效、有序、有理的制约，"监督者"的问题解决不了，赋税负担必然不断加重，官民矛盾不可能根本消除，"税收"和"预算"的阳光也便无法照射到每个公民的内心。

这就要论及纳税人的"责任"了。当今世界，几乎所有倡导法治的国家，无论其发达程度、社会制度、历史传统如何，都在宪法中设置了纳税人权利的内容，并几乎无一例外地将相关权力赋予议会或类似的立法机构。那么，与纳税人权利相对应的是什么？一般认为是"义务"，李炜光

却以为是"责任"。这应该说是他创造性的探讨。

借用美国学者安·兰德（Ayn Rand）的哲学观分析，"义务"是哲学史上最具破坏力的反概念之一。"义务"不外乎舍弃个人的目标和利益，无条件地服从于权威。安·兰德认为，"义务"清除了不止一个正常概念，"所有关于生命的真谛都在它面前应声倒下，难以在实践中指导人们的行为"。而责任的含义则要清晰、准确得多。责任就是担当，就是付出，就是得到社会给予的服务，作为回报做好分内之事。对于税收来说，责任足矣，何须义务？李炜光同意兰德的观点，认为公民社会需要纳税人尽的是"责任"，而不是"义务"。当然，哲学意义上的"义务"争辩和纳税人权利问题的相关度，还需要在学术界内外深入讨论。

在研究过程中，李炜光还发现"中国历次盛世均与减税有关"。例如唐朝，前有"贞观之治"，后有"开元之治"，120年间政治、经济、文化繁荣稳定，主要原因就在于坚持实行了减税政策。重税之下，从未出现过好形势。这是极为重要的历史经验。对此，李炜光进一步提出，当下"中国税负重不重，还不能简单地就税谈税，更要看费的高低"。对于普通老百姓而言，好不容易盼来了个税羞答答的小幅调降，入托费、赞助费、择校费、殡葬费等早已飙升；对于中小企业而言，民间更有"一税轻、二税重、三费四费无底洞"的说法；近年来不断加速的海外移民潮，与国内"高税负、低福利"的大背景也不无关系。因此，笔者认为，我国应建立一种轻型的税制结构，减少或放宽税费征收，不与民争利，把纳税人从"高税负"之役中解放出来，舍此别无他途，我国当代的"盛世"才有可能真正到来。

不要扶贫，要公平发展机会

> 如果可以选择自己的出生地，那我一定会选择一个人们的管理能力与其幅员适宜的国家，也就是说这个国家得到了妥善的管理：每个人的能力都与其职务相匹配，所有人都感觉自己的担当是责无旁贷的；在这样的国家，人与人之间都彼此了解，无论是邪恶的阴谋还是质朴端庄的美德，都无法逃脱公众的审视和评判；在这样的国家，人们彼此认识和相互了解有助于让人们将对国家的热爱转化为人与人之间的关爱，而非对土地的热爱。
>
> ——《论人类不平等的起源》作者、法国著名启蒙思想家让-雅克·卢梭（Jean-Jacques Rousseau）

用"个人史"的方式描述出社会的一个断面

如果我们长久以来的努力，是为了生活得更加幸福，更加有安全感，也许，我们的目的已经或正在达成。当然，如果是在农村，这里的"我们"，其实只是代表着那些享受到"家庭联产承包责任制""新农村建设"等政策带来的各种果实的人们。而更大范围的"我们"，生活是否都已好了许多呢？这个问题着实令人疑惑。

研究"三农"问题的青年学者爱新觉罗·蔚然，在《粮民：中国农村会消失吗?》中，试图通过百万字的考察日记和近万张记录照片给出答案。只是他没有给出结论。中国农村问题太过复杂，复杂到令绝大多数身处问题之中的人，甚至都忘记了思考。也许，这正是本书最大的意义所在：没能告诉答案，却促使我们去找寻。

蔚然于 2004 年在上海创立了民间公益社团——幸福发展促进会，由此开始"专职"帮助农民脱贫、解困、发展，同时也致力于农村、农民问题研究——于 2006 年启动帮扶"万村行"工程，立志用 25 年走遍全国贫困农村，帮助贫困家庭走上健康、良好的发展之路。本书正是他在 2006~2009 年，在青海、甘肃、陕西、河南、安徽、江苏、浙江等地深入农村考察的成果。

相比刘亮程的《一个人的村庄》和韩少功的《山南水北》，可以说，蔚然再现了一个更为真实的乡村。农村留守儿童的无望，农民养老、教育、医疗的缺失，农村环境的破坏，农村家庭的裂变，农民"性福"的危机，农村金融的混乱，新农村建设的留于"形式"……对此，中国社会科学院农村发展研究所研究员于建嵘的评价是："蔚然所记录的真实中国农村的贫困，远远超出了我们从一般媒体上所接受的资讯，甚至超出了普通城市居民或富裕地区民众的想象。这本书中的'故事'，用'个人史'的方式描述出社会的一个断面，有助于读者更全面地了解中国社会，对中国问题增加几分必要的焦虑感和紧迫感。"

农民在不知不觉中陷入了两大"黑色旋涡"

以农村小额贷款为例，银行借钱给农民解农业生产之急，本是一件好事，然而，作者在深入考察中却发现，某些地方"贷款"的独特走向及其局限性，使农民在不知不觉中陷入了两大"黑色旋涡"。

其一，贷款之前，信用社就已为贷款设定了"行走路线"，也就是说，农民始终看不到现钞，只能从出售化肥种子的农资供销商那里拿走相应的农资产品，不能用于其他用途。从"情理"和"政策"的表面看，这是为了保证资金的专用，但实际上由于其他更有前景的项目无法使用贷款，从而大大局限了农村小额信贷资金的合理有效利用，同时也为农资供应"猫腻行为"的滋生提供了空间。

其二，由于传统的惯性思维，农民往往只计算卖了粮食还了贷款还剩多少粮食，而不怎么计算生产成本。现实情况却是，如果核算生产成本，把农民的劳动力（比照当地劳动力的日平均工资）计入生产成本，农民每年的收入往往已是负数。换句话说，农民每年种地即是亏本，不但得不到应有的报酬，还要为放贷方交付贷款利息。在这样"畸形"的借贷关系下，与国家的扶农、支农政策精神背道而驰，那些贷款的农民一年比一年更穷。

那如何使"支农贷款"不再成为"坑农贷款"？蔚然给出的建设性意见是，首先，从用于农业生产的金融体系入手解决；其次，不妨借鉴一些西方发达国家的经验。例如，美国加州的杏仁协会对协会成员的资金帮助，就是通过协会内部金融运行的方式合理支持成员解决生产所需的资金问题。

一旦土地和"粮民"消失

作者在考察中也体察了中国农民的"朴素"。农民们在贫困中毫无怨言，贫穷、没有退休的权利、创业无门……都不能破坏他们对生活的信心。他们不仅是"良民"，而且是真正的"粮民"——不仅"民以食为天"，而且为城市持续提供着食粮。

当然，作者观察和了解到的中国农村问题和现象还远远不止这些。在逃离了饥饿与物质奇缺的折磨之后，当下的农村又陷入了林林总总的生存危机和恐惧之中："继水污染之后又有三大危害已威胁到农民的健康和生命"；"80岁第一次有了存折，唯一的10元'存款'还被村干部骗走"；"被爱情遗忘的村庄，娶妻生子只能靠梦想"；"农民疾呼新农村建设不要再让县乡（镇）干部乱花国家钱了"……

为什么城市户口者生来占有众多资源，而农村户口者则需要艰难挣扎？如果仔细地分析，其本质就是一个不公平的问题。深入思索这件事，很容易令人愤怒，但是，正确的态度，应是本书作者所持的这种：既然问题已积淀了那么久、那么多，就只剩下正视与解决这一条道路可走了。作者也借许多有良知的专家学者之口，道出了解决中国农村问题的方法，其中最基本的一条，便是打破城乡界限，建立健全全民社会保障制度，即"不要扶贫，要公平"。

"中国农村会消失吗？"——这本书的副标题本身就是个世纪的叩问，也是包括作者在内的千百万中国人对农村命运的担忧。一旦土地和"粮民"消失，岂不埋葬了我们祖先和无数先辈的梦想？蔚然体验式的精神还乡，不过是暂时离开水泥地面到乡村里接接地气，从农村的土地上获得一些力量。我们每个人现在所能做的，便是有所警醒，感受到这种弥漫于四周的"不安"与"不公"背后的力量，并且积极努力地促其改变。

妖股何以在沪深股市生生不息

一般痴迷行情收录器的人，也就是所谓的"股呆"，之所以一败涂地，除了其他原因之外，主要是因为关注面太窄导致操作缺乏灵活性，就像读死书的书呆子一样。尽管股票投机必须遵循主要法则，而且这些法则十分严格，但仅靠数学模式和这些定律是远远不够的，否则人人都是股票天才了。

——《股票作手回忆录》作者、美国股票史上的传奇人物杰西·利弗莫尔（Jesse L.Livermore）

妖股的涨跌停板曾寄托利益集团的"爱恨情仇"

股民们通常把那些走势奇特、怪异的股票称为"妖股"。它们的走势往往与大盘相悖，完全不符合基本的技术分析规律，不合常理，让人难以琢磨——明明基本面并不怎么样，股价却连连爆出涨停。当年第一个冲上百元大关的"亿安科技"，所谓德隆系三驾马车"合金股份""湘火炬""新疆屯河"等，都是沪深股市历史上著名的妖股。从某种程度上说，这些妖股的涨跌停板曾寄托了一些利益集团的"爱恨情仇"，更埋葬了不少投资者的眼泪与梦想。

在《与妖股共舞》中，广东外语外贸大学经济学教授贺显南以"一位旁观者"的身份，记录了对妖股乱象的冷眼思考："妖股只是一种表现和载体，承载着投资市场非常复杂的利益群体的利益关系，是投资生态系统的重要一环。"

妖股绝非凭空而来。贺显南认为，妖股正是当代社会经济发展状况的某种写照。主要表现在五个方面：其一，大量热钱投资活动在股市中的具体表现。在大量热钱的推动下，农产品、房地产、收藏品等都曾演绎过价格暴涨的故事，和田玉价格10年上涨了1000倍。虽然人们对此已熟视无睹，但从"蒜你狠""豆你玩"到"姜你军"，也能体会到妖股凶猛的深厚社会背景。凡有资金涌入的地方，都有炒作的明显痕迹。其二，法律和监管不严、不规范的产物。在沪深股市，操纵者手眼通天，监管者心慈手软，早已不是秘密。其三，股市大扩容背景下大资金的自我保护。比如，小盘股每经过30%左右的拉升以后会有一次10%幅度的调整，呈现了进三退一的节奏。值得注意的是，小盘股在进三的时候，大盘股会原地踏步甚至倒退；而在小盘股退一的时候，大盘股则会有补涨机会。就总体的情况而言，大盘股一步三回头，进一步盘三步，而小盘股是进三步退一步。累计下来，两者差距便越来越大，强弱之势泾渭分明，大盘股和小盘股的对立并没有发生任何改变。市场的分歧与其说是做多与做空的分歧，不如说是将钱投在大盘股还是小盘股上的分歧。两者之间的"跷跷板效应"，从根本上说，这是市场不断扩容、资金面紧张造成的。如果将总体上属于小盘妖股的表演放在市场扩容、投资者缩容的背景下分析，也可以将其视为大资金自我保护的一种需要。其四，现行股市发行、退市制度的缺陷造就了妖股。其五，妖股还是市场参与各方的利益载体。这里的"市场参与各方"包括四个方面的核心：因资产重组而产生的各种妖股对公司所在地地方政府的利益；妖股的题材——资产重组不论最后是否成功，大股东都将获得较为丰厚的利益；妖股重组成功，有助于缓解投资者对监管部门失职的指责；妖股的不时表演，尤其是大幅度上涨，往往能刺激市场人气，带来较大成交量，有助于券商获得更多佣金收入。

妖股的表演终有谢幕时分，结局无非两种

"概念的想象力决定妖股究竟能够有多妖"是贺显南重点探讨的一个核心问题。人们大抵认为，妖股之妖在资金操纵，但操作者要想成功，还必须有其他投资者尤其是中小投资者愿意追随。操纵者不能强迫投资者跟随，只能利用各种噱头诱骗。为此，股市发明了无数动听的词汇，编造了一个个神话般动听的故事。

且看中银国际标准版软件和广发证券至诚版软件中的板块概念：云计算、电子支付、卫星导航、新能源、新材料、循环经济、低碳经济、智能电网、三网融合、物联网、抗癌、超级细菌、航母、军工航天等。这些概念具有吸引力的原因不外乎两个方面：一是与科学技术的最新发展紧密相连，使科学技术是第一生产力的理念深入人心；二是体现了中国经济结构调整的发展趋势，有着浓厚的政府扶持背景。事实上，在沪深股市，以这些概念为噱头的炒作经久不息最根本的原因在于，新技术的应用和新产业的发展，其未来的成长空间究竟有多大，普通投资者以现有知识并不能完全把握，只能人云亦云，随波逐流，从而形成跟风态势。

妖股的表演终有谢幕时分，结局无非两种：一种结局是继续为妖，继续修炼。一些ST股票保壳成功，避免了退市的命运，或是轰轰烈烈地重组完成之后，公司经营状况仍无根本好转，股价最终玩了一趟过山车，又退回原点。又或者，公司重组最后被证明只是子虚乌有，抑或最后时刻宣布重组失败。凡此种种，都会使公司股价再度陷入低迷。

另一种结局是麻雀变凤凰，公司经营峰回路转，开启了一个新篇章。"妖股成精"的诀窍在于公司背后有个实力雄厚的大股东，或者公司进入了一个发展前景广阔的新行业，公司新管理层励精图治开创发展新局面

等。不过，历史上也有一些看似实力非常雄厚的大股东，常将公司弄得一塌糊涂，甚至不断掏空上市公司的实例。因此，与妖股共舞，弄清大股东的动向尤其重要。

妖股，说复杂，犹如一团乱麻，剪不断，理还乱；说简单，又像小葱拌豆腐，一清二白。在贺显看来，尽力回避暴跌风险的最好办法就是，"踩准节拍与妖股共舞"。当然，与妖股共舞，需要具备敢于挥手一搏的大勇气、敢于承受风险的大担当，更要具备驾驭投资规律的大智慧，以此洞察妖股的完整生长周期，把握其产生、成长、演变和衰竭的蛛丝马迹，力求未雨绸缪，进退自如。

房产转型：从居民超配资产变标配资产

> 在泡沫的最后 5 年中房市价格人为地飞速上涨，不是单一因素造成的。虽然如此，联储降低利率，并且期望长期利率随之下降，以及短期利率和住房抵押贷款利率也都一同下降，却是原因之一，它能够解释，为什么联储在房价急剧上升时无动于衷，在消费者支出大涨时袖手旁观，反而开始奢言经济健康了。对于房价上升，联储并不是乐于见到利率如此之低的唯一群体。随着利率下降，贷款机构对贷款给谁、贷款多少的审贷标准，也降低了。尽管联储并没有充分的权力去干预和监管所有那些正在煽风点火的银行和抵押贷款经纪商，但是联储确实还是有一些监管权力的，至少它有权制定短期利率。
>
> ——《美国房地产泡沫史（1940~2007）》作者、美国丹佛大学法学院法学教授罗伯特·M.哈达威（Robert M.Hardaway）

中国房地产业进入了真正意义上的"大调整"

在最为"来钱"的行业——房地产业面临大调整、大变局之时，国内外不少经济学家往往总能自己归纳出一套对其历史波动和可能归宿的敏感体察。经济学家巴曙松的《房地产大周期的金融视角》则以日本 20 世纪 80 年代的房地产市场泡沫及其崩溃为案例，试图分析其发生的机制与逻辑，探讨政府、企业应对泡沫崩溃的对策，从而总结教训、汲取经验，以便未来的中国房地产市场能更好地趋利避害。

日本房地产在20世纪60年代后期至70年代前期以及80年代后期分别经历了"两次周期性波动",但无论房价调整幅度,还是调整持续的周期,两次大调整都有明显差异。前一次,房地产价格在1973年达到阶段性顶点后,在第一次石油危机的冲击下,在1974年出现小幅回落,但随即重回上涨路线。而后一次,在房地产价格急剧上涨于1990年冲到顶点后便一路下滑——此后在整个20世纪90年代一直处于长期大幅下跌的局面。日本房地产前后"两次周期性波动"有如此大的差异,原因在于前一次周期性调整时,城市化与收入增长为真实住房需求提供了稳定的基本面支撑,因此房价在短暂的下调后,重返上升周期。而第二次周期性调整时,日本城市化已接近尾声,真实需求基本释放完毕,而投资性需求主导的房地产市场极易随着流动性和利率的变化而大起大落。

分析、对比促人反思。巴曙松从"大致的需求结构"角度得出的结论是:"目前中国所处的发展阶段与日本20世纪70年代的情形大致可比。"中国的房地产市场发展仍处于上升周期,特别是"新一轮人口流向的新趋势是房地产转型的直接动力"。过去10年,中国经济与产业结构调整中最为典型的现象是人口从内陆向沿海转移,现在这一趋势开始逆转,重庆、沈阳、西安、贵阳、南宁、长沙、太原、成都等成为流动人口回迁的主要方向。这意味着流动人口将会在回流城市产生日益增加的租房和购房需求,且主要以廉租房、公租房、职工宿舍等保障性住房和中低端商品房为主,这将为房地产住宅开发商提供一些潜在的需求空间。与此同时,城市化速度开始放缓,一线城市的发展空间收窄,人口结构步入老龄化阶段等多重因素,"趋势因素"与"周期因素"相互作用,使中国房地产业经过10多年的高速成长之后,进入了真正意义上的"大调整"。

地产调控本身是要减少而不是增加经济波动

历史经验反复表明，房地产的繁荣与萧条周期同步于甚至领先于经济的繁荣与萧条周期。当经济处于新一轮上升和繁荣周期时，房地产作为经济增长引擎，通过带动上、下游行业所产生的产业杠杆效应为经济上行注入强劲动力。据测算，2009年中国房地产直接投资拉动GDP增长超过1个百分点，产业杠杆拉动约为3个百分点。当经济处在新一轮下行和衰退周期时，情况则恰恰相反。20世纪80年代的日本房地产泡沫、90年代的东亚金融危机，2007年的美国次贷危机，均从另一个极端证明了房地产泡沫的破灭和房地产市场崩溃对经济活动所产生的破坏性冲击。"正是基于这种相关性，地产调控本身是要减少而不是增加经济波动。因此，经济周期本身不但决定了地产调控的目标和工具选择，同时也决定了调控政策的作用空间。"

当下，中国房地产开发企业正面临这个市场起步以来最为严峻的市场与政策环境，然而，仍然较强的消费性需求和相对稳健的家庭资产负债表结构，却意味着即使现阶段房地产市场在调控中的相应调整幅度也应是可控的。巴曙松因此判断，"未来一年或较长时间内房地产市场的供求结构已经发生重要变化，在一系列约束政策的推动下，房地产将从居民财富配置的'超配资产'变成'标配资产'，房地产行业将一改过去10多年高速成长的趋势性增长格局……完成从地产到房产的转变，最终成为以房产开发为核心的加工制造业"。所以，当前房地产转型，既是经营业态的转变，也是房地产金融需求的转变，行业转型与金融转型本质上是一致的。

由此，未来中国房地产行业的经营业态、开发商的应对策略和商业模式预期也将相应地发生趋势性的转变：除了降价以及布局三、四线城市之外，产业外资本进入房地产业的趋势将逆转，金融资本与产业资本的互动将可能激发部分上市企业退市或产生私有化倾向，房地产金融会日趋活跃。定位高端的开发商将以品牌和效率而非扩张土地储备来实现价值的提升。

提供一种研读中国房地产市场的新视角

针对国内外"毁誉参半"的保障性住房，巴曙松把关注点集中在"进入环节""审核与管理层面"以及"退出环节"等方面的不断加强和完善上。他认为，在进入环节上，保障性住房对申请家庭收入标准的界定，因各地收入线划分标准不统一，这可能会出现"应保的未保、不应保的却被保了"的现象。在设置保障性住房面积标准时，多数城市采用人均指标，没有对不同家庭的人口结构等情况给予充分考虑。在审核与管理层面，因为受保障对象申报信息甄别难，审核过程中存在取证难、缺乏有效的审核方式以及惩处措施。在退出环节上，虽然国家和地方的保障性住房相关法规都对保障房的退出管理有明确规定，但对受保家庭收入动态监管难度大。目前在多数城市还没有建立一套完整、有效的收入申报制度及收入核查体系，而受保家庭对保障性住房退出的制度规定往往较为抗拒，少数享受了住房保障的家庭在条件超过保障标准后也不愿退出保障性住房。

由此，巴曙松提出了一个政策框架：一是确立长期"适度居住权"政策，不因房地产调控而频繁切换政策目标；二是以廉租房和公租房为主体，构建不同口径保障房之间的"防火墙"机制，确立清晰边界；三是确立以城市常住人口住房缺口和低收入家庭住房可支付能力为供给与需求测算的客观依据；四是初始阶段侧重于供给端，以新建为主，然后逐步过渡到需求端，以直接向低收入家庭提供住房补贴为主。无论如何评价这个框架，有一点可以肯定，其中所理出的破解"房地产"难题的诸多密码的线索，是极富启发性的，提供了一种研读中国房地产市场的新视角。

从"火炉理论"审视中国民商阶层的社会诉求

> 一般来说，如果一个国家或地区能充分利用活跃的贸易和创业自由所带来的机会，那这个国家就能表现得最好，哪怕它通常面临着各种官方约束。这类国家最能吸引外国的技术进步和投资。但是，它们之所以能做到这一点，并不是因为它们遵从了富裕地区的专家所提出或强加的"药方"。成功的创业活动的本质在于创造性的想象力和行动力。
>
> ——《历史上的企业家精神：从美索不达米亚到现代》作者、哈佛大学历史学和经济学荣休教授戴维·兰德斯（David S.Landes）

研究者在研究开始之前尽量摒弃成见与理论预设

著名汉学家费正清（John King Fairbank）在《剑桥中国史》（*The Cambridge History of China*）中曾说："中国这部历史长剧的发展中，中国商人阶级没有占据显要的位置，他们只是配角，也许有几句台词，听命于帝王、官僚、外交官、将军、宣传家和党魁的摆布。"在《市场与政治：中国民商阶层脸谱》中，张伟博士把私营企业主——这群似乎没有多大社会地位的群体（用费正清的话说"没有占据显要的位置"）称为"民商"，并非随意杜撰或刻意求新，甚至仅为简练，而主要体现其非权非贵的"民"之特征，以及精于算计的"商"之性格。

现为中共中央党校副教授、硕士生导师，主要从事政治学理论、公共政策分析、行政体制改革等方面研究的张伟博士，他撰写的《市场与政治》主要研究了"民商"与政治的关系，或者说是中国特色的"市场与政治"的关系。

在以往典型案例研究和深度访谈研究的经验基础上，《市场与政治》重点应用了定性研究中的扎根理论（Grounded Theory，有时也被称为"草根理论"）。扎根理论研究法由施特劳斯（Anselm Strauss）和格拉斯（Barney Glaser）在 20 世纪 70 年代共同发展出来，是一种从下往上、以经验资料为基础建构理论的研究方法。研究者在研究开始之前尽量摒弃成见与理论预设，直接从实际观察入手，在系统性收集资料的基础上，把原始资料分解出众多信息点，然后进行归纳概括，寻找反映事物现象本质的核心概念，并寻找其中的逻辑联系，建构相关的社会科学理论。扎根理论一定要有经验证据的支持，但它的主要特点不在其经验性，而在于它从经验事实中抽象出了新的概念和思想。

为此，由于本书涉及人物关系复杂、事态多变的现实，采用随笔形式，确有助于作者化整为零，化繁为简，而评论与现实相结合，便将一部枝蔓横生的"中国民商阶层脸谱"写得活灵活现，又充满理性者的思想之光。

"寄希望于民商推动制度变革是不切实际的乐观期待"

在改革开放后至今的市场经济发展历程中，作为一个新兴阶层，私营企业主既是经济上的庞然大物，也是政治能力不足的草食动物。张伟博士根据扎根理论对访谈素材进行逐级分析，并结合定量数据和文献资料，通过对民商阶层在政治能力上"能"做什么、价值偏好上"愿"做什么、行为策略上"选"做什么、政治品格上"敢"做什么的多维观察和梳理，总结出民商阶层的"政治底色"，即民商已经形成了适应各种制度和政策环境的"橡皮泥品格"，在未来改革进程最可能扮演的是看客角色，并随时根据形势和需求变换立场，成为政治发展的适应者和投机者，进而抽象出一个解释民商政治行为的新框架：政治市场。

众所周知，工商文明与生俱来蕴含的契约自由、契约神圣、诚实信用、等价交换在价值取向上与"政治市场"学说不谋而合——政治市场上，活动主体主要是选民、利益集团和政治家、官员，选民通过选票这种特殊货币进行消费，通过投票来选择能够给其带来最大利益的政治家、政策法案和法律制度，而政客则为选民提供政治承诺和公共政策，从而形成市场交易关系。但在张伟看来，这种"政治市场"的理想化状态在我国并不存在。作者通过调查对比研究分析发现，民商政治市场的运行更具有"滑向越轨的趋势"，由此得出"寄希望于民商推动制度变革是不切实际的乐观期待，市场民主注定是个神话"。

究其原因，民商整体上之所以政治参与热情不高，或者说推动制度变革不够积极，精力不够是重要原因之一。政治参与活动频繁、耗时较大，确实会明显影响到民商的正常经营活动。这也是当前我国制度性政治参与的一个重要特征，即人大代表、政协委员等绝大多数都是兼职。无暇顾及正常政治参与活动、行使政治权力，并不是民商阶层的独有现象，只不过在民商身上表现得尤其明显而已。诚如张伟博士指出的那样："获得政治头衔本身是民商的主要目的，继续花费精力参政议政就成了负担。民商的参政动机和强度并不是静态的，会受各种因素的影响而发生变化。"

对此，早在几年前，知名学者、天津职业技术师范大学教授李宝梁在他的一篇名为《从超经济强制到关系性合意》的学术论文中也有与张伟博士相似的看法：国内民商的政治参与需求一直呈现出倒"U"形曲线的态势，即在达到一定的参政热情之后，会随之发生热情消退的现象。其原因分析在于：第一，如果他们（民商们）认为进入政治渠道的目的已经达到了，进一步表达政治愿望和要求的热情及迫切性也就有所下降；第二，政治性保护并非私营企业主的唯一依靠；第三，社会关系网的发展要求他们（民商们）谨言慎行。

提及民商的求稳、保守倾向，最经常引用的一句话就是"有恒产者有恒心"。张伟博士研究发现，民商确实对政治稳定有较高偏好。无论把"恒产"理解为资产还是财产，民商都是典型的"有恒产者"。以此为逻辑，当政治稳定与其他政治诉求发生矛盾时，民商应更倾向于政治稳定。由此，对于张伟博士设置的问卷调查中"保持稳定比推行民主更重要"的观点，多数民商表示同意或很同意。

民商为政何求：寻找"助推器"和"护身符"

毋庸置疑，民商正是凭借财富优势，才确立起自己的身份和地位。张伟博士在调查中也得到了验证：民商政治参与的最原始动机是努力发展企业，不断壮大自己的经济实力。在私营经济发展早期，相关的统计资料也证明了这一点。据中央农村政策研究室等单位《对百家农村私营企业调查的初步分析》，有36%的民商创办企业、参与政治的目的是提高经济收入。民商希望通过政治参与反映他们在发展经济过程中遇到的各种困难和问题，为他们在经济上的更大发展开辟空间。因此，他们的政治参与活动往往围绕自身经济利益展开。比如，被访者 G2 就一心想当县政协委员、县人大代表，因为感觉这些对自己的企业"有用"。

被访者 G 更直接地认为，必须要有政治背景才能把企业做大做强，而政治参与是增加政治背景的一个有效途径。

被地方政府或部门树立为各种类型的企业典型，经常有各种名目的领导考察，也是政治参与的一种途径。被访者 A2 虽然认为这些考察对企业经营的作用并不直接，但也认为至少可以起到提升企业知名度的作用。

张伟博士进一步调查发现，民商要达到保护自己的目的，有效方式之一是与政府建立特殊关系，利用权力为业主提供利益保护。几乎每个企业都有自己的靠山和"关系"。民商当中流传着一种说法，即所谓"小的（企业）靠'三所'（工商所、税务所、派出所），大的靠'三局'（工商局、税务局、公安局)"。民商与领导干部建立私人"热线"联系，也可以为民商提供所需要的保护。很显然，参政对企业的有利之处，不仅表现为起到企业经营的"助推器"作用，还表现为企业经营的"护身符"作用。

总的来看，民商政治参与的主要诉求是自利的，利他性的社会责任诉求属于非主流，带有明显的个性色彩，并不为体制所乐见。

民商如何走出"太近烤死，太远冻死"的 "火炉理论"困境

一个国家的政商关系如何，不仅极大地影响着一个国家的社会经济生活，而且也极大地影响着一个国家的政治生活和日常生活。完全可以说，一个国家的政商关系，在相当程度上决定着一个国家的社会政治生态和经济生态。张伟博士将政商关系作为研究的重点，可谓抓住了理解当今中国社会政治经济关系的钥匙，也是理解他早先研究的"社会中间阶层"的关键所在。

对于政商关系，被访者 B 的"火炉理论"比喻颇为生动有趣：政治对企业家来说，就像冬天里的火炉，太近会烤死，太远会冻死。不要太近也不要太远。所以，他强调不能轻易站队，否则就把自己的命运和官员紧紧地绑在了一起。

然而，身处特定的体制环境之中，能否远离政治与权力，并非民商能随心所欲地选择。所以，现实中一些民商总要面临选择的纠结。被访者 D2 就一直保持"清高"的行事风格，不接受现实中扭曲的官商关系，将精力主要用在企业经营上，对结纳官员和管理部门并不上心。同时尽力做到合法经营，避免被管理部门找麻烦。然而，被访者 D2 却意外地被卷入一场"假发票案"，承担了本不应承担的经济损失，并且受到了人身安全的威胁。

经历那次痛苦的事件之后，D2 开始反思，以往对政府部门敬而远之的做法是否错了？她强调，自己与权力保持疏远，并非自己缺乏交际能力，只是不愿为。但根深蒂固的性格让她不甘心放弃以往的坚守，为了摆脱当地不良经营环境的困扰，萌生了将企业转移到北京的想法："在北京我这个企业规模不大，不会受太多关注，便于发展。但是在老家，要么我迎合，和管理部门和领导搞好关系；要么得把企业规模做大，让税务局不敢随便查我；要么规模很小，人家懒得查。我现在的企业规模属于不大不小，税务局不查你查谁啊。你很小的话榨不出油来，太大的话市长直接管了，部门不敢乱来。"

实际上，要维持若即若离的政商关系，需要丰富的政商经验和高超技巧；否则，容易弄巧成拙，不知不觉陷入被动局面。比如，平衡好主要领导之间的关系。

一位著名民商做企业的经验是"亲近政府，远离政治"，他的解释是："这是我对政商关系的理解。中国的政商关系这门学问应该比博士后还高呢，可惜高校没有教这门课。怎么处理好这个关系呢？我的这个想法也不一定准确，就是纯粹出于排比对仗，一个亲近，一个远离嘛……"

2016 年全国"两会"期间，习近平总书记在民建工商联委员联组会上，阐明了构建新型政商关系的关键在两个字——"亲"与"清"。"亲"是情感纽带，相近而"亲"才能激发活力。领导干部和民营企业家相近而亲是政府和市场两手合力以激发经济活力的前提。"清"是原则底线，相离而

"清"才能各归其位。领导干部和民营企业家相离而清是政府和市场两手合力发挥作用的保障。

对于政商之间，应该如何处理好"亲"与"清"关系，张伟博士以"扎根理论"的调查方式，并从"火炉理论"里为人们提供另一个新的思考视角。

PART 3

洞察并把脉世界

寻找共识先得在迷思中回归常识

过去的经济学充满着先前的陈腐谬论，茁壮的新科学主茎破土而出，而时髦的教科书和论文也无法有效地反映真实世界的景况。我可以宣称，只要谈论现代经济学，便会谈到"我自己"。我曾宣称自己是经济学界最后一位通才，我所研究的范畴，涵盖了经济学的各个领域。著述和教授的科目广泛，诸如国际贸易与计量经济、经济理论与景气循环、人口学与劳动经济学、金融与独占性竞争、教条（doctrines）历史与区位经济等。

——1970 年诺贝尔经济学奖得主保罗·萨缪尔森（Paul A Samuelson）

围绕利益的竞争、较量、博弈，这是人类发展的核心内容。由此，国际形势向来是"波诡云谲，乱中有变"。以 2016 年为例，特朗普出人意料地赢得美国大选、英国意外"脱欧"、意大利修宪公投被否等"黑天鹅"事件屡屡发生。世界上没有绝对完美的事物，唯其不完美，才促使人类孜孜以求。为此，把脉世界发展脉搏、寻找共识应先在迷思中回归常识。

事实上，在政治舞台和商业竞技场上，常态是依势夺利，依靠强权和优势参与对利益的争夺。这种状况，要在世界范围内实现人的全面发展，促进人的正当利益的最大化、最优化发展，必须从发现常识、承认常识和尊重常识做起，因为常识正像货币和语言，是交易的条件，交流的桥梁，是人们合作的共识和基础。

美国新自由主义学派代表人物约瑟夫·奈观察发现，作为全球信息革命的结果，21 世纪正发生着两个巨大的权力转移：国家之间从西向东的权力转移和从政府到非国家行为体的实力扩散。

在法国当今最著名政治学家和社会学家之一马太·杜甘看来，对"功能等价物"的探索，弥补了角色和功能在分析上的"分裂"，同样的工作在不同的国家可能是通过不同的组织来完成的，相似的或相当的机构在不同的国家也可能执行不同的任务。

新加坡国立大学李光耀公共政策学院院长马凯硕用抽水马桶、"船"这些生动的细节或比喻把脉并审视亚洲乃至世界的格局，令人耳目一新。不过，马凯硕在《大融合》中，并不再像《新亚洲半球》那样强调西方的衰落，而是着眼于世界格局再平衡过程中内在的相互依赖性。在马凯硕看来，新兴市场国家和发达国家的繁荣与安全，将取决于它们能否发现分享权力的方法。

跨越黑天鹅和灰犀牛的坎

面对当今全球两股巨大的权力转移之势

新大陆的发现、殖民和扩张，仅仅是人类在地球表面漫长探索的一个缩影。信史的幕布刚刚在人类舞台上升起，那些小径密布的山谷和阳关大道的平原已被一群群原始部落、武装匪帮、军队蹂躏过了，现在，他们已经驾着舰船在茫茫大海上航行了。从时间的尽头回看，各民族上演的戏剧不过是一部人口迁移和文明变迁史而已。他们建立了如此众多而影响深远的帝国，那些巴比伦人、埃及人、波斯人、阿比西尼亚人、雅典人、罗马人、蒙古人、土耳其人和满洲人的帝国，在宇宙万物的流变中不过是一次集中的停滞，一个转瞬即逝的历史阶段。

——《美国文明的兴起》作者、美国史学经济学派创始人查尔斯·比尔德（Charles A. Beard）

如果你问一个普通美国人，他觉得美国在世界上的地位如何，他可能会描绘出一幅"比前几年要黯然失色的画面"。早在 2014 年，美国"皮尤研究中心"（Pew Research Center）的一项调查就发现，只有 28% 的美国人认为他们的国家"独占鳌头"。2011 年的数据是 38%。仅仅相隔 3 年，这个数字就下降了 10 个百分点。也许，这正像作家马克·吐温的那句调侃名言："关于我死亡的报道已经被大大夸大了。"

那么，"美国世纪"真的黯淡或结束了吗？"软实力之父"、美国新自由主义学派代表人物约瑟夫·奈（Joseph Nye）在《美国世纪结束了吗？》(*Is the American Century Over?*) 中说，对此持有疑问的不光是美国人。但他并不像数据调查中的被调查者那样悲观，因为单从经济角度出发考量一国实力，远不能做出审慎明智的判断。

美国人担心衰落与流行心理感受有关

创办《时代周刊》《财富》与《生活》三大杂志的亨利·卢斯（Henry Luce）在 1941 年发表了题为"美国世纪"的社论，激励民众和政府支持美国在全球扮演领导角色。作为美国最著名的国际主义者之一，亨利·卢斯对"美国世纪"的愿景标志着在美国外交政策思维中国际主义完胜孤立主义。他对美国使用其实力塑造并领导国际体系的呼吁，在"冷战时期"及之后产生了持久影响。

根据约瑟夫·奈的解释，构成一个国家实力的要素包括经济实力、军事实力和软实力三方面。前两者是硬实力，软实力则指国家的吸引力和说服力。三者的结构性效果决定了一个国家在国际中的地位。奉此三元素为圭臬，在"美国世纪的创建"这个章节中，他追溯了从 1941 年卢斯的"美国世纪"成为热点到苏联解体后美国一家独大的历史，考察了"美国世纪"从起始至其顶峰的进程。

正所谓盛极而衰，历史上的强国无一能逃脱这一困局。一位"新马克思主义"分析家伊曼纽尔·沃勒斯坦（Immanuel Wallerstein）描绘了荷兰霸权在 30 年战争之后得以巩固，随之在 1650 年开始衰落；英国的霸权起步于 19 世纪初的拿破仑战争，19 世纪末渐渐衰落；美国的霸权始于 20 世纪的两次世界大战，并于 1967 年起衰落。此种分析方法以世界大战作为美国世纪的开始，并将周期性"回归常规"的 1945~1970 年美国在世界产量中份额的下降曲解成了长期趋势。约瑟夫·奈认为，此种分析方法无法解释：假设美国在衰落，那又如何在 20 世纪末成了世上唯一的超级大国？

不过，约瑟夫·奈的研究也表明：美国人担心他们的衰落是有着很长的历史的。在17世纪马萨诸塞湾殖民地建立后不久，一些清教徒就开始感叹早期美德的衰败。在18世纪，美国的建国者专注于罗马的历史，担心新的美利坚合众国的衰落。英国小说家查尔斯·狄更斯在19世纪曾说过，如果你只听美国老百姓的话，那么美国总是"被压抑着，始终停滞不前，始终处在一个令人担忧的危机之中，从来没有好的事情"。

约瑟夫·奈还援引了政治学家塞缪尔·亨廷顿（Samuel Huntington）提出的美国20世纪后期衰落的五个阶段：1957年苏联发射了第一颗人造卫星之后；60年代后期尼克松总统宣布多极化之后；1973年阿拉伯石油禁运之后；70年代末苏联的扩张之后；80年代后期里根总统的财政和贸易赤字爆发之后。到了21世纪，还必须加上2008年金融危机和大萧条之后的时期。根据2002年的"皮尤研究中心"民调，55%的美国人认为美国在全球的地位比十年前更重要、更强大了，而只有17%的人表示了相反的看法。但到了2013年，两个数字反了过来。正如《大西洋月刊》专栏作家詹姆斯·法洛斯（James Fallows）所指出的那样：只是在第二次世界大战后，美国崛起成为全球大国，美国"衰落"说才常常论及落后于别人，即与他人有了对比。而在此之前，"衰落意味着未能实现期望——上帝的，国父们的，后人的——或是美国在过去的伟大日子里所有的旧时美德"。

由此，约瑟夫·奈总结说，美国的衰落更多与流行的心理感受有关，而并不出自地缘政治分析，但这也显示出衰落的想法如何触碰了美国政治的痛处。"这个问题导致了党派政治日常游戏中无以数计的指责和辩解。正如亨廷顿所认为的那样，如果这种触痛只促发了为改进而自我纠错的努力，将无碍大事。但有时这种对衰落的焦虑可能会导致有害的民族主义和保护主义政策。反过来，像2002年那样妄自尊大的时期会由于过度延伸的政策而造成2003年3月美国入侵伊拉克那样的伤害。总之，对美国实力的估计无论是轻描淡写还是夸大其词都不是好事。"

"信息熵时代"将如何挑战"美国世纪"？

作为全球信息革命的结果，21世纪正发生着两个巨大的权力转移：国家之间从西向东的权力转移和从政府到非国家行为体的实力扩散。

据约瑟夫·奈分析，第一种转移——国家之间的权力转移——可能不会在未来的30年里结束美国在全球均势中的核心地位。与此同时，无论在西方还是东方，从政府到非国家行为体的权力扩散把一些诸如金融稳定、气候变化、恐怖主义和流行病这样的跨国问题提上了全球议程，而这种趋势往往会削弱各国政府的应对能力——因为没有一个国家能单独成功地解决这些跨国难题，哪怕超级大国也须与他人合作。

约瑟夫·奈还有新的发现："冷战"时期的两极格局崩溃后，在全球信息时代，权力分布成为复杂的类似于三维国际象棋比赛模式：最上面的棋盘，军事实力在很大程度上是单极的，而美国很可能会在相当长时间内保持其首要地位。中间的棋盘，国家间经济实力的多极化已逾十年，欧洲、日本和中国是主要参与国，其他国家也变得越来越重要。底部的棋盘是政府控制之外的跨国关系领域，包括非国家行为体所采取的不同行动，如银行间的电子化资金转移、恐怖分子的武器转移、黑客对网络安全的威胁、流行疾病和气候变化对人类生存的威胁等。在这个底部的棋盘上，实力被大范围扩散了，谈论单极、多极或霸权没有意义。其中，许多问题都无法轻易用军事方案解决，合作变得至关重要。

与此同时，平行网络和有实力的个人将给所有的政府制造麻烦，世界正由此变得越来越复杂，"熵增定律即意味着宇宙中的秩序正被越来越多的无序无情地取代着"。假设未来的相关模式将不是大国冲突或争斗，而是"信息熵"，对"谁将成为下一个？"的回答是"没有人"。虽然这个回答过于简单，但它确实显示了可能不会终结"美国世纪"的重要趋势，但肯定会改变"美国世纪"。

对此，约瑟夫·奈理性地看到：将当代世界政治视作"信息熵时代"或"实力的终结"也许过于简单化了，但对所有参与者来说控制将变得更困难。这也意味着世界政治将不再是政府的唯一拥有。个人和私营组织——从维基解密，到企业公司，到非政府组织，到恐怖分子，再到自发的社会运动，都有能力在世界政治中直接发挥作用。"在信息革命和全球化的影响下，世界政治正以某种方式在改变着，这意味着美国将无法通过单独行动来实现其众多的国际目标。例如，国际金融稳定对美国人的富足至关重要，但美国需要其他国家的合作来确保它的实现。全球气候变化将影响生活质量，但美国人不可能单独处理好这个问题。在一个边界对从毒品到传染病到恐怖主义等形形色色的东西漏洞正分布在越来越多的世界里，各国必须使用软实力发展互利，建立体制来应对共同的威胁和挑战。"

由此，在许多跨国问题上，为他人提供协助可使美国实现自身的目标。当然，如何领导这样一个世界的问题，实际上是如何让每个国家都参与进来并仍可一起行动。对此，美国在激励体制发展和组织非正式网络上的作用仍至关重要。即使在其所占资源的主导地位已被削弱的若干问题上，美国仍是全球集体行动的关键，这在贸易和不扩散核武器两个重要的经济及安全问题上体现得淋漓尽致。

也许"美国世纪"还将在美国置身于实力平衡的核心地位和产生公共物品的领导地位的意义上继续，但这与亨利·卢斯第一次阐述或描绘的愿景或许会有很大不同。

看看哪种经济体制能激发"创造性破坏"

早在 1817 年，英国人口学家托马斯·马尔萨斯（Thomas Malthus）在给其好友、经济学家大卫·李嘉图（David Ricardo）的信中就说过："探寻国富国穷的原因是政治经济学一切研究的重中之重。"显然，"国家为何有贫富之分，健康羸弱之分，以及食物多寡之分"，既是经济增长理论的终极关怀，也是推动制度经济学、政治经济学不断探究的动力。

近 200 年后，各国学者的研究热度依然不减。由麻省理工学院基利安经济学教授德隆·阿西莫格鲁（Daron Acemoglu）和哈佛大学大卫·弗罗伦斯政府学教授詹姆斯·A.罗宾逊（ames A.Robinson）合著的《国家为什么会失败》（*Why Nations Fail：The Origins of Power，Prosperity，and Poverty*），在比较研究不同国家（或地区）的基础上，提出了"制度"是根本原因的观点。这与新制度经济学家诺思"制度是重要的"观点一致，但阿西莫格鲁和罗宾逊更进了一步，继续分析制度为什么是重要的、制度影响经济发展和经济增长的机理是什么、不同国家（或地区）的制度差异是由什么原因造成的等基本问题，并结合大量历史事实对回答这些问题提供了新的佐证和解释。

包容性制度和汲取性制度的组合

诺加利斯是座同名姐妹城，一部分在美国境内，另一部分在墨西哥境内，居民构成因历史原因大多相似，但经济发展和生活水平却有天壤之别。美国境内的诺加利斯，居民家庭生活年收入 3 万美元左右，生活安定，有良好的道路、医疗和公共教育设施，对面的同名城市，民不聊生，贫穷与暴力是家常便饭。是什么使这个同名同地的城市如此不同？不是地理、不是文化、不是历史，而是经济和政治体制。

阿西莫格鲁和罗宾逊引入"包容性制度"（Inclusive Institutions）和"汲取性制度"（Extractive Istitutions）的分析框架，以诠释"国富国穷"问题的新思维。在他们两位看来，经济领域和政治领域均存在包容性制度和汲取性制度：其一，包容性政治制度和包容性经济制度组合构成"良性循环"：激励投资和创新，允许创造性破坏，从而带来经济繁荣。其二，汲取性政治制度和汲取性经济制度组合构成"恶性循环"：投资和创新受到抑制，创造性破坏无法实现，经济发展停滞。其三，汲取性政治制度与包容性经济制度的组合"可以产生增长，但不可持续"。其四，包容性政治制度和汲取性经济制度的组合则"极为少见"。

这四种制度组合论，也许并不是什么创新。尤其包容性与汲取性的划分，与诺思、瓦斯利和温格斯特等在 2006 年以来所提出的"受限进入的社会秩序"（Limited Access Social Orders）、"开放进入的社会秩序"（Open Access Social Orders）、"自然国"（Natural States）和"稳定宪政体制"（System of Constitutional Government）的四个组合如出一辙。不同的是，阿西莫格鲁和罗宾逊明确强调，不仅制度重要，而且政治制度是决定性的。因为只有包容性的政治制度才能持续地允许包容性的经济制度存在，而汲取性政治制度与包容性经济制度的组合之所以无法产生持续繁荣，是因为在汲取性政治制度下，当权者刺激经济只是为了更好地汲取资源或短期内实现某种政治目标，一旦包容性经济制度的发展影响到统治稳定时，当权者就会抑制包容性经济制度的进一步发展。

包容性制度的建立具有偶然性

阿西莫格鲁和罗宾逊研究发现，在现代有些国家建立包容性制度之前，几乎所有国家采用的都是汲取性制度，比如光荣革命前的英国、大革命前的法国、独立革命前的美国及明治维新前的日本。

这些国家之所以能建立起包容性制度，并非必然，而是偶然。是关键的"历史节点"上的重大事件和细小的"初始差别"导致了这个结果。比如，在 14 世纪，东西欧拥有基本相似的制度。然而，面对"黑死病"这一"关键节点"，东西欧的政治精英却做出了截然不同的选择。在西欧，"黑死病"导致人口大幅下降，进而提高了农民相对于封建领主的谈判地位，迫使政治精英开启了包容性经济和政治制度的构建进程。在东欧，"黑死病"同样导致了人口大幅下降，但"黑死病"使西欧急需从东欧进口粮食，因而从东欧向西欧出口粮食变得越来越有利可图。于是，东欧政治精英选择加强对幸存下来的农民的剥削，从而使已有的经济和政治制度更具"汲取性"。

同样，面对16世纪大西洋贸易这个"关键节点"，英国王室和西班牙王室做出了截然不同的选择：前者选择开放大西洋贸易，这使更多的人获得了经济利益——他们在英国后来向包容性经济和政治制度的演进中发挥了主导作用；而西班牙王室则选择垄断大西洋贸易，这使它在获取巨大经济利益的同时，也进一步强化了已有的汲取性经济和政治制度。

在强调国家制度转型过程中的偶然因素、偶然事件的作用时，阿西莫格鲁和罗宾逊还特别采用了"制度漂移"（Institutions Drift）这个术语。制度发展变化就像浮在水面上的冰块漂移，两块本来紧挨在一起的冰块，可能会漂移得越来越远，原因在于它们在运动的过程中受到了许多偶然因素的影响。比如，北美洲和南美洲同为欧洲人的殖民地，在欧洲殖民之前，这些地区并没有太大差别。西班牙人最先到达南美洲，到处搜刮黄金、白银及其他贵重物品，迅速致富；当英国殖民者到达北美洲时，由于资源分布和人口分布的差别，没法复制西班牙人的殖民模式。结果，北美洲和南美洲走上了不同的发展道路。在当时的条件下，西班牙发现南美洲是偶然的，在南美洲的登陆地点是偶然的，在南美洲登陆后的所作所为也是偶然的。西班牙人能从南美洲获得大量黄金、白银，英国人不能，结果西班牙人在南美洲的殖民方式就是掠夺性的，而英国人却不得不在北美洲发展生产，通过生产获得可攫取的资源。这导致了北美洲能发展起生产活动、开发出先进技术，而南美洲却因资源被疯狂掠夺而越变越穷。这还导致了欧洲不同地区之间制度的差异，光荣革命发生在英国而没有发生在西班牙，就是因为英国王室面临着更大的财政压力，不得不跟议会妥协以获得更多征税许可，可西班牙王室不需要，因为它从美洲获得的大量金银使其国库充足。由于光荣革命发生在英国，使其最早建起了包容性政治制度，结果促成了工业革命。

技术创新与汲取性制度的"冲突"

阿西莫格鲁和罗宾逊进一步研究还发现，在汲取性制度下，当局或者统治者能利用权力在短时间内实现资源的最优配置，实现最大限度的经济增长。又如苏联在早期的经济增长，当局通过集体农场强制劳动、降低农产品价格并提高工业品价格等强制收购政策，集中资源发展工业，实现了工业的迅速增长。苏联的经济增长到 20 世纪六七十年代之后逐渐下降，但至少实现了 50 多年的增长，并曾一度成为世界上仅次于美国并且唯一能与西方对抗的国家。所以，在汲取性制度下，不仅当局、当权者（即攫取者）有强烈的推进经济增长的动机，而且还具有推进经济增长的能力，只不过汲取性制度下攫取者推进经济增长的能力不能够持续而已。汲取性制度下的"增长不可持续"至少有三方面的原因：攫取者的任职期限、生产者的激励不足、攫取者之间的竞争或者冲突。

在汲取性政治制度下，政治精英还有可能成为经济创新的绊脚石和扼杀者，因为他们有着维系已有汲取性经济制度的强烈动机。此种动机不仅是经济性的，更是政治性的。由此，阿西莫格鲁和罗宾逊引入了约瑟夫·熊彼特（Joseph Alois Schumpeter）的"创造性破坏"理论，认为由经济创新带来的"创造性破坏"不仅具有经济效应，而且会导致政治后果。

比如，蒸汽机的原型首先出现在法国，但法国并没能立即享受蒸汽机技术带来的经济效益，原因在于政治精英对"创造性破坏"所导致的政治后果可能会使某些法国行会衰落进而引发政治动荡的担忧。同样，在殖民时期，非洲很多酋长竭力反对修建铁路，因为这有可能削弱他们的政治控制能力。

由此，阿西莫格鲁和罗宾逊认定，汲取性经济制度压抑了"创造性破坏"，因为汲取性制度的根本特点是要保持现有秩序。其实，能否激发"创造性破坏"是经济体制的好坏的主要标志之一。美国的政治和经济体制有巨大的包容性，而包容性经济体制鼓励"创造性破坏"的各种发明，难怪近百年世界上各种技术和发明大多都出现在美国！

从"功能等价物"的视野中远望

只有十分愚蠢的君主才会依靠终生的忠诚、真正的友谊或信赖。政治联盟不似家庭纽带，政治事关与这样的人创造出有用的合作关系：他们的目标和我们自己的目标有所重叠但不完全重合，他们最终会成为我们的竞争者。同样的逻辑也适用于作为整体的人民，他们有可能将对我们的支持转移给我们的竞争者。统治者依赖人民的支持，所以必须培养这种支持，因为它无法仅凭强制或友谊来得到可靠维护。统治者必须说服人民相信，统治者是在寻求同时保护人民的利益与统治者自己的利益这两种并不完全重合的利益。因此，政治家必须运用修辞、逢迎和欺骗来建立联盟并获得支持。政治关系既是权力关系也是依附关系，正是依附滋生了操纵与伪善。

——《伪善与正直——马基雅维利、卢梭与政治的伦理》作者、杜克大学政治学系教授露丝·W.格兰特（Ruth W.Grant）

借用"功能等价物"考察并解读复杂的政治系统问题

笛卡儿曾说，"我思故我在"，法国当今最著名政治学家和社会学家之一马太·杜甘（Mattei Dogan）对此稍加改动："我思考，所以我在比较。"从之前的《政治社会学比较研究》《政治社会学国际比较》《如何比较国家》《国家比较论》到现在这本《国家的比较：为什么比较，如何比较，拿什么比较》（*Comparing Nations：Why，How，and What to Compare*），杜甘的追索一以贯之：不断地将"思考"和"比较"融入研究视野，并层层下挖，在思考中比较，在比较中思考，努力揭示"现象背后的现象""问题背后的问题"。杜甘认为，不关心别国的人，不能真正地认识自己的祖国，只有将自己所在的国家同其他国家相比较，才有可能体悟到本国和他国的独特性、结构以及运作。

当今世界有 200 多个独立国家，人口规模、领土范围、经济财富、工业能力、军事实力、文化影响力、自然资源、耕地以及气候条件等方面千差万别，同时也可以有不同形态的组合——这个万花筒展现了数以万计的问题，每个问题都要求各种分析，描述性的或理论性的，有限定性的或野心勃勃的。这一对人类智慧的挑战，为社会科学提供了成为真正的"科学"的机会和可能。

然而，"比较需要概念"，比较政治学曾借概念工具之助而进步，其发展轨迹以一些"航标"为标志：参与、合法性、权威、失范、整合、排斥、异化、民粹主义等。在《国家的比较》中，杜甘则巧妙地借用"功能等价物"（即不同的结构可能发挥同样的功能，同样的结构也可能发挥不同的功能）的概念，以考察并解读复杂的政治系统问题，以便更好地把握真实世界的多样性。

利益一旦表达出来，就需要被集聚

在杜甘看来，对"功能等价物"的探索，弥补了角色和功能在分析上的"分裂"，同样的工作在不同的国家可能是通过不同的组织完成的，相似的或相当的机构在不同的国家也可能执行不同的任务。弄清任何一个社会或政治系统所应当发挥的一般性功能，就是为分析人员提供比较的重要

"工具"。比如，法国总统作为一国最高统治者，至少发挥国家代表的象征功能、最高元首的执行功能、占大多数席位的政党联盟领袖的党派功能三个功能。如果在英国，实现这三项功能的就有两个人：发挥象征功能的国王以及发挥其他两个功能的首相。在意大利，这三项功能则被分配到三个人身上：总统（象征功能）、内阁总理（执行功能）和第一大党基督教民主党的总书记（党派功能）。一旦比较学家弄清了发挥这些功能的人，他就能抓住自己希望研究的领域，不管如何庞大。

"比较意味着超越异同"，比较社会学和政治学的目标都是使自身变得更有解释力，而不是更具描述性，从而将每一个研究——不管是局部的、区域的，还是部门的——嵌入更大的背景之中。通过定位政治决策发生之处，比较学家不仅能够区分不同的政治系统，而且能够了解某些问题的普遍性和特殊性。

以普遍性为例，杜甘发现有两个功能尤其吸引对各种不同政治系统感兴趣的比较学家的注意。它们是：利益的表达，包括将分散的利益转化为明确的要求（声明、请愿、提案、修正案，等等）；利益的集聚，包括将这些要求转化为全球和统一的替代方案（政党议程、国会舞台、议会大多数，等等）。例如，法国南部的酒商或者金属工人的利益，可以通过诸如工会这种有组织的团体或者更加自发性的团体表达出来，他们的利益还可以通过大众媒体这种更分散的方式到达掌权者耳中，甚至直接的接触，但这些方式肯定不是简单的"等价物"——熟知治理能力问题的人很清楚，更大的中介机构可能给政府施加更大压力。

利益一旦表达出来，就需要被集聚，即整合或纳入一个更广泛的、能够赢得大多数人的议程中，这些大多数人有着不同的、理想的、相互竞争的目标。实现这个集聚功能的机构或组织，可以是全国或地方层面的工会、政党或政党联盟，或者是一些委员会。让我们想象一下，在各个国家，利益已被性别主义者、生态学家和消费者运动表达出来。这些利益将不会以同样的方式被整合进一个多党系统、两党系统或者一个一党的系统之中。在第一种情形下，可能同时存在几个多数派，某一个政党必须第一个站出来捍卫这一特殊的利益，但其少数派的地位迫使它通过一系列的谈判和妥协来寻找同盟。利益集聚的过程在议会中最终完成，或者是在代表大多数的各党派领袖的谈判中完成。反之，在一个两党制系统中，利益集聚通常是经过各派系的辩论甚至是斗争之后，由执政党领袖完成。在一党的系统中，利益集聚也是由这个政党自身完成的，但是，有些时候，外部干预，例如更高层行政部门、教会和军队的干预也会强烈地发出他们的声音。这就是说，根据具体情况，相同的功能可能被诸如政党、工会、议会等专门的结构完成；在其他地方，它就可能根据种族、部落、委托关系或家族分支落入单个人或直接下属的手中。

事实上，一个政治系统越发展，就必定越分化；结构专业化倾向在每个具体功能都有专门机构来执行之前不会停止。所以，"比较学家有责任揭示各种专门化的政治机构——执行机关、立法机关、行政机关和法院——如何历史地形成，且揭示不同的功能如何被相似的结构在不同的历史、文化或系统背景下所执行"。而类似"功能等价物"这样的概念，对于破解当今世界各地频发的群体性事件、贫富两极分化、种族中心主义行为、经济纷争、政治更迭等，带来了毋庸置疑的进步。

马凯硕的世界格局建构

当代威斯特伐利亚体系已通行全球，被俗称为"国际社会"。它力图通过一整套国际法律和组织结构抑制世界的无序性。这套体系旨在促进自由贸易和稳定的国际金融体系，确立可以接受的解决国际争端的原则，并在一旦爆发战争时对交战行为施加一定的限制。由各国组成的这一体系现在涵盖了所有文化和地区。它的各种机构为不同社会之间的交往提供了一个中立的框架，而且这一框架在很大程度上独立于不同社会各自的价值观。

——《世界秩序》作者、美国前国务卿亨利·基辛格（Henry Kissinger）

西方曾经盛赞马凯硕为"亚洲的汤因比"

从"亚洲人会思考吗？"到"新亚洲半球"，再到"大融合"——"书名与姿态往往比内容更具煽动力"的出版规律和宣传规律在新加坡国立大学李光耀公共政策学院院长马凯硕（Kishore Mahbubani）那里屡次得到验证。然而，对于喜欢关注国际发展格局的读者来说，尤其是在眼下车载斗量的聚焦"世界发展格局"的各类著述中，对比阅读马凯硕的《大融合：东方、西方，与世界的逻辑》（*The Great Convergence：Asia, the West, and the Logic of One World*）、《新亚洲半球：势不可当的全球权力东移》（*The New Asian Hemisphere：The Irresistible Shift of Global Power to the*

East）和《亚洲人会思考吗?》（*Can Asians Think?*）三本中文译文简体版，或许会别有一番风趣和收获。

曾任新加坡外交部部长达30余年，被认为是新加坡内阁资政李光耀的第一智囊，马凯硕长年在《华尔街日报》《新闻周刊》《外交政策》和达沃斯论坛上宣传他的"亚洲价值观"。无论你阅读还是没阅读，理解还是没理解，都无法忽视马凯硕著作蕴含的能量，因为他著作中的许多观点对世界格局都在产生或大或小或明或暗的影响。与《亚洲人会思考吗?》当年为他赢得一片赞扬之声不同，马凯硕的《新亚洲半球》一出版就将他置于巨大的争议之中。书中多处抛出类似"为什么西方不欢迎亚洲的崛起"和"西方无能、亚洲胜出"等刺激西方人的话语，让西方尤其是美国的学术界感到不快。因此，曾经盛赞他为"亚洲的汤因比"的《经济学人》杂志毫不客气地称"马凯硕关于亚洲必胜的观点和他所驳斥的西方必胜论一样无聊和不具说服力"；而为其冠以"新儒家伦理的马克斯·韦伯"美名的《华盛顿邮报》则干脆拒绝评论他的这本著作。不过，和2008年次贷危机后那些更加刺耳的批评声音比起来，《新亚洲半球》对美国和西方的批评已属相当友善，而且富于建设性。

用抽水马桶、"船"的比喻审视亚洲乃至世界的格局

与《新亚洲半球》开篇动情回忆第一次使用抽水马桶时的震惊与喜悦之情有所不同，马凯硕在其《大融合》的"导论"中使用"船"这一意象生动分析当下世界的现实格局："地球上的70亿居民不再生活在100多艘互不关联的船只之上。相反，他们都生活在同一艘船只上的193个独立客舱里，但这艘船存在问题。它有193个船长及其船员，每个船长均宣称专门负责一个客舱。然而，却没有任何船长和船员来照顾整艘船。在洋流变幻

莫测、风暴隐约可见、船上没有一位合格船长与船员掌舵的时候，没有人愿意在海上航行。这就像全球性政策共同体所指出的那样：在没有船长的情况下驶入 21 世纪的未知水域……"

用抽水马桶、"船"这些生动的细节或比喻把脉并审视亚洲乃至世界的格局，令人耳目一新。不过，马凯硕在《大融合》中，并不再像《新亚洲半球》那样强调西方的衰落，而是着眼于世界格局再平衡过程中内在的相互依赖性。在作者看来，新兴市场国家和发达国家的繁荣与安全，将取决于它们能否发现分享权力的方法。因为"全球正朝着一种更加理智的世界秩序融合，而东西方合作是推动建立世界新秩序的最大动力。世界经济重心正向亚洲转移，那些不合理、过时的规定必须废除，西方越早适应这种形势越好"。但现实极具讽刺意味，很多西方人心理上仍不情愿接受人类平等的主张。这个不情愿的心理主要来源于西方道德与价值观永远优越的根深蒂固的假设。

"共同准则"和"杀手级应用程序"

在《大融合》中，马凯硕进一步研究发现，当前历史时刻的最大内在矛盾在于，一些促使亚洲腾飞并为"大同世界的逻辑"提供依据的"共同准则"实际上改编自西方世界。于是乎，长期奉行"非西方现代化"观点的学者竟然在自己的结论中反映出长期支持西方帝国主义价值观的英国知名历史学家尼尔·弗格森的看法。换言之，马凯硕所说的"共同准则"与尼尔·弗格森（NiallFerguson）在其《文明》（Civilization）中提出的著名的现代化"杀手级应用程序"（Killer App）理论多少有些类似。

马凯硕眼中的"共同准则"包括接纳现代科学的框架、依赖逻辑推理、接受自由市场经济、统治者与被统治者之间社会契约的转型，以及重视多边主义。尼尔·弗格森的六大"杀手级应用程序"为：竞争、科学、财产权、现代医学、消费社会和职业操守。值得注意的是，他们都没有把意味深长的"民主"一词当作一条准则或者一项应用程序。于是，马凯硕通过纵横对比之后指出，随着世界的不断变化，管理世界的方式也必须不断改进，民主原则、承认权力不均衡的事实、强调对法治的尊重应该成为指导国际机构改革的三大原则。当然，马凯硕的主要观点并不是要创建用以记录全球权力转移趋势的新国际组织，而是要弥补现有组织的"民主赤字"，具体方法是"旧瓶装新酒"，即在以西方规则为基础的旧体系中加入新崛起的地区。按照作者的设想，"原有的旧机构应该继续存在，但应该实行新的管理体制"。无论你是否同意马凯硕的推理和判断，《大融合》都将有助于人们打开视野，探究这世界的全貌。

白银告诉世人欧洲怎样爬上亚洲的肩膀

已故加拿大多伦多大学教授贡德·弗兰克（Gunder Frank）的《白银资本：重视经济全球化中的东方》（*Reorient：Global Economy in the Asian Age*）从根本上否定了被西方学术界一度奉为圣经的"欧洲中心论"，提出与之完全相左的"中国中心论"，即在1800年前，世界经济体系中心是在中国而非欧洲。弗兰克这个观点如同一颗炸弹，引发了世界经济史学界、历史学界旷日持久的论争，有人视之为路标性著作、经典之作，也有人认为只是标新立异。

像伊曼纽尔·沃勒斯坦（Immanuel Wallerstein）、乔万尼·阿瑞吉（Giovanni Arrighi）、萨米尔·阿明（Samir Amin）等学者一样，弗兰克是"二战"后拉丁美洲"依附理论"的代表人物。由于用英文写作，他的著作影响更为广泛。透过"白银资本"现象和内在本质，历史规律与事实并不像我们从前接触到的那么简单，它们是复杂有序的，尽管时常是隐蔽的。无论有多大争议，弗兰克的体系、观点、论据至少能使我们以一种新视野去重新认识世界经济史。

贵金属和商品在欧洲和亚洲之间的反方向运动

世界体系学派核心人物伊曼纽尔·沃勒斯坦早前认为，资本主义世界经济体系最早是由欧洲人创立的，"到 1450 年，创建资本主义世界经济体的舞台是在欧洲而不在其他地方"，它在最初并不包括整个世界，"它是一个'世界'体系，不是因为它囊括了整个世界，而是因为它比任何法律形式定义的政治单位要大"，只是到了后来，才最终由欧洲将其推广、扩展至整个世界。而在弗兰克看来，欧洲历史学家和社会理论家，从亚当·斯密、马克思和韦伯到布罗代尔和沃勒斯坦，都缺少全球眼光，他们将 1500 年作为世界历史的分期，由此衍生出"现代资本主义经济和体系的信条，构成一道马其诺防线"。

早在 1973 年，弗兰克就有一种"暗中的怀疑"，他的目标是突破这道马其诺防线，走出欧洲路灯的阴影："如果'这个体系'是在 1492 年诞生的，或者如沃勒斯坦所宣称的是从 1450 年起出现的，那么它也不可能是像智慧女神雅典娜从宙斯的脑袋里跳出来那样突然产生的。在此之前应该有某种东西，可能也是成体系的东西，导致了哥伦布和达·迦马的航海活动，导致了'世界资本主义体系'的兴起。"

在《白银资本》书中，弗兰克并未用新资料和证据来挑战沃勒斯坦的世界体系理论，而是通过总结分析其他学者对世界经济史的研究成果来证明和丰富自己的观点。弗兰克认为，自远古时期就存在一个非洲—亚欧范围的金银市场，新航路开辟使美洲也被卷入这一贸易圈，全球市场因而形成。美洲提供的白银扩大了全球市场规模，起了润滑剂的作用。供求关系决定货币价格和金属货币的流向，通过对白银流动的分析就可了解全球市场的范围和生产状况。

弗兰克广泛利用了研究亚洲和欧洲经济史的专家们的最新成果，他提供了一张白银生产、出口和接收数目的具体表格。其中最具新意的是对15~18世纪世界白银生产和流向的材料分析：据估计，从1493年到1800年世界白银产量的85%以及黄金产量的70%来自拉丁美洲。美洲白银生产在16世纪约为17000吨，到17世纪约为42000吨，其中有31000吨运抵欧洲。欧洲又将40%约12000吨运往亚洲，其中有4000~5000吨是直接由荷兰东印度公司和英国东印度公司运送的。另外有6000吨运往波罗的海和利凡特地区，其中一部分留在当地，其余部分继续向东到达亚洲。美洲白银18世纪的产量约为74000吨，其中52000吨运抵欧洲，其中的40%约20000吨运往亚洲。留在美洲的白银约有3000吨横渡太平洋经马尼拉运抵中国。如果再加上日本和其他地方生产的白银，全球白银产量的一半最终抵达亚洲，尤其中国和印度。

依据以上这些材料，弗兰克提问：为什么欧洲需要亚洲的商品，却不能用自己的商品交换而必须剥削美洲的贵金属？为什么亚洲可向欧洲出口商品，却要求用贵金属支付而不进口欧洲商品？他给出的答案是，贵金属和商品在欧洲和亚洲的反方向运动说明它们各自在世界体系中的位置。除了美洲和亚洲，欧洲与所有其他地区之间都存在着长期的和结构性贸易逆差，出口美洲贵金属是唯一能弥补逆差的手段。为证明欧洲的结构性贸易逆差，弗兰克又举出数字材料：1615年荷兰东印度公司全部出口中货物只占6%，贵金属则占94%。从1660年到1720年，贵金属占东印度公司对亚洲出口总值的87%。据此，弗兰克认为，至少到1800年，亚洲尤其中国一直在世界经济中居于支配地位。

"无代价战略"使欧洲"爬上亚洲的肩膀上"

以前学术界总是把商路夺取、商业战争等看作欧洲资本主义上升时期特有的历史现象，弗兰克以不少鲜为人知的史实证明，其实不然。1400~1800年，亚洲国家内部、亚洲与欧洲国家之间的商业竞争也非常激烈，其时期之早，涉及地域之广，参与国家之多，比起后来欧洲的商业竞争，有过之而无不及。

在弗兰克看来，西方的兴起，不能仅从其内部找原因，不是欧洲封建主义包含了向资本主义转变的"种子"，也不是有"新教伦理"的"酵母"，而应从1400~1800年世界经济体系中来解释。

弗兰克在纵横对比分析发现，西方由"黄金热"掀起的殖民探险，最初受到的直接刺激来自东方的富庶。欧洲商品成本高，在东方市场没有竞争力，当时唯一能进入东方市场的商品就是金银，由此激发了欧洲占有美洲金银的欲望。金银对欧洲资本主义发展来说，只是一个必要条件，并非充分条件。这是因为西方必须拿白银加入亚洲市场换取商品，这个白银资本才有活力，即不管白银资本将要投入商业还是制造业，都需先换得物资，不然就没有价值，而亚洲是欧洲的物资供应地。欧洲从殖民地不仅掠夺金银，还搜刮产品，从而造就了资本主义发展的一些条件，但弗兰克"更强调欧洲从亚洲关系中得到的好处"。如葡萄牙在亚洲贸易所占份额虽小，获得利润却占总利润的80%，"欧洲的积累可以说完全得益于亚洲积累"。欧洲占有美洲白银，换取亚洲的商品，3个世纪后，这种"无代价战略"终于使欧洲"爬上亚洲的肩膀上"。

欧洲人之所以在19世纪"爬上亚洲的肩膀上"，据弗兰克分析，主要是东方传统制造业无力与欧洲工业革命中的大机器生产抗衡。1750年前后，亚洲衰落。19世纪，西方支配了世界经济。

生产、技术、贸易等条件较好的亚洲，为什么不仅没有发生工业革命，而且还衰落了？弗兰克以中国为例作了剖析。白银大量流进，促使生产增长，人口膨胀，但对资源产生了巨大压力，社会贫富分化差距拉大，造成庞大的廉价劳动力大军。稀少的资源（相对人口而言）、短缺的资本、廉价的劳动力，使对节约人力的技术投资既不合理，又不经济，这些生产要素组合起来，形成了生产"低度发展"趋势，造成了一个"高度平衡的陷阱"（即"高密度的人口、昂贵的资源、稀缺的资源造成劳动力的廉价"）。而欧洲资源与人口比例要比中国高。再者，欧洲人口不断向美洲、澳洲移民，又使这种比例更高。这种人口状况也是造成1400~1800年西欧高工资、高成本的原因。欧洲在亚洲、美洲、非洲3个世纪赚得的资本，用以发明和采用节约人力的机器，这使改变高工资、高成本的状况成为可能，而亚洲市场刺激又使这种改变成为必需。欧洲正是靠大机器生产把亚洲打败的，白银流动换了方向，从东方流向西方。对此，弗兰克有个生动的比喻："西方最初在亚洲经济列车上买了一个三等座位，然后包租了整整一个车厢，只是到了19世纪才设法取代了亚洲在火车头的位置。"

在研究1400~1800年的东西方历史变迁时，弗兰克非常突出地应用了长周期理论、康德拉捷夫周期理论（即一个包含上升"A"和下降"B"两个阶段的循环周期）等来解释西方的后来居上。他指出，1450年新周期上升的"A"阶段开始，亚洲开始经济扩张，"A"阶段持续3个世纪之久，于1750~1800年达到顶点，随之转向下降的"B"阶段。由于欧洲是在康德拉捷夫周期进入"B"阶段后才兴起的，弗兰克因此得出结论："东方的衰落先于西方的兴起"，欧洲兴起是世界体系内节奏振动的结果。18世纪晚期，长期扩张的"A"阶段在亚洲走到尽头，这使当时还处于边缘的西方第一次真正有机会改善在世界经济体系中的相对和绝对地位。

使用长时段研究方法也使弗兰克非常强调历史发展的连续性，他声称："历史的连续性远比任何不连续性重要得多。"他还认为，世界历史长周期运动的出现并不是偶然的，是世界经济体系的结构和运转导致了这种周期的出现。因此，在考察西方的兴起和东方的衰落时，就不能将眼光局限于考察各个地方，而要从世界整体角度去把握。从这种视角出发，弗兰克坚决否认所谓欧洲"特殊性"及资本主义在西方兴起过程中的作用。他对东亚将取代西方再次成为世界经济的中心的预言，在很大程度上也是依据这种周期理论。他认为有迹象表明，东亚（或许还扩及南亚和西亚）在21 世纪可能会进入一个新的"A"阶段。

亚洲会回到西方崛起前曾占据的舞台中心吗

> 人类从分散状态凝结成国家，这一过程给了构成国家的成员一次十分深刻的反思机会。他们有着丰富而活跃的精神活动，故对人生的方方面面都不能不心生好奇。他们尤其感兴趣的问题是，国家的主权究竟是如何确立的。不过，在民族神话这种在国家保护下流传后世的精神遗产中，核心问题并不是国家是如何形成的，而是国家的祖先是如何产生的。所以，建国神话就是关于始祖的神话。不过，由于亚洲各民族之间流传的建国传说多种多样，且存在相互影响的关系，因此我们很难复原传说的原本形态。
>
> ——《亚洲史概说》作者、日本历史学家宫崎市定

对"亚洲世纪"概念，亚洲人既渴望又忐忑

"冷战"结束后，亚洲享有了 20 多年的和平，经济迅速崛起，成为全球经济最有活力的地区，并使全球经济中心从大西洋转向太平洋。经济的相互联系推动了亚洲的经济一体化和政治一体化，亚洲人第一次感到"亚洲是亚洲人的亚洲"，"亚洲世纪"之说随之兴盛起来。

但是，亚洲将回到在"西方崛起"之前曾一度占据的舞台中心吗？《2050 年的亚洲》（*Asia 2050: Realizing the Asian Century*）提出了不同看

法：亚洲的崛起并非理所当然。虽然当前主要经济体保持着乐观增长势头，但这并不意味着仅靠当前的努力就能取得成功。实际上，成功需要不同的发展模式以及一系列长期、根本性的政治体制改革。

《2050年的亚洲》汇集了世界各地20多位经济学家（其中包括新兴市场论坛首席执行官哈瑞尔达·考利、亚洲开发银行金融局局长阿肖克·夏尔马、新兴市场论坛高级顾问阿尼尔·索德）的宏论，主要讨论有关亚洲过去和未来的20个话题，主基调可以合而为一：要再经历另外40年持续的进步绝非是天上掉馅饼，亚洲在寻求一个"亚洲世纪"时面临着艰巨的挑战。亚洲的领导者们必须意识到未来的繁荣需要以过去40年间发达经济体取得成功的方式来取得。

对"亚洲世纪"这个概念，亚洲人既渴望又忐忑。由此，《2050年的亚洲》提供了关于亚洲区域整体的长期展望，而非仅仅选择性地针对一些国家、地区或议题的中短期展望。按照作者们的推测："亚洲世纪"的实现将把亚洲推向历史性转型的风口浪尖，并突出其过往的成就。到2050年，以市场汇率计算，亚洲的GDP将从2010年的17万亿美元飙升至174万亿美元，占世界GDP总量的一半，相当于亚洲人口占全球人口的比重，人均GDP将达到40800美元（以购买力平价计算），也就是说，到2050年亚洲的人均收入水平将达到当前欧洲的水平。当然，这些假设建立在亚洲各经济体未来40年内继续保持目前的发展势头、适应全球经济与科技发展不断变化的大环境、发挥各自比较优势的基础之上。

对于亚洲要真正告别落寞和青涩的出路，本书作者的意见大抵相同，虽然亚洲各国面临的问题不同，采取的措施也有差异，但需要在国家战略和政策实施、在区域集体行动中协调国家和世界的行动议程、与国际组织间的互动三个层面的重大改变。幸运的是，亚洲正在这三条道路上前行。

代际挑战在亚洲大多数经济体中都存在

从"国家战略和政策实施"看,作者以观察家的身份指出,实现"亚洲世纪"取决于如何应对七个核心挑战:实现包容和公平的增长;提高生产效率、企业家精神和创新;管理好加速发展的城市化;实行金融改革;彻底降低能耗强度和提高自然资源的使用效率;减轻和适应气候变化;改善治理水平和机构质量。

提到"区域集体行动",作者则表示,"合作与整合对亚洲的繁荣至关重要,并将变得更加重要。此外,在保持国内社会和政治稳定的同时,避免大的经济体与核能国家之间的冲突尤其重要"。考虑到多样性和异质性,亚洲将需要发展自身独特的建立在东亚积极经验之上的模式:一个市场驱动的、自下而上的实用模式,这种模式需要更强大的(尽管不必是崭新的)区域性组织或机构予以支撑。

由此作者进一步推测,一个亚洲经济共同体必须基于两个一般原则——开放和透明。考虑到区域的多样性,建立亚洲区域主义需要一种能有意识地权衡不同参与者力量的集体领导。亚洲的主要经济力量,如中国、印度、印度尼西亚、日本和韩国,将在整合亚洲乃至全球经济中重塑亚洲地位的过程中发挥关键作用。

亚洲对全球经济不断增长的重要性将给亚洲带来新的挑战和义务,亚洲必须拥有更多全球共同实践的权利与义务,包括建立起一个开放的全球贸易体系、一个稳定的全球金融体系、气候变化的缓解措施以及维护和平与安全的机制。随着亚洲在全球经济中发挥更大的作用,亚洲的自身利益和长期繁荣将取决于确保世界范围内的福利、和平和安全的实现。亚洲作为一个整体,其中较大的经济体将不能不考虑国内政策议程的区域性和全球性影响。作为一个整体，亚洲必须在全球治理中发挥更加积极的作用。

本书传递的另一个最重要信息是："实现包括全球一半人（超过 40 亿人）的潜在的历史性转变，主要取决于（尽管不是唯一的）处理代际挑战。"代际挑战在亚洲大多数经济体中都存在。基于亚洲经济自 1970 年以来的表现，作者将该地区 49 个经济体的"代际挑战"和"优先权"划分为三个组。

第一组，7 个高收入发达经济体，在日本的带领下，引发了亚洲从 20 世纪 50 年代开始复兴，他们这一代人时间内从低等收入向中等收入、再向高等收入稳步前行，精于应对长时期内保持较高生产率和经济增长的挑战，并避免了陷入"中等收入陷阱"。

第二组，由中国和印度领头的 11 个高速增长经济体，自 1990 年以来在达到中等收入水平上已取得快速增长，正面临着陷入"中等收入陷阱"的巨大风险。

第三组，有 31 个缓慢或中速增长经济体，他们向快速经济增长的转变将有助于将富裕扩散到所有的亚洲地区。

当然，对这些国家的分组并非一成不变。孟加拉国、哈萨克斯坦和越南，极有可能在不远的将来加入快速增长经济体。而有些快速增长经济体也会摇摆不前，如马来西亚和泰国已经出现了经济衰退迹象。

错失"亚洲世纪"代价将不可估量

这三组国家在决定未来 40 年亚洲经济产出时面临着不同的职责和义务。日本、韩国和新加坡理应在亚洲的重大科学和技术发展中发挥带头作用，例如，生物技术、老年医疗护理和缓解气候变化的技术等。这一组国家也将超越单一的高速增长，将社会福利推向更广的区域。亚洲高收入经济体以及中等收入国家（比如中国）面临的重大挑战是创造"亚洲奇迹"的这一代人的老龄化。人口与经济相互交织的现实问题影响着治理的各方面，需要通过调整相关政策以提高财政承受能力和可持续发展能力。

避免"中等收入陷阱"是第二组国家最重要的目标，而减少不平等是最大的挑战。当然，为了像富国一样通过创新获得增长，发展更加灵活的财产权和竞争制度以及培养大量的高技能公民也相当重要。避免"中等收入陷阱"同样需要改革金融体系，以培育实体经济的发展和促进创业，同时应对迅速城市化带来的能源和资源挑战。这类制度的发展往往需要几代人的努力，因为福利不是立即可得的，只能间接地经由长期积累。

尤其需要发展的第三组——包括从塔吉克斯坦到尼泊尔等经济体必须加速经济增长。这要求减少不平等、改善教育的质量和传播范围、发展基础设施、强化制度的作用和采用能促进国内增长和对外贸易发展的商业扶持政策。

考虑到各种因素的不确定性，本书多位作者预测了两种可能出现的情景：一种是对亚洲国家持乐观态度，假设第二组 11 个国家能在未来的 40 年内继续保持过去 30 年已有的高速增长，并且到 2020 年，大多数中等发达国家能迎头赶上；另一种是高速发展的新兴经济体在未来 5~10 年或将陷入"中等收入陷阱"。此类观点具有较强的警示意味。

本书作者觉得，如果错失了"亚洲世纪"，其政治、经济及社会代价将不可估量。与此同时，也不能完全排除"完美风暴"（Perfect Storm）的可能性，一系列小概率事件发生并累积或将导致事态严重恶化。失败的宏观政策、监管不力的金融体系、各种冲突、气候变化和自然灾难、爆炸式的人口增长、较弱的治理机制等将严重影响亚洲的发展。最糟的结果是，亚洲将在 2050 年陷入金融瘫痪状态。这种情景发生的概率很小，但亚洲领导人应当高度警觉。

城市化大潮下，人类文明成果如何流传

落脚城市和其他都会地区有着极为鲜明的差异，不只因为这里住的都是外来的乡村人口，也不只因为这里的市容充满了临时拼凑的色彩，总是变化不休，而是因为这里的每一条街道、每一间住家和每一个工作场所，都不断联系着两个方向。一方面，落脚城市与来源地乡村保持长久而紧密的关系，人员、金钱与知识的往返流通不曾止息，从而使下一波的村民迁徙活动得以发生，也让村里的老年人得以照顾、年轻人得以教育、村庄本身也得以拥有建设发展所需的资金；另一方面，落脚城市也和既有城市具有重要而深切的联系：其政治体制、商业关系、社会网络与买卖交易等一个个的立足点，目的在于让来自乡村的新进人口能够在主流社会的边缘站定脚步——不论这样的立足有多么如履薄冰——从而谋取机会把自己和自己的下一代推向都市核心，以求获得社会的接纳，成为世界的一部分。

——《落脚城市》作者、《环球邮报》欧洲局负责人道格·桑德斯 (Doug Saunders)

规划和建设"无序"引发的各种"城市危机"

汉语中的"城"指城郭，代表着军事；"市"则指市场，代表着经济。因此，城市在古代也就自然而然地形成了防卫、贸易两种功能。但在美国现代哲学家刘易斯·芒福德（Lewis Mumford）看来，随着现代社会向工业、后工业时代前进，经济全球化影响到世界各个角落，城市化的步伐愈益加快，城市的功能逐渐由防卫、贸易演变成为一种符号、象征，主要变成了"用来流传人类文明的成果"。

然而，在刚刚过去的近半个世纪里，在世人对"经济增长"和"GDP主义"的狂热追逐之下，各国的城市化以只争朝夕的速度推进，"人类文明的成果"是否还能流传，成了悬念。

据某国际权威机构统计，2009年，全球有一半以上的人口生活在城市，到2030年，全世界城市人口有望突破60%。当百万人口以上的城市越来越多，如何全力满足城市人的基本生活需求——洁净用水和空气、住房、教育、良好的医疗保健等，便成为一个巨大的挑战。这也是中国的"蚁族"们近年来纷纷"逃离北上广"的原因。从这个意义上，如何平衡、协调多元价值诉求，是中国乃至世界城市规划和建设面临的超级难题。

其实，在城市规划和建设"无序"引发的各种"城市危机"并让人们疼痛与感喟之时，正是反思的起点，也给予人们发展和改善的动力。在如脱缰之马的"圈地运动"和"城市化进程"的大背景中，如何让城市发展得更加合理和有序？《城市：改变发展轨迹》试图提出符合可持续发展的一整套拯救方案。

这本书汇集了世界各地40多位学者（其中包括2007年诺贝尔和平奖得主、印度能源与资源研究所所长拉金德拉·K.帕乔里）的宏论，主要讨论与城市发展有关的如"全球化：城市的机遇？""全球金融逻辑与城市打造""调节土地交易，创建包容城市""全球生态危机：城市给出的答案""城市网络：表达需求，强化功能"等12个话题，涉及经济、环境、社会、治理等方面，但主基调却可以合而为一："城市应当成为'用来对付那些强大而且不负责任的企业的结构性平台'。拥有土地的城市可以为那些合法的、具有不同功能的参与方提供一个聚集地，并与之清算。要做到这一

跨越黑天鹅和灰犀牛的坎

点，必须首先对城市本身有个清楚的认识，应当把它视作一个复杂的、能跨越不同时空、与各参与方建立联系的体系。对这些互动行为可明确现存的哪些杠杆能用来帮助城市制定符合环保要求的政策。"

怎样改变现代城市"不安全和割裂"的现象与命运

城市要化解诸多难题，以实现可持续发展，或达到"符合环保要求的政策"，有目的地规划和建设不可或缺。本书的作者大抵同意，克服经济、社会、环境对城市的制约，"离不开一种注重社会责任的城市化新政策"，这不仅需要"制定一个城市应对气候变化的调整方案"，也"应当真正介入国土整治的综合性规划工作中去"。同时，实施这种城市规划的主体，并不局限于政府当局，同样包括从事城市建设、提供公共服务的企业和社会团体。立足当下，作者认为"寻求可持续发展道路的城市"，最迫切需要解决的问题体现在两方面：第一，要充分考虑到全球化的世界所带来的约束与机遇；第二，在制定政策时充分考虑地方特性、各参与方的战略以及本辖区的潜力。

现代城市的"不安全和割裂"，是本书作者重点关注和探讨的另一个核心问题。违法、犯罪、贪污、骚乱等，曾是"验证"城市安全与否的关键词。其实，城市规划和建设中的独尊一面或厚此薄彼，往往也是催生"不安全"的因素。而现代城市的"割裂"，不仅是经济学家单一解释的市场调节、优胜劣汰问题，还在于规划与建设过程中，与土地相关的各类配置（视野、空气质量、服务等）的不合理，还包括在欧美已明显不合时宜的"专属区划"机制（即穷人与富人分居），以及中产阶级居住的封闭小区所形成的隔绝其他社会人群的城市"孤岛"。至此人们不难发现，现代城市的发展，可以被看作外形的布局设计及其所支撑的社会体系的变化，按照人的社会地位来安排一切的方式被另一种安全方式所取代，即按照地理位置以及公共空间与私人空间之间的"界限"安排。

在一个公民对"不动产"不拥有永久性产权的国家里，资本的垄断和扩张让本来就缺少安全感的公民更加无法安心经营生活，普通人所应当享有的公共空间和公共利益——宁静的小区，洁净的空气之类，在资本的主宰和盘剥下一再受到侵蚀，不安全感与日俱增。在"不安全与割裂：拒绝令人恐惧的城市化"一章中，作者们毫不客气地指出，公共空间被分割殆尽，"首先破坏了被排斥者的安全感，甚至意味着一种羞辱；如果新兴城市不致力于改变这种局面，那么就将与既有的大中城市（群）一样，'建成'一个散乱的碎片化的城市空间格局，城市将被一个个安全的飞地与一个个贫民窟分割得四分五裂"。

怎样改变现代城市"不安全和割裂"的现象与命运，作者们给出的思路和答案始终回荡着辩证法的旋律："与建立民族国家的基础一样，现代城市的建立也是为了营建一个实体空间，使每个人能够从中获得一种独立于其身份或收入之外的安全感。这既有赖于一整套政治原则，也有赖于一系列制度与技术体系的建立：国家对暴力的垄断权（国家警察）、取消歧视规则、建立一些有利于'弱势群体'（儿童、残疾人以及老人等）人员流动的机制等。与这种公开空间与私人空间分开的观点相对应的是一种城市的文明文化：每个人想要在城市立足，就必须拥有尊重他人的能力。"

"变"与"不变"，"未来"与"现实"，这是我们需要面对的城市发展的两个基本维度，也是我们生存和生活的两个基本原则。老实说，在今天的世界快速发展中如何处理好现代城市"规划""安全""有序""道德""恐惧"与"可持续发展"的内在关系，很多时候冲突还会越来越尖锐。但把脉城市的命运和未来，总需要我们的想象力与创造力，而这需要我们借鉴前人的探索。

"赶超"优等生为什么在"后赶超"时代坠落

> 一般来讲，日本的企业特别是商社的想法，首先是考虑成本，要让资本得到有效的利用。它们在中国的销售目标，是占有巨大的市场，但一考虑到经费问题，虽然是用人民币做预算，它们也会自然而然地联想到中国和日本的物价水平，从而压缩人民币预算。关于销售，认为应该充分发挥销售人员的潜力，让一个人干两个人的活，这样的公司不在少数。有许多经营部门，专门研究中国国内销售，发挥工厂职员的潜能，并运用到实际中去。在中国，如果想顺利发展是很不容易的。有一些公司刚刚成立，由于力量不足，不能最大限度地利用难得的机会，而无法取得预期的成果。
>
> ——《日本的反省：只有中国才能拯救日本经济》作者、日本知名投资咨询家和中清

"二战"后日本经济发展，堪称一部复杂的"经济赶超史"

"一千个读者眼里就有一千个哈姆雷特"，而在以日本为研究对象时，"一百个学者眼中就有一百个日本"。

长期从事世界经济、日本经济以及现代化问题研究的中国社会科学院

日本政治研究中心特聘研究员、辽宁大学副校长徐平与其他很多学者从"后发劣势"或"后发优势"切入的研究角度有所不同，他的《苦涩的日本——从"赶超"时代到"后赶超"时代》以日本从"赶超"向"后赶超"的转变为线索，在展阔的历史视阈与丰富的现实事例相互映照之中，自远及近地纵览日本经济"赶超"以及由"赶超"向"后赶超"转换的复杂的社会演化过程，并且发现在这一过程中衍生的问题，这为日本经济"逆转"提供了新的解释视角。

"二战"后日本经济发展，堪称一部复杂的"经济赶超史"，同时也是一部艰难的"经济转型史"。日本既有赶超的"成功"性，也有赶超的"脆弱"性；既有"成长的烦恼"，也有"富裕的苦涩"。从一定意义上说，日本就是"赶超"以及由"赶超"向"后赶超"转换的"试验场"。

《苦涩的日本》的核心概念是"赶超"和"后赶超"。徐平将这两个概念作为核心概念的意义在于，只有把握了这两个核心概念，才能更好地理解日本经济发展的特征以及由此衍生出的诸多特点。然后，围绕这两个核心概念涉及的观察范围还有工业化以及工业化过程中的经济增长，进而提出的展阔性概念是"工业化"和"经济增长"。如果将两个核心概念和两个展阔性概念联系起来，便形成了"工业化——经济增长——赶超（增长）——后赶超（增长）"的分析思路。

一个事实往往是另一个事实的结果。按徐平一贯坚持的观点：赶超性已成为自近代以来日本经济发展经久不变的形态轮廓，但日本赶超经济的演化过程并没有一个确切的时间点。为了准确把握日本赶超经济的演化过程，徐平的研究将"长时段"和"短时段"以及"分时段"有机结合起来，从而达到"既见森林，又见树木"的效果。在他看来，日本赶超经济的演化过程可划分为三个阶段：赶超试验期（20 世纪 40 年代中期至 80 年代末期）、泡沫试验期（20 世纪 80 年代末期至 90 年代初期）、转型调整试验期（20 世纪 90 年代至 21 世纪第一个 10 年）。日本赶超经济在不同时期所表现的效果（绩效）各异：在赶超试验阶段"成绩显著"，在泡沫试验阶段"弊端显露"，在转型试验阶段"步履维艰"。因此，作者得出结论：有效的制度供给是日本赶超经济增长的关键，同样，制度供给的僵化，也是日本经济衰退的主要原因所在。

日本向"后赶超"时代的转型是"苦涩的"

追溯起来，为赶超西方先发国家，日本经历了"制度确立—制度固化—制度疲劳—制度调整"的演化过程。在徐平看来，"政府主导"条件下高度管理化的赶超模式，是以内部的纵向高度整合为取向的，因而日本遇到的发展路障，就是赶超模式本身。尽管日本在工业化时代实现了对先发国家的追赶，却在从工业化向信息化的转换中表现出极大的"不适应症"，这表现在几个方面：相对封闭环境下形成的"赶超模式"对网络化发展的不适应；相对内向状态下形成的"赶超模式"对全球化竞争的不适应；相对集中条件下形成的"赶超模式"对多样化诉求的不适应；相对自我意识下形成的"赶超模式"对国际协同发展的不适应。因此，在适应全球化发展的过程中日本发生了制度供给调整、产业结构调整、市场体系调整的"三慢"现象，最终造成了经济持续性低迷的局面。

由于丧失了调整的最佳时期，日本的关注点慢慢游离正确的发展轨道，进而形成了后来难以阻止的泡沫经济。当下的日本就如同一个"受困的巨人"被重重矛盾所缠绕，不得不向"后赶超"时代转型。由此，徐平毫不避讳地指出："这一转型是艰难的，也是苦涩的，日本为此付出了巨大的代价。"

徐平之所以认定日本向"后赶超"时代的转型是"苦涩的"，主要基于他在研究过程中形成的四个维度的深层次发现和认识：一是从纵向看，日本经济、政治和社会发展状态与过去比较所形成的巨大反差；二是从横向看，日本经济、政治和社会发展状态与其他一些国家比较出现巨大落差；三是日本社会为改变这种状态所付出的努力与发展绩效比较造成的社会心态变化；四是日本整个社会受僵化体制和陈旧思维方式困扰所造成的发展活力缺失。相映成趣的是，这一研究结果恰好验证了美国著名经济学家和经济史学家道格拉斯·C.诺斯（Douglass C.North）的一个命题："国家的存在是经济增长的关键，然而也是人为经济衰退的根源。"英国经济学家阿瑟·刘易斯早期在充分肯定政府作用的同时，也曾慨叹"政府可能会由于做得太少或做得太多而遭到失败"。

按照徐平的推测，日本"赶超模式"的历史使命已完成，而在"市场调节"与"政府干预"，"正式规则"与"非正式规则"之间的游走中始终以一种极其微妙的关系状态步入"后赶超"时代。在"赶超"时代，各类矛盾被"赶超目标"以及经济高速增长所掩盖；实现"赶超"后，所有的矛盾都显露了出来。但日本人已习惯于如今的生活状态并满足于安逸的生活，担心变革会影响自身的利益，所以并不愿意为变革付出成本，只是试图谋求"没有痛苦的改革"或有意识地逃避现实。

"后赶超"时代更像是一场革命性的变迁

对于不同的国家，"赶超"或"后赶超"的内涵大不同。对于原生自发实现赶超的英国，这只是个顺理成章的过程；但对日本，却意味着脱胎换骨的痛苦转换。尤其是"后赶超"时代更像是一场革命性的变迁，其中包含着痛苦的自我扬弃和自我改造。因此，实现由"政府主导型"向"市场调节型"的转变，由"投资驱动型"向"创新驱动型"的转变，由"外部依赖型"向"内需拉动型"的转变，由"社会封闭型"向"社会开放型"的转变，由"单向性思维"向"国际协调型"的转变……都是日本在"后赶超"时代需要完成的多重任务。

以往的研究由于过于关注后发国家如何摆脱贫困的问题，于是把主要精力倾注于探讨"后发劣势"或"后发优势"，往往忽略了对"赶超"或"后赶超"问题，以至于当日本经济突然"逆转"时，世人还以为这"只不过是在经历一种暂时的周期性衰退"而已。对日本经济大起大落的现实，学术界表现出茫然和无奈，甚至有学者把日本现象称为"世纪之谜"，并将其归咎于某种"无法解释的原因"。包括徐平在内的不少学者开始努力关注"赶超"和"后赶超"问题的研究和探讨，或许可以填补该研究领域的空白。而对于正处于从"赶超"时代到"后赶超"时代过程中的中国来说，日本恰好是一面镜子。

中日博弈与合作之下的亚洲新走向

> 在诉诸国际舆论方面，日本宣扬其作为"冷战"胜利者、受益者的国家认同，中国则希望推广其作为第二次世界大战中反法西斯阵营的战胜国的国家认同。同时在一小部分日本人和日本媒体中，又再度出现了如在日中战争时期对中国人的自以为是的轻蔑的动向，而一些中国人和中国媒体的回归抗战时期的反日言论也越发明显。无论如何，这些动向在战后修复、恢复日中关系的过程中都被"忽略"了。为什么日中双方都忽略了战后的一些历史呢？中国人总是认为日本人对侵略战争的加害责任得了健忘症，而日本人则把主要责任归于中国政府对言论的控制和爱国主义教育。
>
> ——《战后日本人的中国观：从日本战败到中日复交》作者、日本国际问题研究专家马场公彦

"龙之觉醒"与"相扑的韧性"对决

在浩如烟海的中日关系研究成果中，来自欧洲、亚洲问题专家的论述少之又少，甚至缺席，这可能与地缘政治等因素有密切关系。曾在日本金融界任职，并长期在日本东京大学和应庆义塾大学讲授经济课程，目前是法国巴黎政治学院国际经济学教授的克劳德·迈耶（Claude Meyer）或许是个特例。迈耶教授跨商界、学界的职业经历，以及跨文化背景，使他在亚

洲问题上发表看法时总能得到法国乃至世界的重视和关切。比如《谁是亚洲领袖：中国还是日本?》(*Chine ou Japon, quel leader pour l'Asie?*)。

《谁是亚洲领袖：中国还是日本?》主要论述中国和日本作为两个主要大国在这个将要形成的"新的亚洲共同体"中各自所拥有的优势和不足，描绘这两个受人尊敬的亚洲重要角色在未来 20 多年中可能出现的场景，并把两国过去 30 多年的发展轨迹分别形容为"龙之觉醒"与"相扑的韧性"的对决。

众所周知，在两千多年的中日交流史当中，中国人的"日本观"始终没有摆脱"东夷观"的束缚，日本人的"中国观"则随着中国实力的消长呈现出明显的"实用主义"特征。即每当中国强大时，日本就向认同中华文明的方向发展，而当中国处于衰落之时，日本的"中国观"就向蔑视中华文明的方向发展。而如今，两国几乎站在同一起跑线上，彼此在以较为平和的心态试图平等地看待对方。迈耶教授把这种"平等地看待对方"看成是两国在亚洲政治经济大格局中，仅仅都只是各自在"强大但脆弱"地发挥着主导地位而已。

按照迈耶教授的分析，中国改革开放 30 年的"龙之觉醒"事实上还非常"脆弱"，因为这主要得益于过去和当下严重失衡的全球金融和贸易体系，而这是不可持续的。中国经济发展模式的能源、资源特点也难以持续，中国还存在相对其他大国更为显著的社会不平等、生态恶化等问题。与中国相比，日本也存在对能源、资源、市场的严重外部依赖，结构性危机十分明显。因此，"强大但脆弱"正是对中日两国的贴切定位。而且中日两国经济发展的"奇迹"背后也存在许多"强大但脆弱"的共同点：经济受管制色彩非常浓厚、劳动力受教育程度较高、较低的薪酬、大量储蓄被转化成为工业投资、对国际贸易有选择性的开放，等等。

在迈耶教授看来，成为一个"富裕而强大的国家"是中国的目标，而这也正是 1868 年日本"明治维新"时所确立的目标，而"明治维新"使日本成了一个区域和世界性的强国。在现今经济与战略力量这一辩证关系中，这两个亚洲强国的位置出现了变化。日本固然还是亚洲无可争议的经济领袖，但受制于本国的《和平宪法》，日本始终无法获得中国所拥有的某些战略手段。"相反，中国却在全力弥补其经济上所存在的差距，以期有朝一日成为全球性强国。而日本则希望通过'正常化'来强化自己在本地区和世界上的战略地位。"

两国命运始终被"吸引与仇恨"辩证关系所困扰

中国的"富强"与日本的"正常化"愿望：这些词背后所潜藏的追求强盛的思维逻辑，究竟会对未来亚洲的经济和战略格局产生何种影响？通过建立真正的伙伴关系来分享领袖地位，以利于本地区的繁荣与稳定的设想是不是现实的？或者说下这种结论是不是为时尚早呢？

要回答这一系列问题，迈耶教授认为必须对中日两国关系未来可能的走向进行分析，作者笔下有未来中日关系可能呈现的"三种设想图景"：日本听命于未来中国霸权、两个敌对国家之间发生冲突、两国根据各自互补的优势开展携手合作。第一种设想图景符合"中国曾在亚洲盛极一时"这一等级秩序，但这种听命于中国的秩序，日本在以往任何时候都没有接受过。这就引出了第二种潜在的设想图景：中日两国的抱负出现对抗将不可避免，而这很可能会导致冲突，甚至是武装冲突尤其是当两国的切身利益、领土完整或者外部供应安全等受到威胁的情况下。第三种设想图景是合作与伙伴关系：中日将成为建设亚洲共同体的基石，就像法德轴心在欧洲一体化建设中所发挥的作用那样。

然而不幸的是，曾促使法德和解的"记忆清扫工作"未能在中日之间发生，这使中日之间不太可能建立起类似的伙伴关系。两国间那段黑暗的历史一直被一层无声的面纱所覆盖，两国的命运始终被"吸引与仇恨"这一辩证关系所困扰。因此，迈耶教授觉得，"北京与东京之间将出现有冲突的协同领导模式：在这种共享领导地位的模式下，两个国家都能发挥各自的优势，并在区域建设过程中维护自身的利益。不过，在这种情势下，中国将变得越来越咄咄逼人，而日本则逐步趋于守势"。

当然，迈耶教授并没有采用此类非白即黑、过于泾渭分明的设想方案，而是将未来划分成两个不同的时段：第一个时段，也就是说未来20年间，中日两国将是亚洲的共同领袖，这种"一山二虎"的格局必然不稳定，而且可能时常出现纷争。从现实主义出发，这两个主流强国将暂时接受有冲突的协同领导模式，因为这种模式可使两国都发挥出各自的优势：日本的优势体现在经济和金融领域，而中国则体现在政治和战略领域，尤其是区域安全领域。这种格局，迈耶教授觉得，最能满足两国利益：日本需要庞大的亚洲市场来抵消因人口下降而造成的国内市场萎缩，而中国则需要利用亚洲战略领袖这一角色来获得期盼已久的全球大国地位。只是这种共同领导地位本质上带有冲突性。第二个时段是2030~2050年，由于这个时间段不确定的因素太多，迈耶教授觉得对2030年以后的预测数字的准确性问题难以把握——因此没有对这个时段做具体的分析。

不过，迈耶教授注意到，中日近年来在争夺亚洲领袖地位时，事实上都接受了分享领导权的安排，但两国各层面的协调仍不够顺畅，暴露出一些对抗性问题，这已成为美国顺势介入、充当调停者角色的机遇。由此，中日博弈与合作、美国角色和作用的发挥，将决定亚洲领导权的归属。

看美国"第三力量"如何填充政府和市场缺位

> 在非营利性部门从业的准确人数以及他们所创造的经济效益很难确定。不论使用哪种定义,都找不到一个可以将非营利性组织归入其中的统计类别。长期以来,在德国的官方统计中,这类组织中的大部分都是被划归到"无赢利目的组织"这一类别中。
>
> ——《非营利机构的评估与质量改进:效果导向质量管理之基础》作者、德国萨尔大学社会学教授赖因哈德·施托克曼(Reinhard Stock-mann)

"非营利部门运作的驱动力是人的非物质需求的最大化"

1830 年,法国政治思想家阿历克西·德·托克维尔(Alexis de Toc-queville)来到建国不久的美国考察时,对这片新大陆的政治和社会生活产生了浓厚的兴趣。在他的名著《论美国的民主》(*De la démocratie en Amérique*)中,他激情洋溢地肯定了美国人多种多样的民间组织。180 多年过去了,托克维尔所描述的那种私营的、由民间力量组成的非营利部门(第三部门)在当下依然是美国生活最为鲜明的特征之一。

旅美青年学者卢咏在美国多个非政府组织工作近累计十年,作为这个领域的亲身体验者和研究者,她在《第三力量:美国非营利机构与民间外交》中感言：非营利部门是美国社会价值的"守护者"，"维护公民社会空间的自由，表达人的个性、思想和创造力……同时，非营利机构通过与商业公司在某些领域（如医疗、教育和研究）的直接竞争，也在相当程度上刺激了商业部门提高效率，提升信用"。

《第三力量：美国非营利机构与民间外交》所关注的不仅包括传统意义上济贫扶困的慈善组织，更包括广义上的社会公益事业，从工会、行业协会到俱乐部，从环保组织、妇联到各种公民倡议性团体，非营利部门囊括了政府和商业公司之外的所有机构形式。事实上，非营利机构自 20 世纪 80 年代随改革开放大潮传入中国以来，已展现出顽强的生命力。特别在 2008 年"汶川地震"救灾和北京奥运会举办期间，不少非营利机构都发挥了举足轻重的作用。

社会为何需要或离不开非营利机构？卢咏援引流行于学术界的美国经济学家伯顿·韦斯伯德等学者的观点说，人们如果都希望别人出钱，自己免费"搭便车"，公共物品便无法提供。所以，公共物品的供给无法通过市场体系、由个别消费者和生产者之间的交易来提供，这就是"市场失灵"。一般来说，政府干预，即政府通过一定的强制手段提供公共物品，在一定程度上可以弥补"市场失灵"的后果。但是，由于人们对公共物品的需求在质和量上的不同，政府提供的公共物品并不能满足所有人的需要。韦斯伯德等学者发现，政府在提供公共物品时，倾向于满足中位选民的偏好。所以，一些人对公共物品的过度需要以及另一些人的特殊需要就无法得到满足，这就是"政府失灵"。同样是关注"政府失灵"——"美国的民主生效了，我想主要有两个原因。首先，美国的政府不被允许做太多的事情，政府所面对的问题可以靠普通人的能力解决……其次，政府之外存在着独立的机构和独立的人"。美国政治评论家沃特·李普曼的说法也生动验证了第三部门在美国社会之所以存在根本的、永恒不变的原因。

美国人需要充满活力的非营利部门，最根本的原因在于这是保证他们个人自由和社会多元化的基本机制。换言之，非营利机构的作用是"拾遗补阙"，即填充了政府和市场的缺位之处，勾连起美国社区和公民社会，成为社会管理系统的一部分，呈现出了卢咏所谓的"第三力量"。

当然，这一力量并不以政府强权和市场私权为基础，而是独立地组织社会资源，致力于公共服务和社会管理。它具有公共权威，充满公益精神，并且运作专业化。用投资家乔治·索罗斯的话来说，"作为一个商业市场的参与者，我们受市场价值的导向，追求私利；而作为一个社会人，我们受公德的导向，追求公益。市场价值和社会价值的本质是不一样的，我们必须将自己的这两种角色区分开来"。索罗斯家产百亿美元，自 1979 年起，他陆续将半数以上的资产捐献给世界各地的公益事业，创建了名为"开放社会"的基金会。或许，他早已体会到了非营利机构对自我人性表达的意义所在——人性还有另外一面，不可能用商业原则来对待生活的所有方面：如果说市场的竞争原则符合人性追逐利益的自然本能的话，那么非营利的互惠原则符合了人性中希望维系公共关系的社会习得的本性。

显然，非营利部门与政府和商业部门共生共存，一起满足各种社会需要的同时，体现了现代社会中人性的完整性。那么，是什么使非营利部门能够动员大量资源去完成政府和市场不宜做或做不到的事情呢？卢咏研究发现，这归根结底源自人类的慈善之心和志愿精神——无论在美国还是在中国，或者世界任何一个角落，慈善之心和志愿精神都是彼此相通的，"非营利部门运作的驱动力是人的非物质需求的最大化"——这正是人类区别于动物本能的习得性能力。

非营利部门可持续发展的"宗旨"是什么？

《第三力量：美国非营利机构与民间外交》的另一个关键词是"民间外交"，即"非营利机构何以积极推动民间外交"。在作者看来："对于大多数从事国际关系和外交工作的非营利机构而言，它们反映的是非官方性质的社会精英群体的各种观点和力量，是美国多元的政治文化的积极倡导者和决策过程的影响者。在高度敏感的国际政治中，它们可以利用'民间大使'的身份，成就政府无法直接做到的事情。"其中，最为典型并长久值得称道的例子，莫过于中国人所熟悉的中美"乒乓外交"了。

卢咏观察发现，新型的外交需要采取"网状外交"的模式，其互动对象除了政府，还包括其他国家和地区的公民社会，是社会对社会的外交关系。而非营利机构在与公民社会的沟通中具有独特的优势，它往往能成为加强理解、缓解冲突、推动合作的有效"调解人"和"中间人"。而从宽泛的意义上说，民间外交的履行几乎可以是任何人：留学生、旅行者、移居国外者、从事跨国业务的商人、援外人员，以及参加交流项目的教师、运动员、艺术家等。如果他们通过与海外各方的互动，能促进对方与祖国的互惠的沟通与了解，那么他们其实都是在担当着"民间大使"的某些职能。

那么，保证非营利部门可持续发展的"宗旨"又是什么呢？从美国的经验看，非营利机构的发展需要一些重要的条件：其一，市场经济能得到健康发展；其二，私有财产要得到有效保护；其三，社会诚信度需要提高；其四，要有健全的法制环境；其五，需要现代金融系统，非营利机构才能对捐赠资金进行管理，实现长期运作。由此可见，整个支持系统的营造十分必要且重要。

在《第三力量：美国非营利机构与民间外交》中，卢咏虽在探讨美国非营利机构，但时时不忘关注"现实中国"的非营利机构。从早年不时见诸报端的"希望工程"、自然灾害"救灾"捐款流向不明，部分作家和明星不道德的"诈捐"，中国的非营利机构显然还有漫长的求索征程。卢咏为此提出的洞见是：必须提高专业化水平，"非营利机构不仅要借鉴商业公司的一些最佳管理方法，还需要根据自身的特点摸索出属于第三部门的管理方式。非营利机构也要建立组织内的自律，提高内部治理能力。"

参考文献

[1] [美] 保罗·克鲁格曼.致命的谎言：揭开经济世界的真相 [M].陈宇峰，译.北京：北京大学出版社，2009.

[2] [美] 海曼·P.明斯基.稳定不稳定的经济：一种金融不稳定视角 [M].石宝峰，张慧贲，译.北京：清华大学出版社，2010.

[3] [德] 格琳德·辛恩，汉斯-维尔纳·辛恩.冰冷的启动：从国民经济视角看德国统一 [M].晏扬，译.上海：上海三联书店，2012.

[4] [法] 克里斯蒂安·肖瓦尼奥.金融危机简史 [M].袁晨星，张琛琦，译.北京：民主与建设出版社，2017.

[5] [美] 罗伯特·博森.大乱有大治：如何治理美国的金融系统 [M].传神翻译，译.北京：中信出版社，2010.

[6] [美] 詹姆斯·格兰特.失算的市场先生——泡沫年代与后泡沫年代 [M].徐伟民，刘雁，译.上海：上海财经大学出版社，2011.

[7] [美] 迈克尔·刘易斯.自食恶果：欧洲即将沦为第三世界？[M].司徒爱勤，译.北京：中信出版社，2012.

[8] [美] 威廉·庞德斯通.赌神数学家：战胜拉斯维加斯和金融市场的财富公式 [M].李春梅，译.北京：机械工业出版社，2017.

[9] [美] 塞恩·古斯塔夫森.财富轮转：俄罗斯石油、经济和国家的重塑 [M].朱玉犇，王青，译.北京：石油工业出版社，2014.

[10] [美] 艾伦·布林德.当音乐停止之后：金融危机、应对策略与未来的世界 [M].巴曙松，徐小乐，译.北京：中国人民大学出版社，2014.

[11] [美] 托马斯·索维尔. 诡辩与真相——经济学入门 [M]. 罗汉，田菊莲，译. 上海：上海译文出版社，2011.

[12] [澳] 雅尼斯·瓦鲁法克斯. 经济学的邀请 [M]. 赵洱崒，译. 北京：北京大学出版社，2008.

[13] [英] 理查德·达文波特–海因斯. 凯恩斯传：一个利他主义者的七面人生 [M]. 任颂华，译. 北京：电子工业出版社，2016.

[14] [美] 艾米·韦布. 预见：未来是设计出来的 [M]. 戴佳，高万锐，译. 南京：江苏凤凰文艺出版社，2017.

[15] [美] 亚当·格兰特. 离经叛道：不按常理出牌的人如何改变世界 [M]. 王璐，译. 杭州：浙江大学出版社，2016.

[16] [德] 乌尔里希·维克特. 贪婪——世界经济危局的罪魁祸首 [M]. 李微，译. 北京：中国电力出版社，2014.

[17] [美] E.A. 罗斯. 19~20：世纪之交的中国 [M]. 张彩虹，译. 北京：中央编译出版社，2016.

[18] [德] 柯雷斯蒂安·戈尼茨. 新机遇：中国时代 [M]. 许文敏，译. 北京：国际文化出版公司，2015.

[19] 刘奇. 贫困不是穷人的错 [M]. 北京：生活·读书·新知三联书店，生活书店出版有限公司，2015.

[20] [美] 尼古拉斯·拉迪. 中国经济增长，靠什么 [M]. 熊祥，译. 北京：中信出版社，2012.

[21] [美] 乔治·阿克洛夫，罗伯特·席勒. 动物精神 [M]. 黄志强，徐卫宇，金岚，译. 北京：中信出版社，2009.

[22] [美] 史蒂文·希亚特. 货币阴谋：全球化背后的帝国阴谋与金融潜规则 [M]. 王少国，杨永恒，译. 北京：当代中国出版社，2009.

[23] [英] 罗纳德·赖特. 极简进步史：人类在失控中拨快末日时钟 [M]. 杨海宇，译. 北京：北京时代华文书局，2017.

跨越黑天鹅和灰犀牛的坎

[24] [美] 戴维·S.兰德斯. 国富国穷 [M]. 门洪华，译. 北京：新华出版社，2010.

[25] [英] 弗兰克·富里迪. 知识分子都到哪里去了——对抗 21 世纪的庸人主义 [M]. 戴从容，译. 南京：江苏人民出版社，2012.

[26] [美] 帕特丽夏·科莉. 被禁止的知识：天才学者揭露科学与灵性终极奥秘的大胆对话 [M]. 徐冬妲，译. 南京：江苏文艺出版社，2013.

[27] [美] W.菲利普斯·夏夫利. 权力与选择：政治科学导论（插图第 13 版）[M]. 孟维瞻，译. 北京：世界图书出版公司，2015.

[28] [美] 弗雷德·考夫曼. 清醒：如何用价值观创造价值 [M]. 王晓鹏，译. 北京：中信出版社，2017.

[29] [美] 戴维·马德兰. 空心社会：为什么没有一个强大的中产阶层经济就玩不转 [M]. 陈鑫，译. 北京：新华出版社，2016.

[30] [美] 理查德·佛罗里达. 重启：后危机时代如何再现繁荣 [M]. 龙志勇，魏薇，译. 杭州：浙江人民出版社，2014.

[31] [西班牙] 圭拉姆·德拉德赫萨. 全球化博弈 [M]. 董凌云，译. 北京：北京大学出版社，2009.

[32] [美] 巴里·诺顿. 中国经济：转型与增长 [M]. 安佳，译. 上海：上海人民出版社，2010.

[33] [美] 戴维·奥斯本，特德·盖布勒. 改革政府：企业家精神如何改革着公共部门 [M]. 周敦仁，译. 上海：上海译文出版社，2013.

[34] [美] 理查德·保罗，琳达·埃尔德. 批判性思维工具（原书第 3 版）[M]. 侯玉波，姜佟琳，译. 北京：机械工业出版社，2013.

[35] [秘鲁] 赫尔南多·德·索托. 资本的秘密 [M]. 于海生，译. 北京：华夏出版社，2017.

[36] [美] 史蒂文·兰兹伯格. 为什么不向美丽征税——经济学中的公平原则 [M]. 王楠崇，译. 北京：中信出版社，2008.

[37]［法］让–雅克·卢梭. 论人类不平等的起源［M］. 张露，译. 北京：台海出版社，2016.

[38]［美］杰西·利弗莫尔. 股票作手回忆录（彼得·林奇点评版）［M］. 黄程雅淑，马晓佳，译. 北京：中国青年出版社，2012.

[39]［美］罗伯特·M.哈达威.美国房地产泡沫史（1940~2007）［M］. 陆小斌，译. 福州：海峡书局，2014.

[40]［美］戴维·兰德斯，乔尔·莫克，威廉·鲍莫尔. 历史上的企业家精神：从美索不达米亚到现代［M］. 姜井勇，译. 北京：中信出版社，2016.

[41]［美］查尔斯·比尔德. 美国文明的兴起［M］. 杨军，译. 北京：北京时代华文书局，2016.

[42]［美］兰迪·T. 西蒙斯. 政府为什么会失败［M］. 张媛，译. 北京：新华出版社，2017.

[43]［美］露丝·格兰特. 伪善与正直——马基雅维利、卢梭与政治的伦理［M］. 刘桉彤，译. 上海：华东师范大学出版社，2017.

[44]［美］亨利·基辛格. 世界秩序［M］. 胡利平，译. 北京：中信出版社，2015.

[45] 王义桅. 海殇？：欧洲文明启示录［M］. 上海：上海人民出版社，2013.

[46]［日］宫崎市定. 亚洲史概说［M］. 谢辰，译. 北京：民主与建设出版社，2017.

[47]［加拿大］道格·桑德斯. 落脚城市：最后的人类大迁移与我们的未来［M］. 陈信宏，译. 上海：上海译文出版社，2012.

[48]［日］和中清. 日本的反省：只有中国才能拯救日本经济［M］. 房恩，范丽艳，译. 北京：东方出版社，2013.

[49]［日］马场公彦. 战后日本人的中国观：从日本战败到中日复交［M］. 苑崇利，胡亮，杨清淞，译. 北京：社会科学文献出版社，2015.

[50] [德] 赖因哈德·施托克曼. 非营利机构的评估与质量改进: 效果导向质量管理之基础 [M]. 唐以志, 景艳燕, 译. 北京: 中国社会科学出版社, 2008.

[51] [美] 纳西姆·尼古拉斯·塔勒布. 黑天鹅: 如何应对不可知的未来 [M]. 万丹, 译. 北京: 中信出版社, 2008.

[52] [美] 米歇尔·渥克. 灰犀牛: 如何应对大概率危机 [M]. 王丽云, 译. 北京: 中信出版社, 2017.

[53] 郑磊. 与羊群博弈——A 股投资者的行为分析 [M]. 北京: 机械工业出版社, 2016.

[54] 格非. 隐身衣 [M]. 北京: 人民文学出版社, 2012.

[55] 潘启雯. 欲望的边界: 无处不在的经济学原理 [M]. 北京: 电子工业出版社, 2018.

[56] [美] 约瑟夫·熊彼特. 资本主义、社会主义与民主 [M]. 吴良健, 译. 北京: 商务印书馆, 1999.

[57] [澳] 约翰·奎金. 僵尸经济学: 借尸还魂的谬误经济思想及其成因 [M]. 苏丽文, 译. 上海: 格致出版社, 2012.

[58] [英] 查尔斯·狄更斯. 荒凉山庄 [M]. 张生庭, 张宝林, 译. 武汉: 长江文艺出版社, 2012.

[59] [英] 约翰·梅纳德·凯恩斯. 和约的经济后果 [M]. 张军, 贾晓屹, 译. 北京: 华夏出版社, 2008.

[60] [英] 詹姆斯·米德. 国际收支 [M]. 李翀, 译. 北京: 首都经济贸易大学出版社, 2001.

[61] [英] 迈克尔·波兰尼. 个人知识: 迈向后批判哲学 [M]. 许泽民, 译. 贵阳: 贵州人民出版社, 2000.

[62] [美] 约翰·奈斯比特. 世界大趋势: 正确观察世界的 11 个思维模式 [M]. 魏平, 译. 北京: 中信出版社, 2010.

参考文献

［63］［美］胡安·J.林茨，阿尔弗莱德·斯泰潘.民主转型与巩固的问题：南欧、南美和后共产主义欧洲［M］.孙龙，译.杭州：浙江人民出版社，2008.

［64］［法］托马斯·皮凯蒂.21世纪资本论［M］.巴曙松，译.北京：中信出版社，2014.

［65］［美］费正清.剑桥中国史［M］.杨品泉等，译.北京：中国社会科学出版社，2012.

跋

未雨绸缪或能避免重蹈覆辙

在欧美英文世界里，学者们往往青睐于用动物来形容变幻莫测的财经市场状况，如大家耳熟能详的股票市场的"牛"（Bull）和"熊"（Bear）。在房地产、股市节节上升之际，我们常常听到专家和舆论警告要警惕"黑天鹅"（Black Swan）和"灰犀牛"（Gray/grey Rhino）风险。

所谓"风险"，就是不确定性，就是不清楚事件发生在哪里、什么时候发生以及影响有多大。经济活动（尤其是金融活动）的市场主体各种各样，数量巨大，关系错综复杂，千变万化，要将风险说清楚本身就是一个悖论，因为真正能说清楚的风险就不是风险了。"黑天鹅""灰犀牛""明斯基时刻"（即金融资产价格突然崩溃）……由此，这每一个经济热词背后，往往都会牵动着我们每一个人的神经，也成为人们日常交流的话语磁场所在。

毋庸置疑，最近几年，国内经济至少存在两类"灰犀牛"：一类是由债务产生的，另一类是由热钱产生的。前者比如地方债务危机、"僵尸企业"、债务危机、表外业务暴涨、居民杠杆率迅速上升；后者比如楼市泡沫、金融诈骗（类似 P2P 跑路）、表外业务泛滥、资本外逃、物价上涨等。这其中的内在逻辑，是资金会不断向社会少数人汇聚，少数人聚敛足够的资金以后，既不用来消费，也不用来搞实体产业投资，而是用于钱生钱。当市场经济进入垄断时代，由于技术储备耗尽或者科技创新缓慢，垄断成型，导致经济长期在低位运行。为了维持经济在较高水平运转，政府采取凯恩斯主义政策刺激经济。于是，一方面是政府（中央政府或地方政府）

不断注入货币，另一方面是货币迅速向少数人手中汇聚。

经济的两端，一端是债务总量不断增长，另一端是四处乱蹿的热钱不断增长。两端的需求完全对立，债务人最怕收缩货币（利息增加、不能借新还旧），要债权人停止热钱投机，则必须收缩货币。问题的严重性，随时间增长呈几何级数增长，债务随着时间的流逝不断滚动增长，与之对应的是，总量四处乱蹿的热钱也随时间的流逝不断滚动增长。

现实之中，一方面是债务堆积。货币的单向流动，导致地方政府、"僵尸企业"、开发商无法顺利偿还债务。它们为了避免破产，必然不断借新还旧，或者寻找"接盘侠"。这必然导致全社会债务总量滚动增加，债务人在债务的泥沼中越陷越深，无法解脱。另一方面是债权堆积。拥有大量利润（债权）的少数人，知道政府不断注入货币，必然导致通货膨胀，所以他们绝不会把手中的利润窖藏起来，而是会把这些利润投入经济循环之中，进行投机。

对此，笔者颇为认同郑磊博士在《"黑天鹅"和"灰犀牛"不再稀有的世界》序言里所说的，"金融危机和未来可能发生的下一次危机，这些坎儿是'黑天鹅'，而包括中国在内的主要大型经济体越积越高的债务问题和货币问题，显然都是'灰犀牛'。而我们其实并没有很大的回旋空间了。身处全球金融资本市场，我们面前的行情显示器里随时都可能拉出一条陡直的价格曲线，资产价格大幅波动，财富瞬间缩水；而更多的人也许面对的是后半生的生活隐忧"。

当然，"黑天鹅""灰犀牛""明斯基时刻"等不仅仅存在于经济领域。比如，2017 年北京大兴区发生的"11·18"火灾事故，也被官方屡次冠以安全生产的"灰犀牛"。可见，"黑天鹅""灰犀牛"无处不在。而人们往往是对"黑天鹅""灰犀牛"的无视，或熟视无睹，或心存侥幸，或惮于化解，最终付出血的代价。

继《欲望的边界：无处不在的经济学原理》之后，出版这本《跨越黑天鹅和灰犀牛的坎：坏听力时代的财智逻辑》，并不是提出防止"黑天鹅""灰犀牛"的具体策略，而是试图通过对国内外著名学者的作品或相关人物的深度剖析，进而反思过去众多类似"黑天鹅""灰犀牛"等经济危机事件的应对策略，采取未雨绸缪的行动，或许能使我们避免重蹈覆辙。

事实上，过去每一次经济危机（尤其是影响全球的经济危机）中，众多学者的建议和理论探索及建构，并非仅为了追求理论的完美，更在于为了在历史的崎岖中不断寻找探索解决问题的新路径，哪怕这条路径有着诸般曲折，时常模糊不清，也仍然不能放慢我们探索的脚步。就像笔者在《危机时刻，且看欧美五国如何抉择》一文中谈到的那样，"经济危机充满风险，但也孕育希望。未来总是需要我们的想象力和创造力，而这需要我们借鉴前人的探索"。

此书的出版，犹如一个新生的婴儿经过长期艰辛的孕育，一朝分娩，就以独立的个体呈现给世人了。此时，笔者既无比欣喜，又对其能否得到读者认可有些忐忑。谨望其能对读者理解过去经济危机（尤其是 2007~2008 年由美国蔓延至全球的金融危机问题）面临的机遇和挑战，以及由此引申的结构改革的着力点有些许帮助，抛砖引玉，供广大读者及同人指正。

本书的部分文章曾刊发于《上海证券报》《经济参考报》《南方都市报》《北京日报》《中国企业家》《管理学家》等报纸、期刊，在此特别感谢沈飞昊、纪平、赵婷、张东亚等诸位编辑老师。感谢青年学者郑磊博士拨冗作序，由他建的"心理和行为乐享"微信群——群里众多国内外经济学者每天的活跃交流与互动更是让笔者收获良多。感谢经济管理出版社编辑悉心审读本书，并提出大量有益的编辑、修改意见。另外，还要感谢众多亲朋师友的支持和鼓励，这里就不一一列出了，笔者一并致以诚挚的感谢！

潘启雯

2018 年 3 月初于北京